"西南交通大学 2018 年度研究生教材（专著）建设项目"资助

重返桥梁垮塌现场
——世界著名钢桥失效事故分析

叶华文　著

西南交通大学出版社
·成都·

图书在版编目（CIP）数据

重返桥梁垮塌现场：世界著名钢桥失效事故分析 / 叶华文著. —成都：西南交通大学出版社，2019.11
ISBN 978-7-5643-7255-2

Ⅰ. ①重… Ⅱ. ①叶… Ⅲ. ①钢桥 – 垮塌 – 事故分析 – 世界 Ⅳ. ①U447

中国版本图书馆 CIP 数据核字（2019）第 272272 号

Chongfan Qiaoliang Kuata Xianchang
—Shijie Zhuming Gangqiao Shixiao Shigu Fenxi

重返桥梁垮塌现场
——世界著名钢桥失效事故分析

叶华文 / 著

责任编辑／姜锡伟
封面设计／何东琳设计工作室

西南交通大学出版社出版发行

（四川省成都市金牛区二环路北一段 111 号西南交通大学创新大厦 21 楼　610031）
发行部电话：028-87600564　028-87600533
网址：http://www.xnjdcbs.com
印刷：四川煤田地质制图印刷厂

成品尺寸　185 mm × 260 mm
印张　12　　字数　301 千
版次　2019 年 11 月第 1 版　　印次　2019 年 11 月第 1 次

书号　ISBN 978-7-5643-7255-2
定价　68.00 元

图书如有印装质量问题　本社负责退换
版权所有　盗版必究　举报电话：028-87600562

序

我国以铁造桥是很早的,在清朝康熙年间就有世界最早用铁链建成的悬链桥,跨径达百米。但是之后我国闭关锁国、工业发展迟缓,造桥技术长期落后于西方。

西方钢桥建造技术始于英国。1779 年,英国人用铸铁建造了一座桥,之后则是用锻铁造桥。随着钢铁冶炼、轧制技术的进步,建桥广泛采用结构钢,钢桥的跨越能力越来越大。高强钢丝的制备和应用,使缆索承重桥梁——斜拉桥和悬索桥的跨度迅速突破千米。

和圬工桥、木桥相比,钢桥有很多优点。西方发达国家钢铁产量大增时,许多钢桥便应运而生。由于对钢材性能、钢结构受力特点有一个认识过程,所以在钢桥建造过程中出了不少的问题,甚至发生了一些桥毁人亡的重大事故。

本书作者叶华文博士,论述了桥梁钢铁材料的发展历程,钢桥结构的发展历史,钢结构桥梁设计方法的发展。本书详细介绍了 14 个桥梁事故,除了详述这些桥梁事故的基本情况外,还就其垮塌或损伤原因进行了较为详细的分析,对一些桥的关键参数进行了分析,对部分桥梁的修复和重建进行了介绍。对于桥梁建设者来说,这都是十分宝贵的经验和教训。前车之鉴,后事之师。认真分析了解已发生的桥梁损伤和垮塌事故,对我们建好新桥和维护好正在服役的桥梁是大有裨益的。

由于我们对桥梁结构及其构件稳定性认识不足,导致很多桥梁损伤和垮塌。古时候修桥主要靠工匠的经验和判断。随着科技的进步,人们逐渐认识了桥梁的结构特点及受力特点,引入了数学力学模型,通过计算分析了解整个结构及其各个部件的受力情况。钢桥在刚出现时,主要是钢材的强度控制设计,随着冶金技术的提高,钢材的强度越来越高,很长时间各国建桥用钢大都属于 Q235 这一级别,现在已常用 Q500 或更高级别的钢材。这样一来,强度条件较易满足,于是结构及其构件朝着轻、柔的方向发展。这样,在结构设计中就必须考虑结构和构件的稳定问题。在传统的设计中,设计者都是用欧拉理论计算结构和构件的临界应力。在建桥实践中,人们发现用欧拉理论计算受压构件偏于不安全,因此采用较高的安全系数,不少资料建议取大于或等于 4 的安全系数;而对于承剪腹板,欧拉临界应力则偏于保守,建议取较小的安全系数。1969—1971 年,5 座钢箱梁垮塌事件(奥地利维也纳多瑙河第四桥、墨尔本亚拉河西门桥、英国米尔福港大桥、西德科布伦茨桥、东德措伊伦罗达桥)促使人们重新审视欧拉稳定理论。在这些研究中,英国梅里逊委员会的报告得到了较为广泛的认同。梅里逊报告认为,欧拉理论是针对理想平直构件,在理想受力条件(理想支撑和中心加载)下推演出来的。其试验支持也是用小型构件在实验室接近于理想条件下完成的。而工程实用构件尺寸大,无法达到理想的平直状态。因此在做结构稳定分析时,不能略去构件的几何初始缺陷(初曲矢度)和物理初始缺陷(主要是焊接残余应力)。对于受压构件,计算和试验都表明,有初始缺陷的实用构件,其极限承载力远低于用欧拉理论算得的屈曲荷载。而对于承剪腹板，由于有周边构件（上、下翼缘和加劲肋）的帮助，在其达到临界剪应力时，在周边构件帮助下仍可以斜向拉力承受进一步增加的剪力，这种现象称为屈曲后承载力。基于此，人们把针对工程实用构件，计及其初始缺陷的稳定计算称为第二类稳定理论，而把针对理想构件按理想边界条件计算的欧拉理论称为第一类稳定理论。

可以说，桥梁结构整体失稳或因一个构件失稳而导致桥梁整体坍塌是桥梁失事的最重要的原因之一。本书对此有详细论述，读者可从中细细分析失稳的原因和事故发展的全过程，以便汲取教益，在桥梁设计、制造、架设和管理维修中堵住每一个可能导致构件和结构失稳的漏洞。动力失稳也是桥梁坍塌的一个重要原因，例如美国的塔科马桥。由于缆索承重结构（斜拉桥和悬索桥）跨越能力大，现在越来越多的大跨桥梁都采用斜拉桥或悬索桥，它们的风致振动失稳越来越被人们重视。

桥梁结构失事的另一重要原因是疲劳断裂。人们很早就认识到钢桥疲劳断裂现象，但究其原因，则有多种看法和分析处理方法。直到20世纪70年代美国Fisher教授从一批试验得出结论，认为其内因是因为构造细节的焊接缺陷，外因是活荷载的应力幅（即最大活载应力与最小活载应力之差）。这一认识已得到全世界的普遍认可，并纳入了许多国家的桥梁设计规范。在桥梁设计、加工制造和安装过程中，要特别注意构造细节的处理，尽力避免出现会产生应力突变、应力集中的构造，合理选择焊缝设计，避免难以保证焊接质量的焊缝，尽量避免焊缝集中、交叉。对所选焊接工艺的评定，焊接质量都要慎之又慎。

钢桥通常是在工厂制造安装成一个大的节段，这样可以保证制造质量，之后运往桥址安装成桥，这大大加快了建桥速度。但是节段在制造、运输及安装过程中，经常会受到运输能力、起吊安装能力的限制，以及遇到一些意外情况，工程师们在处理这些问题时往往考虑不周、措施失当而造成重大事故。如澳大利亚墨尔本西门桥，该桥原设计为钢箱梁截面，抗扭刚度相当大，在桥梁节段吊装阶段，由于起吊能力不足，乃决定将箱梁段在纵向中心线处切开，这样分开的梁段成了开口截面，抗扭刚度极小，在起吊过程中发生了较大的扭转变形，致使两部分产生了较大高差，为消除这一高差，乃采用压重，这一错误措施不仅没有减小高差，反而使两梁段高差进一步扩大（实际上是一种变相失稳现象），同时由于压重在翼板上产生了很大的弯曲压应力（见第1章），导致上翼板压曲失稳，随之，全桥垮塌，多人死伤。这是一个很严重的事故。这说明，在桥梁建设过程中，临时处置措施不当是十分危险的。

这本书详述了历史上发生的重大钢桥事故，还罗列了2000—2014这15年内国内外发生的桥梁事故共194起，其中先天夭折达77次，自然灾害引起的有52起，人为灾害引起的有65起。除了部分自然灾害引起的事故是人力无法抗拒之外，大部分桥梁垮塌事故都与我们的认识能力、责任心等人为因素有关。认真了解前人的失误，提高我们的建桥水平，避免历史悲剧重演，是我们桥梁建设者的责任。这本著作对桥梁工程专业本科生和研究生都是大有裨益的，对所有桥梁建设者都有参考意义。

强士中
2019年10月11日

自　序

我国交通基础建设正处于高速发展时期，公路通车总里程已经超过 500 万千米，各类桥梁突破 100 万座。交通系统是关乎国计民生的生命线工程，而桥梁结构是该生命线工程正常运营的关键性枢纽，其结构安全和服役性能对保障人民生活和经济发展具有重要意义。钢结构桥梁因其自重轻、力学性能优越、工业装配化程度高、综合经济效益显著、造型美观等众多优点，正在显示出无与伦比的优势和无穷的魅力。在全球范围内对环境保护日益重视的时代，在我国经济和社会结构快速转型的背景下，钢桥大有用武之地。

当我们在回顾钢桥的发展历程，展望其美好前景的同时，世界范围内的各类钢桥垮塌事故频繁发生，英国泰河桥、加拿大魁北克桥、美国塔科马桥、澳大利亚西门桥等轰然倒塌的情景至今仍历历在目，鲜活的生命瞬间消失于钢铁丛林之中，惨痛的教训让全世界的结构工程师认识到开展钢桥垮塌事故分析的重要性。

桥梁垮塌事故是一个复杂的系统性问题，涉及材料、设计、施工和运营管理，往往没有简单且显而易见的原因。世界各国陆续出版了一批有关桥梁垮塌事故的书籍，但大都侧重于传统的砌体结构和钢筋混凝土结构，或是专注于综述桥梁垮塌原因，至今尚无一本针对世界典型钢桥垮塌事故案例，系统全面论述该事故的工程背景、连续垮塌过程和原因分析的专著。我国的工程技术人员对钢结构桥梁相对陌生，缺乏设计与施工经验，国内相关的出版物不多。因此，大规模的钢桥建造和过度依赖有限元软件的倾向也同时意味着事故风险的增加。另外，著者在长期的本科生课程"钢结构设计原理"和研究生课程"钢桥"教学生涯中深刻体会到学生理解和掌握钢桥垮塌事故前因后果的必要性。桥梁垮塌事故是前人以生命为代价换来的宝贵财富，值得珍视，以史为鉴，可以明得失，可以继往开来，这正是本书写作的目的所在。

全书根据典型钢桥失效案例分为 15 章。第 1 章系统地论述了钢桥在材料、结构形式和设计方法的发展历程以及发展过程中的桥梁垮塌事故。第 2～15 章按桥梁事故发生的时间分别为宁堡斜拉桥、泰河桥、魁北克桥、塔科马桥、银桥、五大钢箱梁桥、塞文桥、阿摩尔桥、I-35W 和 I-895 桥。本书力求理论联系实际，图文并茂，并注重实用性。作者的硕士和博士研究生导师强士中教授阅读全书，提出了非常中肯的意见，并为本书作序，使本书质量得到显著提高，在此感谢强老师的多年教诲和专业指导。多位学生参与了案例翻译与分析，分别为段智超（第 2 章）、吴传杰（第 3、12 章）、陈醉（第 4 章）、刘长孟（第 5 章）、王天琦（第 6、9~11 章）、胡劼成（第 7 章）、张庆（第 8、14 章）、王义强（第 13 章）、陈栋军（第 15 章），特向他们表示衷心感谢。对为本书出版付出辛勤劳动的西南交大出版社各位编辑表示敬意。在此还要特别感谢我的父母、妻子殷璐和儿子叶天民给我提供的巨大的精神和生活上的支持。

著者及其研究团队花费了多年的心血完成本书，但由于时间、水平及资料所限，书中难免存在不少的缺憾与不妥之处，恳请广大读者批评指正。

作　者

2019 年 10 月

目 录
CONTENTS

1 钢桥的发展与垮塌事故 ··· 001
  1.1 桥梁用钢铁材料的发展历程 ·· 002
  1.2 钢桥结构形式的发展历程 ··· 006
  1.3 中国钢桥的发展历程 ··· 030
  1.4 钢桥设计方法的发展历程 ··· 032
  1.5 桥梁垮塌事故 ··· 035
  参考文献 ··· 036

2 宁堡斜拉桥（Nienburg Cable-stayed Road Bridge） ······································ 037
  2.1 引　言 ··· 037
  2.2 桥梁概况 ·· 037
  2.3 垮塌过程 ·· 041
  2.4 垮塌原因分析 ·· 042
  2.5 结　论 ··· 046
  参考文献 ··· 047

3 泰河桥（Tay Bridge） ··· 049
  3.1 引　言 ··· 049
  3.2 桥梁概况 ·· 049
  3.3 垮塌过程 ·· 054
  3.4 垮塌原因分析 ·· 054
  3.5 重建后的泰河桥 ··· 057
  3.6 结　论 ··· 059
  参考文献 ··· 059

4 魁北克桥（Quebec Bridge） ·· 060
  4.1 引　言 ··· 060
  4.2 桥梁概况 ·· 060

  4.3 垮塌过程 ·· 065
  4.4 垮塌原因分析 ··· 067
  4.5 重建后的魁北克桥 ··· 074
  4.6 结　论 ··· 074
  参考文献 ··· 075

5 塔科马大桥（Tacoma Narrows Bridge） ·· 076
  5.1 引　言 ··· 076
  5.2 桥梁概况 ··· 076
  5.3 垮塌过程 ··· 077
  5.4 垮塌原因分析 ··· 078
  5.5 重建后的塔科马大桥 ·· 082
  5.6 结　论 ··· 083
  参考文献 ··· 083

6 银桥（Silver Bridge） ·· 085
  6.1 引　言 ··· 085
  6.2 桥梁概况 ··· 085
  6.3 垮塌过程 ··· 086
  6.4 眼杆断裂分析 ··· 089
  6.5 结　论 ··· 094
  参考文献 ··· 094

7 西门大桥（Westgate Bridge） ··· 096
  7.1 引　言 ··· 096
  7.2 桥梁概况 ··· 096
  7.3 垮塌原因分析 ··· 098
  7.4 关键参数分析 ··· 103
  7.5 重建的西门大桥 ·· 106
  7.6 结　论 ··· 106
  参考文献 ··· 107

8 措伊伦罗达桥（Zeulenroda Bridge） ·· 108
  8.1 引　言 ··· 108
  8.2 桥梁概况 ··· 108
  8.3 垮塌原因分析 ··· 109
  8.4 关键参数分析 ··· 113
  8.5 结　论 ··· 115
  参考文献 ··· 116

9 维也纳多瑙河第四桥（Fourth Danube Bridge） ... 117
9.1 引　言 ... 117
9.2 桥梁概况 ... 117
9.3 垮塌原因分析 ... 120
9.4 重建的第四桥 ... 122
9.5 结　论 ... 125
参考文献 ... 125

10 米尔福港大桥（Milford Haven Bridge） ... 126
10.1 引　言 ... 126
10.2 桥梁概况 ... 126
10.3 垮塌过程 ... 127
10.4 垮塌原因分析 ... 129
10.5 结　论 ... 130
参考文献 ... 131

11 科布伦茨莱茵河桥（Koblenz Rhine Bridge） ... 132
11.1 引　言 ... 132
11.2 桥梁概况 ... 132
11.3 垮塌过程 ... 134
11.4 垮塌原因分析 ... 135
11.5 结　论 ... 136
参考文献 ... 136

12 塞文桥（Severn Bridge） ... 137
12.1 引　言 ... 137
12.2 桥梁概况 ... 137
12.3 桥梁病害 ... 139
12.4 结　论 ... 146
参考文献 ... 147

13 阿摩尔桥（Almö Bridge） ... 148
13.1 引　言 ... 148
13.2 桥梁概况 ... 148
13.3 垮塌原因分析 ... 149
13.4 连续垮塌过程分析 ... 157
13.5 结　论 ... 158
参考文献 ... 158

14 I-35W 连续钢桁梁桥 ····· 160
14.1 引　言 ····· 160
14.2 桥梁概况 ····· 160
14.3 垮塌原因分析 ····· 162
14.4 连续垮塌过程分析 ····· 166
14.5 结　论 ····· 168
参考文献 ····· 169

15 I-895 连续焊接钢板梁桥 ····· 170
15.1 引　言 ····· 170
15.2 桥梁概况 ····· 170
15.3 开裂分析 ····· 173
15.4 裂纹扩展驱动力分析 ····· 176
15.5 修复方案 ····· 180
15.6 结　论 ····· 181
参考文献 ····· 182

1 钢桥的发展与垮塌事故

直到公元 19 世纪，木材和砌体（砖和石块）一直都是最重要的桥梁建筑材料。公元前 6 世纪，巴比伦人开始用柏木和松木搭建桥梁，罗马人用石块和混凝土建造拱桥。以钢铁作为主要承载结构材料的桥梁起源于英国，1779 年，英国建成了世界上第一座铸铁拱桥。随着经济和社会的发展，桥梁用材料、结构形式和设计计算理论的发展促进了钢结构桥梁向大跨和轻柔方向发展，如图 1.1 所示[1, 2]。

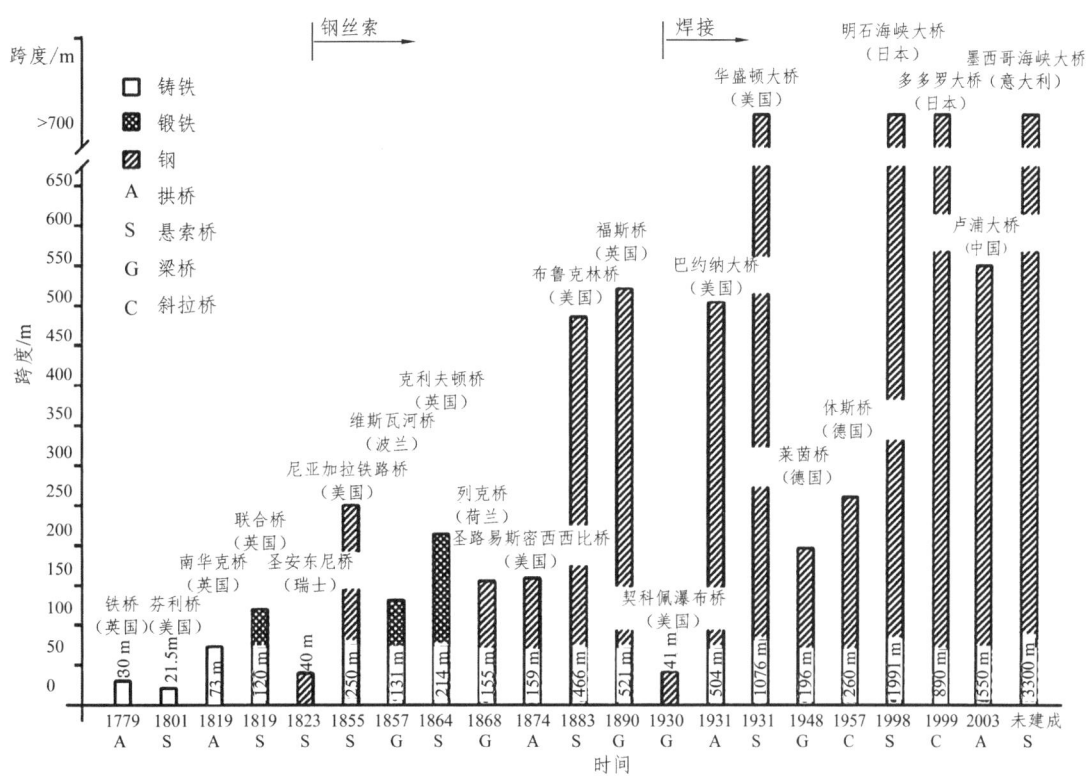

图 1.1 钢桥发展历程

钢铁材料性能的不断提高是钢桥发展的基础。钢材经历了从铸铁、铸钢、精炼钢、沸腾钢、镇静钢、低合金高强度钢到高强度性能钢的过程。钢材既需适应制造工艺的要求，又要满足运营阶段的使用要求，需要不断调整和改善其化学成分和主要力学性能以符合结构需要。同时，钢桥的连接方式也经历了销接、铆接到栓接和焊接的过程，使得钢桥施工更快捷，成本更低。随着钢桥跨度的增大，如何保证施工和运营阶段桥梁安全是结构设计面临的主要问题。在长期的钢桥工程实践过程中，在现代力学和数学发展的推动下，设计理论经历了经验设计法、容许应力设计法和极限状态设计法[3-5]的发展过程。这些理论和方法指导了钢桥的设计和施工。钢桥结构形式的发展几乎和材料、设计理论的发展是同步的。拱桥、梁桥和缆索承重桥梁充分应用了钢铁材料的特性，吸收了设计理念和分析方法的发展成果，呈现出了复杂多样的钢桥结构形式。当然，钢桥的发展也并非一帆风顺，在材料、结构形式和设计理念的创新和实践过程中，因各种原因不可避免地发生了桥梁垮塌事故，损失惨重。这些事故促进了钢桥技术的发展，也让我们铭记发展的代价，前事不忘，后事之师，这也正是本书的目的所在。

1.1 桥梁用钢铁材料的发展历程

1.1.1 概 述

钢，或称钢铁、钢材，是一种由铁与其他元素结合而成的合金，其他元素当中最普遍的是碳。人类认识和利用铁合金的历史已经超过3000年。最早使用火炉或壁炉熔炼，利用化学还原反应从矿石中得到铁，但这种工艺的生产规模很小、效率低、含碳量高。直到17世纪，欧洲才开始以焦炭代替木炭，采用高炉把铁矿炼成生铁，使得钢铁可以大规模生产。1856年，英国人贝塞麦（H.Bessemer）发明了底吹酸性转炉炼钢法，以后被称为贝塞麦转炉炼钢法，从此开创了大规模炼钢的新时代。1879年，英国托马斯（S. G. Thomas）创造了碱性转炉炼钢法，一般称托马斯转炉炼钢法。造碱性渣除磷适用于西欧丰富的高磷铁矿的冶炼。1891年，法国人特罗佩纳（Tropenas）创造了侧面吹风的酸性侧吹转炉炼钢法，曾经在铸钢厂得到应用。1856年，英国人西门子（K.W.Siemens）使用了蓄热室，为平炉的构造奠定了基础。1864年，法国人马丁（Pierre-Émile Martin）利用西门子发明的带蓄热室的火焰炉，用废钢和生铁成功地炼出了钢液，发展出了平炉炼钢法，成为当时世界上主要的炼钢方法。平炉炼钢法的最大缺点是冶炼时间长（一般需要6~8 h），燃料耗损大（热能的利用率仅20%~25%），基础设施投资和生产费用高。1952年，奥地利在林茨（Linz）和多纳维茨（Donawiz）的钢厂建立30 t氧气顶吹转炉车间，后来取这两个名字的首字母称氧气顶吹转炉炼钢法为LD炼钢法。1950年代，LD炼钢法传播到世界各国，逐步取代平炉炼钢法。

根据碳含量的不同，钢铁可分为铸铁、锻铁和钢材。铸铁含碳量高，一般由浇铸而成，抗压强度高，但抗拉强度低。锻铁含碳量较低，具有较好的抗腐蚀性、韧性和延展性，硬度和强度较低。钢材碳含量居中，综合性能优异。以上三种材料特性如表1.1所示。回顾铁合金结构的发展过程，一般可根据三种材料占主导地位期间大致分类如下：铸铁时代为1780—1850年，锻铁时代为1850—1900年，钢材时代为1880年至今。

表1.1 铸铁、锻铁和钢材碳含量及强度

物质	碳含量范围/%	极限强度范围/MPa	
		抗压	抗拉
铸铁	2.25~4.0	400~1 000	100~150
锻铁	0.02~0.05	250~400	250~400
钢材	0.2~1.0	350~700	350~700

1.1.2 铸铁桥梁时代（1780—1850年）

1. 拱 桥

相对于砌体拱桥，铸铁结构因自重小、水平推力小、成本低、工期短等优点，很快得到广泛应用。英国1779年建成了世界上第一座跨度为30 m的铸铁拱桥，这座桥虽充满了不合理的结构设计，还混杂着木结构和砌体结构的特征，但至今仍作为工业革命的遗迹供人瞻仰。此后，英国还建造了一系列的铸铁拱桥，如1792—1796年托马斯·威尔逊（Thomas Wilson）设计的跨径为72 m的威尔茅斯桥（Wearmouth Bridge），和约翰·伦尼（John Rennie）于1819年建成的跨度达到73 m的南华克大桥（Southwark Bridge）。铸铁拱桥的高峰是托马斯·泰尔福（Thomas Telford）于1823—1826年建造的迈斯大桥（Mythe Bridge），虽然跨径只有53 m，但结构合理且新颖。19世纪前，在欧洲其他地方，铸铁拱桥还是非常罕见的，大多停留在设计方案阶段。路易斯-亚历山大（Louis-Alexandre de Cessart）于1801—1803年在巴黎建造的艺术桥（Pont des Arts）可能是最有名的，但非常可惜的是，它现在已经被一座外形相似的焊接钢桥所替代。俄罗斯也有一些早期铸铁拱桥。1840年后，铸铁被认为是一种不可靠的材料而退出桥梁结构领域，特别是1847年迪桥（Dee Bridge）垮塌后。

2. 缆索承重桥

缆索承重桥实际上是一种古老的桥型，最早由藤蔓上铺设木板而成，后来有人提出使用铸铁来制造缆索，但逐渐被锻铁替代。我国在1476年（明成化年间）就在澜沧江上建造了单跨为60 m的铁索吊桥——霁虹桥，可惜于1986年被洪水冲毁，否则将是我国现存最古老的铁索桥，比闻名于中外的泸定桥还早二百多年。英国于1741年建成的首座铁索人行桥，跨度为21 m、桥宽1 m。德国1785年在魏尔堡（Weilburg-an-der-Lahn）修建了一座悬索式引水渠，并沿用至1933年。19世纪后欧洲修建了很多缆索承重桥梁，如图1.2，主要包括4种典型结构形式：

（1）悬索桥，如图1.2（a）所示的1741年英国的温奇桥（Winch Bridge）。
（2）斜拉桥，如图1.2（b）所示的建于1817年的国王草甸桥（King's Meadow Bridge）。
（3）斜拉悬吊组合桥，如图1.2（c）所示的1838年重修的德雷堡修道院桥（Dryburgh Abbey 2nd）。
（4）悬索桥，如图1.2（d）所示的联合桥（Union Bridge）。国王草甸桥和德雷堡修道院桥都是人行桥。尤其德雷堡修道院桥，桥宽仅4英尺（1.22 m）。

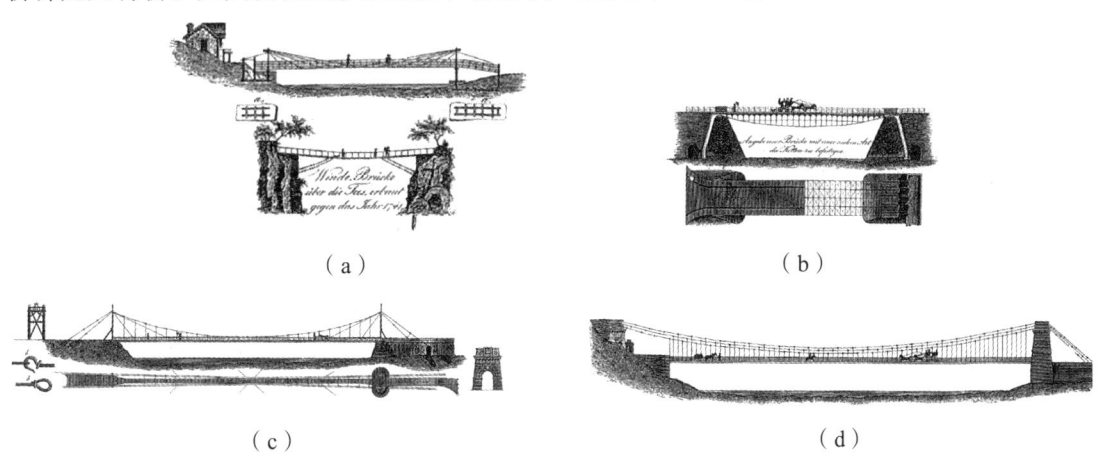

图1.2 欧洲近代缆索承重桥梁

值得注意的是，第一座德雷堡修道院桥是一座无背索斜拉桥，跨中索面扇形布置，如图1.3所示。这座桥因刚度小桥面容易大幅度振动，在1818年1月15日的风暴中垮塌。

图1.3 第一座德雷堡修道院桥

19世纪上半叶，美国人在建筑领域主要使用木材而不是钢铁，直到詹姆斯·芬利（James Finley）于1808年建成第一座锻铁眼杆悬索桥。此后，悬索桥的主缆结构形式朝不同方向发展：根据芬利的提议，英国多采用锻铁眼杆组成的主缆结构，而法国更倾向于缆索，其原因是两国钢铁工业上的差异。1850年前，法国曾建造过上百座悬索桥，主要归功于马克·赛昆（Marc Séguin）。然而1850年昂热悬索桥（Basse-Chaîne Bridge）的垮塌造成了226人死亡，此后悬索桥在法国停滞了很多年。由于法国的影响，美国采用钢丝代替链杆，形成了一套标准结构形式。

早在1784年德国吕斯彻（Loscher）就曾提出斜拉桥的概念，1821年法国人波耶特（Poyet）提出钢拉杆斜拉桥，1840年英国哈特利（Hateley）提出平行布索。19世纪就曾建造斜拉桥，但是因材料性能和计算分析手段的局限，斜拉桥发生多起垮塌事故，如1825年垮塌的宁堡斜拉桥（Nienburg Cable-stayed Road Bridge）就是一个代表。后来，法国工程师纳维尔（Navier）参观了英国1818年垮塌的斜拉桥并做了分析，虽然没否定斜拉桥设计，但提出了其建造的难点，明显降低了此后工程师建造斜拉桥的热情。因此，直到1949年德国工程师迪辛格尔（Dishinger）发表斜拉桥结构体系的研究，现代斜拉桥才开始发展。

1.1.3 锻铁桥梁时代（1850—1900年）

锻铁又称熟铁，其应用于桥梁的时期是从19世纪40年代的铆接锻铁梁开始的，以不列颠尼亚桥（Britannia Bridge）和康威管状桥（Conwy Tubular Bridge）最为有名。桥梁工程师的代表人物是铁路工程师罗伯特·斯蒂芬森（Robert Stephenson），和拥有丰富建造铁船经验的工程师威廉·费尔贝恩（William Fairbairn）以及伊顿·霍奇金森（Eaton Hodgkinson）。

1845年，在需要建造一座跨越梅奈海峡的铁路桥梁时，经过方案比选首先排除了拱桥和悬索桥，因为它们承载能力不足。斯蒂芬森等人于是提出了一种新的结构形式——箱梁，并通过实验证明了锻铁箱梁结构具有足够的承载能力让火车在其内部通行。不列颠尼亚桥于1850年3月竣工，而康威大桥在稍早的1848年12月开通。值得一提的是，在建造不列颠尼亚桥的同时，斯蒂芬森还承担了大量其他铁路工程项目，包括纽卡斯尔建于1846—1849年的采用铸铁系杆拱的六跨高架桥和采用铸铁桁梁的迪桥。迪桥由于设计存在缺陷，1847年通车后不久便发生了垮塌。

桁架形式来源于木结构，但铆接和锻铁的应用极大地开拓了桁梁的适用范围。不列颠尼亚桥一直因为比桁梁桥耗费材料而为人诟病，但这并不公允，因为19世纪40年代中期工程师对桁架的受力行为知之甚少。此后，各种结构形式的锻铁桥梁在世界范围内大量出现。在英国，伊桑巴德·金德姆·布鲁内尔（Isambard Kingdom Brunel）的索尔塔什大桥（Saltash Bridge）建成于1859年，托马斯·鲍奇（Thomas Bouch）的泰河桥（Tay Bridge）于1878年竣工。在法国，居斯塔夫·埃菲尔（Gustave Eiffel）因在波尔图（1875—1877年）和嘎拉比特（1880—1884年）修建拱桥而闻名于世。在美国，查尔斯·埃利特（Charles Ellet）修建于1847—1849年的惠灵悬索桥（Wheeling Suspension Bridge），罗伯林（John Augustus Roebling）建成于1855年的尼亚加拉瀑布悬索桥（Niagara Bridge），及詹姆斯·布坎南·伊兹（James Buchanan Eads）修建于1867—1874年的伊兹桥（Eads Bridge）都声名远播。

1.1.4 钢桥时代（1880年至今）

钢材不仅比锻铁强度高，而且更容易加工。钢材与锻铁不易区分，两者都使用铆接，很多方面几乎完全一样。采用钢材的福斯桥（Forth Bridge）和采用锻铁的埃菲尔铁塔，几乎同时在1889年左右完成。钢材的发展动力首先来自于造船业，劳埃德船级社（Lloyd's Register of Shipping）在1908年要求所有船舶用钢都使用平炉炼钢。

采用钢材是桥梁跨度得以大幅度提高的主要原因，此时钢材的发展重心从英国转移至桥梁大国美国。一直到1945年，美国所有大跨悬索桥都采用高强钢丝，并在建造摩天大楼时普遍采用钢材。首先是1893年建成的费城火车站（Philadelphia Railway Stations）采用的大跨三脚拱结构（79 m和91 m的跨度）；然后是为1889年巴黎世博会所建的机械展廊（Galerie des Machines），跨度111 m，是圣潘克拉斯火车站（St Pancras Railway Station）的钢结构屋顶跨度的1.5倍。当然，这些跨度与第二次世界大战后的穹顶体育场相形见绌。1975年建成的路易斯安那超级巨蛋（Louisiana Superdome）207 m超级穹顶，跨度超过艾伯特音乐厅（Albert Hall）的3.5倍。钢材焊接技术从20世纪20年代开始发展起来，焊接和栓接在钢结构中占据了主导地位。

1.1.5 钢材的发展趋势

美、日、英、德等国用于钢桥的低合金高强度钢（High Strength Steel，HSS），其屈服强度达到700 MPa。另外，耐候钢（Weathering Steel）和高性能钢（High Performance Steel，HPS）也得到持续开发和应用。普通钢材不能抵抗锈蚀，在使用过程中需定期涂装，这显著增加了养护费用。采用含铜、镁、钼、铝等元素的耐候钢，其表面能逐渐形成一层因锈蚀而产生的保护膜，其附着性强，可阻止水和氧气的持续渗入，从而阻碍和减缓了钢材锈蚀。高性能钢则是一种综合优化了材料的力学性能、便于加工制造、适于低温和腐蚀环境、具备较高性价比的桥梁结构用钢。它不仅保持了较高的强度，而且在材料的抗腐蚀和耐候性能、可焊性、抗断裂和疲劳性能等方面都比传统钢材有明显的提高和改善。

1.2 钢桥结构形式的发展历程

1.2.1 概述

在古代，由于桥梁与军事和贸易紧密相连，其建造技术意义重大，所以木桥和圬工桥的建造技术相当发达。古罗马人设立了一个直属于罗马皇帝的独立单位——桥梁工程师，近代法国国王如路易十四（Louis XIV）和拿破仑（Napoléon Bonaparte），也积极建立新型工程学校，如巴黎路桥学院（Ecole de Ponts et Chaussés）和巴黎综合理工学院（Ecole Polytechnique）。古代建桥技术主要依靠工匠们代代相传的经验，而不是基于力学和数学的指导。工业革命后钢铁材料的大规模低成本生产，为其在桥梁上的应用提供了坚实基础，于是钢（铁）桥结构大量借鉴了木桥和圬工桥设计原则和施工方法，如圬工桥提供了铸铁拱桥形式，木桥提供了钢桁架梁形式。随着高性能钢材和新施工方法的出现，适用于各种跨度的新型钢桥结构体系迅速发展起来。桥梁按照基本受力模式和发展历史不同可分为三类：拱桥、梁桥（包括桁梁、板梁、箱梁和其他受弯结构，如斜拉桥和系杆拱桥）和悬索桥。

1.2.2 拱桥

拱桥以受压为主，而圬工材料抗压强度高，因此拱桥结构形式最适合石桥。古希腊时期拱桥已经在小亚细亚出现，到罗马时代达到全盛时期，当时罗马帝国广泛使用典型的拱式渡槽将水引入城市，如法国尼姆附近建于公元前18年的"嘉德水道桥"（Le Pont du Gard）（图1.4），当时拱圈一般为半圆形，跨度不超过40 m。中世纪时，为减轻结构自重并增大跨度，出现了坦拱桥，之后坦拱基于工程经验和数学理论得以发展成熟。洛多罗夫·佩罗内（J. R. Perronet）于1791年建成巴黎的"协和桥"（Pont de la Concorde）（图1.5）。圬工拱桥的经验积累奠定了铸铁拱桥建造的技术基础。

1779年，英国亚伯拉罕·达比三世（Abraham Darby III），在柯尔布鲁克代尔（Coalbrookdale）成功建造了第一座铁拱桥，如图1.6，结构形式跟石拱桥很相似，但按照木结构的施工方法施工，采用了5个轻拱肋，跨度为30 m，至今仍在使用。此前英、法等国都曾尝试建造铸铁拱桥，但都因铸铁抗拉强度很低和结构体系不合理而失败，此后铸铁桥梁很快便在英国普及并传播到其他国家。

随着铸铁桥梁建造技术的发展，铸造预制构件开始应用于拱桥，如1796年的英格兰威尔茅斯大桥（Wearmouth Bridge）跨度达到72m。德国工程师赖兴巴赫（Reichenbach）采用铸铁管作为拱桥受压构件，这种经济的结构形式很快被广泛使用，其中杰出代表是由卡米耶·波隆梭（Polonceau）于1839年建成的巴黎三跨卡鲁塞尔桥（Carrousel Bridge），每跨48 m，如图1.7。最大的铸铁拱桥为由约翰·伦尼（John Rennie）建造的跨越伦敦泰晤士河的萨瑟克区桥（Southwark Bridge），跨度73 m，如图1.8。后来铸铁拱桥遍布德国和法国。

图 1.4 嘉德水道桥

图 1.5 巴黎"协和桥"

图 1.6 柯尔布鲁克代尔铁拱桥

图 1.7 卡鲁塞尔桥

图 1.8 萨瑟克区桥

托马斯·泰尔福（Thomas Telford）是当时最著名的工程师之一，他最初只是一个泥瓦匠，后来自学建筑学，在莱茵河上建造了三座桥梁，此后任职于运河公司，修建了约 900 英里（1448.41 km）的公路和两个跨越运河的大跨渡槽。1819—1826 年，泰尔福在梅奈海峡和康威河上修建了两座著名的链杆悬索桥，1828 年当选为英国土木工程师协会第一任主席。位于圣路易斯的伊兹桥由詹姆斯·布坎南·伊兹于 1874 年建成（图 1.9），采用部分为铁部分为钢的箱形构件来建造跨度为 159 m 的格构式拱桥。这是他修建的第一座桥梁，并成为当时世界上跨度最大的拱桥。

提到钢拱桥就不能不提居斯塔夫·埃菲尔，作为当时最伟大的工程师之一，他创立了世界闻名的工程公司（钢桥，特别是拱桥方面）和钢材制造公司（埃菲尔公司，Société Eiffel）。

埃菲尔善于设计桁架结构，是第一位进行钢结构完整细节设计和绘图的工程师。1878 年，埃菲尔修建的第一座桥梁是葡萄牙跨越多罗河（Duoro）的跨度为 160 m 的铁路桥。他设计的最美桥梁是 1884 年建成的法国嘎拉比特高架桥（Viaduc de Garabit），跨度为 165 m（图 1.10）。当然最著名的还是他修建的高 300 m 的埃菲尔铁塔（La Tour Eiffel，1889 年）和自由女神像（Statue of Liberty，1886 年）。

图 1.9　伊兹桥

图 1.10　嘎拉比特高架桥

随着钢材性能的发展，结构跨度也随之增大。到 1930 年，最大跨度的拱桥为：安曼（O. H. Ammann）于 1931 年建造的跨度为 504 m 的新泽西巴约纳大桥（Bayonne Bridge），如图 1.11；弗里曼（R. Freeman）于 1932 建造的跨度为 503 m 的悉尼港湾大桥（Sydney Harbour Bridge），如图 1.12。这两座桥都是中承式桁架拱桥。

图 1.11 巴约纳大桥

图 1.12 悉尼港湾大桥

1.2.3 梁 桥

桥梁建设早期，铁只能用作受压构件。钢材性能的提高，特别是抗拉强度提高，使得大跨梁桥成为可能。此时木桥建造技术已相当发达，特别是各种结构形式的桁架桥，因此钢桥发展初期大量吸收木结构建造的经验。因此首先简短概述木桥的发展。

1. 木 桥

古罗马人（恺撒和图拉真时期）在莱茵河和多瑙河上曾修建了跨度较大的木桥，中世纪木桥变得非常流行，但很少能保存下来。意大利建筑师帕拉第奥（Andrea Palladio）首次对静定结构进行了系统研究，设计了不同形式的桁架和框架结构，后来被称为帕拉第奥式桥（Palladian Bridges）。

木桥全盛期在 18 世纪后半期，许多人如瑞士的顾本门（Grubenmann）和里特（Ritter）、法国的戈泰（Gauthey）和德国的韦伯金（Carl Friedrich von Wiebeking）提出了许多跨度超过 100 m 的结构形式。此后木桥的发展转移到美国，但美国缺少有经验的木匠，只能使用标准化预制梁段和简易接头建造桥梁。尽管如此，美国还是建造了很多大跨桥梁，尤其是铁路桥，主要桥梁形式为桁梁桥（图1.13）或被广泛使用的由汤（Town）发明的横向预应力桁架梁（图1.14）。许多木结构设计应用于钢桁架桥中，直到19世纪末因钢材性能提高，木桥才逐步被钢桥取代。

图1.13　高架桥结构

图1.14　横向预应力桁架梁

19世纪前半期，钢桥一般采用桁架结构，尤其在美国，主要原因是桁架结构成本低。但由钢板组成的箱梁桥在欧洲也有一定的发展，如英国不列颠尼亚桥。1844年，罗伯特·史蒂芬森（Robert Stephenson，乔治·史蒂芬森之子）负责连接伦敦和威尔士北部安格尔西岛的铁路线上跨越梅奈海峡（Menai Straits）和康威河的桥梁工程。与其父自学成才不同，罗伯特·史蒂芬森接受了良好的教育，27岁时便开始管理他父亲的机车工厂，同时成为英国著名的铁路和桥梁工程师。梅奈海峡桥备选方案有拱桥和链杆悬索桥（托马斯·泰尔福曾于20年前在同一地点采用此桥型），史蒂芬森通过对圆形、椭圆形和矩形箱形梁的1∶6模型的试验后发现：使用矩形箱形梁跨度可达142 m。于是他决定采用矩形截面箱梁（宽4.4 m、高9 m），列车从箱形梁内部通过（图1.15和图1.16）。该桥为四跨连续梁（70 m + 142 m + 142 m + 70 m），耗费锻铁10 000 t，铆钉350万颗。单跨梁段在岸边预制，然后船运并吊装至设计位置。梁体的制作和拼装都有创新。当不列颠尼亚桥在1850年竣工时，史蒂芬森并未意识到他对箱梁桥建设发展的贡献。90年后才出现第二座相同跨度的箱梁桥。不列颠尼亚桥完美服役了120年，直到1970年毁于一场大火。同一时期，史蒂芬森还在康威河上修建了第二座箱梁桥，但跨度比不列颠尼亚桥稍小。

图1.15 建设中的梅奈海峡桥

图1.16 梅奈海峡桥截面

2．直线桁架梁桥

如前所述，美国钢桁梁桥深受木桁架结构的影响。尤其前期只有使用平板构件时，为减小板的屈曲长度，汤设计了格构梁，其表现出良好的静力性能，不久便应用于大跨桥梁。其中跨度最大的是德国1857年建成的维斯瓦河上的特切夫桥（Dirschau Bridge，今波兰），如图1.17，是由伟大桥梁工程师卡尔·伦茨（Karl Lentze）修建的6跨（每跨131 m）单线铁路桥，采用密集格构梁结构，他的设计深受不列颠尼亚桥的影响，如箱形截面和支柱式桥塔。但特切夫桥锻铁用量较低，每米8.3 t，而不列颠尼亚桥每米12.5 t。

图1.17　特切夫桥

第一座现代锻铁桁架桥是1862年竣工的瑞士弗里堡格蕾菲高架桥（Grandfey Viaduct），每跨49 m，共7跨，架设方法是桥墩上顶推施工，如图1.18，尽管结构形式上与美国木制高架桥（图1.13）很相似，但它是第一座真正的现代桁架铁桥。新的结构分析方法推动了桁梁桥进一步发展。德国工程师卡尔·库尔曼（Karl Culmann）曾去美国展示他提出的新的木桥和铁桥结构形式，还发展了图解结构分析方法，并于1860年在苏黎世联邦理工学院任教时发表了这些成果，为桁梁桥设计提供了坚实的理论支撑。当时典型的桁梁桥是维也纳施塔德劳的多瑙河桥，建于1870年，5跨连续梁桥，每跨80 m，图1.19为其施工过程。

图1.18　格蕾菲高架桥

图 1.19 多瑙河桥

埃菲尔将桁梁桥发展到极致,他为法国和葡萄牙建造了大量铁路桁架梁桥,如葡萄牙贝拉—阿尔塔(Beira-Alta)线上的特雷佐伊桥(Trezoi Bridge,1879—1881 年,图 1.20)。其中最大跨桁梁桥是埃沃莱班(Évaux-les-Bains)附近的塔尔代桥(Viaduc de la Tardes),主跨 105 m(72 m + 105 m + 72 m)。欧洲铁路直线桁梁桥形式多样,但倾向于更简单的静定结构,如三角桁架,例如建成于 1938 年的德国卡尔斯鲁厄(Karlsruhe)的莱茵河桥,如图 1.21,为公铁两用桥,跨度为 175 m 和 117 m。

图 1.20 特雷佐伊桥

图 1.21 莱茵河桥

3．曲线桁架梁桥

为提高桁架各杆件经济性，出现了各种曲线桁架梁，如抛物线梁和鱼腹梁。鱼腹梁在德国被称作泡利梁（Pauli Girder），此类梁受力均匀，弦杆轴力沿桥长几乎不变，由铁路工程师弗里德里希·奥古斯特·冯·泡利（Friedrich August von Pauli）提出，他后来成为慕尼黑工业大学教授。第一座泡利梁桥是建成于 1857 年的跨越慕尼黑伊萨尔河（Isar）的铁路桥，跨度为 53 m，如图 1.22，由海因里希·戈贝尔（Heinrich Gerber，1832—1912 年）设计建造，他后来成为德国一位伟大的桥梁工程师。戈贝尔为泡利梁的设计和分析做出了重要贡献，尽管他因悬臂梁桥而闻名于世。19 世纪德国伟大的桥梁工程师施威德勒（Johann Wilhelm Schwedler）设计了德国广泛使用的抛物线桁架梁，也被称作 Schwedler 梁，其斜杆不受压。

图 1.22 伊萨尔河铁路桥

普利茅斯索尔塔什铁路桥是一座大跨鱼腹形梁桥,也被称作皇家艾伯特桥(Royal Albert Bridge,图 1.23 和图 1.24),建成于 1859 年,共两跨,每跨 139 m,上弦杆为铆接板组成的椭圆形截面(长轴 5.2 m,短轴 3.7 m),下弦杆由铁链组成。由于施工困难,这种类型桥梁没有继续发展。该桥由英国著名铁路工程师伊桑巴德·金德姆·布鲁内尔建造,他是当时最富创造性的工程师之一,他父亲修建了第一座通过英国泰晤士河的隧道。布鲁内尔在法国完成学业后,成为泰晤士河隧道工程项目的一名助理工程师。后来他修建了两座链杆悬索桥,还为跨越大西洋设计了第一条最大的蒸汽船,同时他还参与了许多土木工程项目。

鱼腹梁因在施工方面有许多优势,被广泛应用于德国桥梁,如维斯瓦河上的特切夫二桥,由施威德勒于 1891 年建成,为 6 跨双线铁路桥,每跨 131 m,结构用钢量和 1857 年建成的特切夫一桥(单线铁路桥)基本相同,如图 1.25。

图 1.23 皇家艾伯特桥

图 1.24 建设中的皇家艾伯特桥

图 1.25 特切夫二桥

德国桥梁工程师赫曼罗斯（Hermann Lohse）还设计了双拱桁架梁（Double Bow Girder Bridge），又称为罗斯（Lohse）梁。双拱桁架梁是介于鱼腹梁和系杆拱结构之间的结构形式，由两个垂直构件连接的桁架弦杆组成。最著名的桥例是 1872—1892 年间修建于汉堡的 5 座易北河桥（Elbe Bridges）。这些桥梁结构相似，都是 3~4 跨，每跨约 100 m，如图 1.26 和图 1.27。

图 1.26 易北河桥

图 1.27 易北河桥

抛物线形桁架体系也被广泛采用,尤其是在德国大跨铁路桥中。建于1868年的荷兰库伦博格(Culenborg)附近的莱克桥(Lek Bridge)长期以来都是此类桥梁中跨度最大的,也是首次采用钢材的桥梁,由德国工程师卡斯帕·哈尔科特(J. Caspar Harkort)修建,主跨为155 m,跨中梁高20.5 m,如图1.28。

图1.28 莱克桥

4. 悬臂桁梁桥

19世纪前期几乎所有桥梁都是简支梁,即使是多跨桥在桥墩处也会被分成简支形式。当然,当时的工程师不敢利用连续梁桥的超静定行为的优势,也许他们也清楚基础沉降会给连续梁带来不利影响。德国的海因里希·戈贝尔提出了在连续梁设铰(一般在零弯矩点处),可以消除基础沉降的影响,这种梁被称为戈伯尔梁(Gerber Beam)。海因里希·戈贝尔是德国最著名的桥梁工程师之一,任职于巴伐利亚皇家铁路局,管理德国著名钢结构公司,第一个提出了铁路桥疲劳设计准则(S-N曲线),为钢桥发展做出了非常重要的贡献。

基于戈贝尔梁的设计原则,后来发展了悬臂桁架梁桥,通过在桥墩处增大桁架梁高,无须临时支架,悬臂就可以直接拼装到跨中,因此对深水桥梁非常有利。苏格兰福斯桥是最著名的悬臂梁桥之一,修建于1883—1890年,主跨为521 m,是世界最长的悬臂桁梁桥,如图1.29。福斯桥首先由托马斯·鲍奇完成设计。他是一位著名桥梁工程师,设计了总长3 200 m的泰河铁路桥。该桥为多跨桁架桥,主跨75 m,1879年由于强风暴而垮塌,垮塌时一辆火车正通过桥梁,造成72人死亡,因此鲍奇无法继续福斯桥的工作。接手福斯桥的本杰明·贝克(Benjamin Baker)和福勒(J. Fowler)不得不向公众展示他们的静定结构设计原则并证实结构的安全性,如图1.30。这座桥被认为是宏伟的工程杰作,桥墩处桁高106 m,主要管件直径3.7 m,全桥共用42 000 t钢,施工现场最多时有4 600名工人进行施工,如图1.31。福勒是著名铁路工程师,是伦敦地铁建设的先驱,后被选为英国土木工程师协会主席。加拿大圣劳伦斯河上的魁北克桥吸收了福斯桥的建设经验。魁北克桥也是悬臂梁桥,结构形式与福斯桥很相似,主跨为549 m,跨度仅比福斯桥大27 m,历经12年于1917年竣工,施工过程中还出现2次垮塌事故,这表明悬臂桁架桥跨度已经达到了理论和实践的极限。1940年建成的加尔各答豪拉大桥(Howrah Bridge),主跨为455 m,是第四大悬臂梁桥,如图1.32。尽管后来还出现悬臂桁架桥梁，但已经不是完全的悬臂结构了。

图 1.29　福斯桥

图 1.30　贝克和福勒展示福斯桥结构设计

图 1.31　福斯桥施工过程

图 1.32　豪拉大桥

关于桁架桥在美国的发展情况，斯夸尔·惠普尔（Squire Whipple）基于木桁架桥的经验，发展了铸铁和锻铁桁架桥的分析和设计方法，成为"铁桁架桥之父"。1841 年，他的第一座抛物线形桁架桥建成，随后被广泛应用。1847 年，他出版了关于桥梁建设的书籍并提出了梯形桁架桥，被称作惠普尔桁架。惠普尔于 1852—1854 年修建了两座跨度为 45 m 的铁路桥，弦杆由锻铁连杆组成。随后几年，林维尔（Linville）把这种弦杆逐步更换为钢眼杆，跨度得以增大，跨度最大的桥梁为 1876 年建成的辛辛那提俄亥俄河上的铁路桥，主跨为 155 m。当时最大的简支桁架桥是一座跨越辛辛那提俄亥俄河的弓弦式（Bow-string）桁架桥，由布斯卡伦（Bouscaren）于 1888 年建成，跨度为 165 m。1877—1889 年，美国还修建了主跨达 165 m 的悬臂梁桥，这些桥采用临时支架架设，例如横跨肯塔基河的高桥（High Bridge）和波基普西的哈德逊河大桥（Walkway over the Hudson）。

5. 箱梁桥

不列颠尼亚桥之后，箱梁桥跨度一般不超过 30 m。但焊接工艺的发展为钢桥建设注入了新的活力。焊接技术始于 1925 年，对钢桥产生了很大的影响，特别是公路桥。在经历了 20 世纪 30 年代的脆断事故后，桥梁跨度快速增长，如 1948 年建成的莱茵河上的道伊泽尔桥（Deutzer Brücke），跨度为 99 m + 196 m + 99 m，如图 1.33。

图 1.33　道伊泽尔桥

6．系杆拱桥

系杆拱桥类似梁式结构，主拱与曲线桁架的上弦杆行为相似，而桥面系（Deck Girder）则相当于下弦杆。拱和桥面系由吊杆相连，和真正的桁架结构相比，当单跨桥面很宽或承受很大荷载时，这种结构具有很大优势。系杆拱桥归类为梁桥是因为其主要静力行为更倾向于梁而不是拱，例如当受到竖向作用时，竖向作用被传递给桥台。这种桥梁在过去经常使用，尤其是荷载较大的铁路桥。第一座大跨桥是1899年修建在汉堡的易北河（Elbe River）上的桥，共4跨，每跨100 m。1906—1910年，德国科隆的霍亨索伦桥（Hohenzollern Bridge）建成，跨度为102 m + 165 m + 102 m，如图1.34。1915年，易北河铁路桥的老旧罗斯型梁需要更换时，也采用了系杆拱桥，如图1.35。

图 1.34 霍亨索伦桥

图 1.35 更换为系杆拱的易北河铁路桥

7．斜拉桥

和系杆拱桥类似，斜拉桥也被归为梁式结构。斜拉桥力学行为本质上是弹性支承的连续梁。斜拉索沿桥面在索梁连接处提供弹性支承，只有竖向作用传递到基础，因此可以实现大跨。斜拉桥是近几十年才得到蓬勃发展的桥梁形式，源于德国，第一座斜拉桥为 1957 年建成的杜塞尔多夫的西奥多霍伊斯桥（Theodor Heuss Bridge），跨度为 108 m + 260 m + 108 m。此后莱茵河上修建了很多斜拉桥，只是桥塔和斜拉索布置不同，例如西奥多霍伊斯桥的索面为竖琴形（图 1.36），而波恩北桥（North of Bonn Bridge）的索面为密索扇形索面（图 1.37）。

图 1.36　西奥多霍伊斯桥

图 1.37　波恩北桥

1.2.4　悬索桥

现代悬索桥的前身是古代中国、印度和南美洲等地的不同材料绳索建成的人行索桥。最早的悬索桥很可能是中国建于 500 年前的锻铁链杆悬索桥，这些桥都没有加劲梁，桥面板直接吊在链杆上，在荷载作用下桥梁会剧烈摆动。文艺复兴时期福斯图·斯维兰蒂尤斯（Faustus Verantius）首次提出了三个链杆悬挂桥面的悬索桥结构，但直到 18 世纪后期这种悬索桥才得以建成，如图 1.38。1796 年詹姆斯·芬利在美国首次建成了这种桥梁，随后这种桥梁得到广泛应用。

图 1.38 斯维兰蒂尤斯设计的悬索桥

1. 链杆悬索桥

欧洲第一座链杆悬索桥出现在英国。1819 年，塞缪尔·布朗（Samuel Brown）发明了新型链杆（眼杆），并在贝里克郡修建了跨度为 120 m 的联盟桥（Union Bridge）。此后，链杆由铁匠作坊的普通锚索型链杆转变为锻铁制造商的标准化产品。布朗后来又修建了多座链杆悬索桥，如 1820 年爱丁堡纽黑文的三一墩桥（Trinity Pier Bridge，3 个链杆桥在一排，每跨 64m）和 1822 年跨度更大的布莱顿的四跨链式桥（Chain Pier，每跨 78 m），但后者容易产生风致振动且部分结构在两次大风暴中遭受损毁。英国泰晤士河隧道建造者、著名铁路工程师布鲁内尔（I. K. Brunel）的父亲马克·伊桑巴德·布鲁内尔（Marc Isambard Brune）也于 1823 年在留尼汪岛修建了两座链杆桥，这些桥通过在桥面板下设置反弯链杆（Counter-curved Chains）抵抗风荷载作用。

悬索桥建设的一个里程碑是托马斯·泰尔福修建的跨越威尔士北部梅奈海峡的链杆悬索桥（公路桥），如图 1.39，主跨为 177 m，是当时跨度最大的桥梁，1819—1826 年建成（泰尔福时年已 60 岁）。这是一座杰出的工程结构，同时也影响了纳维叶（Navier）提出的悬索桥理论。泰尔福采用了带有特殊连接的眼杆。每根主缆由 16 个链杆组成，不设加劲梁，一年后在大风暴中产生了将近 1 m 的变形，因此不得不对桥梁进行了加固。泰尔福在康威河上修建了一座类似的跨度较小的悬索桥。同样值得一提的是 25 年后罗伯特·斯蒂芬森在梅奈海峡和康威河修建的著名的铁路桥，这些桥和泰尔福修建的桥梁距离很近。

图 1.39 梅奈海峡链杆悬索桥

另一位伟大工程师伊桑巴德·金德姆·布鲁内尔也对悬索桥发展做出了贡献。布鲁内尔因设计索尔塔什的皇家艾伯特桥而闻名，该桥是一座箱形梁桥。他还在布里斯托尔修建了克利夫顿悬索桥（Clifton Suspension Bridge），如图 1.40。这座链杆悬索桥跨度为 214 m，1864 年竣工，采用的链杆与布鲁内尔修建的伦敦亨格福德桥（Hungerford Bridge）相同。英国工程师克拉克（W. T. Clark）也修建过链杆悬索桥，如伦敦翰默史密斯桥（Hammersmith Bridge）（建于 1827 年，跨度为 122 m）和布达佩斯的多瑙河桥（建于 1845 年，跨度为 203 m）。

图 1.40 克利夫顿悬索桥

德国最古老的悬索桥是 1827 年位于小帕内河（西里西亚）[Malapane（Schlesien）] 的链杆桥，跨度为 31 m。1829 年横跨班贝格雷格尼茨河的路德维格桥建成，跨度为 31 m。这座精心设计的桥梁给当时正在柏林学习的约翰·罗伯林（John Roebling）留下了深刻的印象，几年后，他成为了最著名的悬索桥工程师。在法国链杆悬索桥有德韦尔格斯（de Verges）修建的巴黎塞纳河桥（建于 1829 年，跨度为 68 m）和马丁（P. D. Martin）修建的郎贡加罗纳桥（Garronne Bridge）（建于 1831 年，跨度为 80 m）。捷克人施尼尔希（B. Schnirch）同样在布拉格（建于 1842 年，跨度为 133 m）和维也纳（建于 1859 年，跨度为 83 m）修建了链杆悬索桥。

2．缆索悬索桥

在英国和德国链杆悬索桥建设的同时，法国、瑞士和美国开始建造缆索悬索桥，因为缆索的强度比铁链杆强度高得多。根据法国赛昆（Séguin）兄弟修建的试验结构，瑞士工程师杜福尔（G. H. Dufour）和马克·赛昆修建了世界上首座缆索悬索桥，即位于日内瓦的圣安东尼桥（Pont St. Antoine Bridge），建成于 1823 年，也是欧洲大陆第一座永久悬索桥，共 90 丝的 6 根主缆支承两跨 40m 桥梁。

平行钢丝缆索制作的主要问题是保证所有钢丝受力相同。马克·赛昆考虑使缆索有不同的曲率来使钢丝受力均匀，杜福尔则通过对钢丝施加预拉力使钢丝没有松弛解决了这个问题，但这意味着需要通过一个特殊的装置对缆索施加预拉力并把它们提升至鞍座上。最好的解决方案是法国工程师毕加（Louis Joseph Vicat）提出的在原地一根一根地旋转缆索钢丝，随后由约翰·奥古斯特·罗伯林（Johann August Roebling）发展为机械化编缆。

这时期悬索桥最重要的例子是法国工程师约瑟夫·沙莱（Joseph Chaley）于 1834 年建成的位于瑞士弗里堡（Fribourg），横跨萨嫩（Saane）峡谷的桥，单跨 273 m，被称为"大吊桥"（Grand Pont Suspendu）（图 1.41），直到 1849 年惠灵的俄亥俄州桥竣工前该桥都是世界上最长的桥。沙莱采用了 4 根主缆，每根主缆有 1056 根钢丝，采用杜福尔的方法对钢丝预拉，缆索被锚固在山谷底部并被提升至塔顶。

图 1.41 "大吊桥"

德韦尔格斯和埃米尔·马丁（Emil Martin）1839 年建成于法国屈布扎克（Cubzac）的多尔多涅河桥（Dordogne River Bridge）是 5 跨悬索桥（图 1.42），每跨 109 m，除了主缆还有单独的斜拉索，形成了斜拉悬吊组合体系桥梁。

图 1.42　多尔多涅河桥

此后悬索桥的发展从欧洲转移到美国，原因一方面是美国西部大规模建设铁路，另一方面是欧洲移民把建桥技术带到了美国，如查尔斯·埃利特（Charles Ellet）和罗伯林家族。查尔斯·埃利特幼时家境贫穷，自学成才。埃利特到欧洲巴黎综合理工大学深造学习，完成学业后游历了法国、英国和德国，参观了很多桥梁工程。他回美国后成为一个活跃的企业家，致力于大跨悬索桥建设。他联系了约翰·罗伯林寻求合作，但遭到拒绝，这也成为他们日后竞争的开始。埃利特最大的成就是跨越俄亥俄州河的惠灵悬索桥，竣工于1849年，跨度为308 m，是当时跨度最大的桥梁，共有两根主缆，每根主缆由6条索股组成，每条索股含550根平行钢丝。但1855年该桥在一次大风暴中垮塌，6年后罗伯林重建了该桥。

关于铁路悬索桥的发展，其首次尝试是1830年在斯托克顿市蒂斯河上修建的链杆悬索桥，主跨为86 m，计算活载1500 kN，但令人失望的是在不到一半荷载作用下桥梁挠度已超限，这给铁路悬索桥的修建蒙上了阴影。美国的悬索桥工程师，如埃利特和罗伯林却很乐观甚至坚信悬索桥可以应用于铁路中。他们的第一个桥例是跨越尼亚加拉峡谷的桥。布鲁克林大桥也被设计为铁路桥。但此后铁路悬索桥很少修建，除了1859年施尼尔希（Schnirch）修建的维也纳多瑙河铁路链杆悬索桥，跨度为83 m。

3．罗伯林家族

悬索桥发展离不开罗伯林家族的贡献。约翰·罗伯林出生于德国图林根（Thüringen），在柏林皇家理工学院学习，1831年移民至美国，后来成了最伟大的工程师之一，并成为钢丝绳制造业的佼佼者。起初他在运河公司当检验员，发明了制作钢丝绳的机器，然后成立了钢丝绳公司，公司发展到拥有8000名员工。1844—1850年，他建造了5座跨越河流的结构，例如渡槽（也是一座缆索支承公路桥），其中一些渡槽改造成公路桥后至今仍在使用。他还发明了主缆施工的空中纺线法，使用牵引机械往复拽拉钢丝形成主缆。这种方法可使所有钢丝在相同曲率（垂度）下获得相同的拉力，仍在现代悬索桥建造中使用。

跨越尼亚加拉峡谷的铁路对欧美桥梁建设者是个巨大的挑战。塞缪尔·布朗和罗伯特·斯蒂芬森等欧洲工程师们认为铁路桥梁跨度不可能超过250 m。美国工程师埃利特、罗伯林、赛拉尔（Serrel）和基弗（Keefer）都在竞争跨越尼亚加拉峡谷的桥梁项目。埃利特于

1847年首先赢得该项目合同,可惜只完成了一座临时人行桥,未能完成铁路桥。罗伯林于1851年成功修建了一座双层公铁两用桥(图1.43),加劲梁为木制豪威氏桁架,共有4根主缆,每根缆索由3640根钢丝组成,1855年竣工运营,是第一座跨度为250 m的铁路桥,该桥使罗伯林声名鹊起。赛拉尔和基弗也修建了跨越尼亚加拉峡谷的悬索桥:一座是公路桥(建于1851年,跨度为318 m,1861年在一次风暴中垮塌);另一座是人行桥(建于1868年,跨度为388 m),离大瀑布很近,被称为"蜜月桥"(Honeymoon Bridge),但这座桥于1889年在一次风暴中被破坏。

图1.43 尼亚加拉峡谷铁路桥

罗伯林家族的主要创新是概念设计,通过设置斜拉撑(Diagonal Stays)和桥面设置附加索(Additional Stays)提高桥梁抗风性能。约翰·罗伯林也是第一位设计有加劲梁的悬索桥工程师,他还强调了在设计中考虑风荷载作用的重要性。但后来许多工程师都遗忘了他的忠告,结果1940年发生了塔科马桥垮塌事故。

1857—1866年,约翰·罗伯林在匹兹堡修建了阿勒格尼悬索桥(Allegheny Suspension Bridge),在辛辛那提修建了跨度为322 m的俄亥俄河大桥(Ohio River Bridge)。俄亥俄河大桥是当时世界上最长的桥梁,加劲梁采用了锻铁梁和桁架。在桥梁施工期间,罗伯林的儿子华盛顿·罗伯林(Washington Roebling)担任其父的助理。罗伯林父子梦想在布鲁克林和纽约间的东河上建造一座跨度为486 m的公铁两用悬索桥。但由于施工期间罗伯林受伤,无法继续项目,由他儿子接替余下工作。华盛顿·罗伯林在主塔基础采用气压沉箱施工期间,得了严重的沉箱病而卧床不起,只能在离施工现场很近的病房里管理项目,并从病房窗户监督施工进度,具体工作由其妻子艾米丽·沃伦·罗伯林(Emily Warren Roebling)承担,她成为丈夫的助手并和施工人员保持联系。艾米丽·沃伦·罗伯林把一生都献给了这座桥。布鲁克林桥(Brooklyn Bridge,图1.44和图1.45)1883年竣工后即成为工程杰作,并且是当时世界上跨度最大的桥梁。桥塔由圬工材料建成,高107 m,锚碇重60 000 t,4根缆索直径40 cm,每根包含5358根钢丝,加劲梁由一个桁架梁和斜撑组成,运营100多年后仍在正常使用。

图 1.44 布鲁克林桥

图 1.45 施工中的布鲁克林桥

当布鲁克林桥跨度达 500m 后,悬索桥跨度还在继续增加,50 年后跨度记录已翻了一番。奥斯马·安曼,一位从瑞士移民到美国的工程师,成为美国最伟大的工程师之一。1931 年,安曼设计的纽约乔治华盛顿大桥(George Washington Bridge,图 1.46)跨度首次超过 1000 m。该桥采用 4 根直径为 91 cm 的主缆,每根主缆由 20000 多根钢丝组成,双层桥面,共 14 车道,跨度为 1067 m。毫无疑问,最著名的悬索桥是约瑟夫·施特劳斯(Joseph Strauss)于 1937 年建成的旧金山金门大桥(Golden Gate Bridge,图 1.47),主跨为 1281 m。

西雅图附近的塔科马海峡大桥(Tacoma Narrows Bridge),主跨为 853 m,以 1940 年在风速不大的情况下垮塌而闻名,事故被记录下来。该桥的工程师致力于静力计算,一直努力使结构更经济、更纤细,忘记了罗伯林关于设计足够刚度加劲梁抵抗风荷载的忠告。尽管正确运用了静力、理论,塔科马大桥还是由于风致振动而垮塌。事故后设计方法被重新修订,悬索桥加劲梁设计产生了新方向:

图 1.46 乔治华盛顿大桥

图 1.47 金门大桥

（1）美国安曼设计的韦拉扎诺海峡大桥（Verrazano-Narrows Bridge，跨度为 1298 m，图 1.48），加劲梁采用扭转刚度大的箱梁抵抗风荷载产生的扭转振动。

图 1.48 韦拉扎诺海峡大桥

（2）欧洲工程师根据空气动力学设计了流线形扁平钢箱梁，如英国亨伯桥（Humber Bridge）以 1410 m 的跨度创造了新世界纪录（图 1.49）。

图 1.49　亨伯桥

1.3　中国钢桥的发展历程[15]

我国早在 1889 年就开始了铁路钢桥的建设，至今已经有 100 多年的历史了，但在 1949 年前所建的铁路钢桥，标准杂乱，跨度都很小，建桥的钢材是进口的，结构是铆接的，采用的建造技术落后，工艺简陋，质量低劣；稍大一点的桥梁如郑州黄河老桥和济南泺口黄河桥等都是由外国商人承建的，自行设计建造的很少。自行设计建造有代表性的大桥只有 1937 年建成的浙赣铁路钱塘江公铁路大桥，跨度为 65.84 m。

1949 年中华人民共和国成立后，各项建设蓬勃发展，桥梁建设也不例外。但改革开放以前，由于材料的原因，我国主要发展的是铁路钢桥，发展过程可以概括为三个里程碑：

第一个里程碑：武汉长江大桥。中华人民共和国成立初期，建桥用的材料都要进口，也没有建造大型复杂桥梁的经验。1956 年，我国从苏联进口低碳钢并接受其技术指导，建成京广铁路武汉长江公铁路大桥，首次在长江上实现了"一桥飞架南北，天堑变通途"。这是在长江上建造的第一座大桥，全长 1156 m，桥跨结构为 128 m 铆接米字形连续钢桁梁。

第二个里程碑：南京长江大桥。20 世纪 60 年代，为了连通京沪铁路，国家决定修建南京长江大桥以取代南京轮渡。为解决无低合金结构钢料的困难，鞍山钢铁公司于 1962 年研制成功 16 锰低合金高强度桥梁钢（16Mnq），屈服强度为 340 MPa，南京长江大桥除少部分仍用苏联进口的低合金钢外，其余全部用国产钢材代替了原定进口的钢材，当时这些钢的研制成功，十分鼓舞人心，被称为"争气钢"。南京长江大桥正桥钢梁全长 1576 m，结构为跨度 160 m 铆接米字形连续钢桁梁，是完全依靠自己的技术力量和国产材料建成的长江大桥，标志着我国的建桥技术提升到了一个独立自主的新水平，所以南京长江大桥的建成是我国桥梁史上的第二个里程碑。

第三个里程碑：九江长江公铁路大桥。1965 年，为加快成昆铁路的建设，铁道部和国家科学技术委员会组建铁路栓焊钢梁科研、设计、制造、安装新技术攻关组，系统研究、发展了栓焊钢桥新技术。1965—1970 年，我国一举建成 13 种不同结构的栓焊钢桥 44 座，达到了当时的国际先进水平，为加快成昆铁路建设起了重要作用，更有意义的是从此结束了我国使用近100年的铆接钢桥的历史，为我国钢桥技术发展开创了新纪元。栓焊钢桥比铆接钢桥可节约钢材12%~15%，可加快建桥速度，改善工人劳动条件和结构的传力状态。20世纪70年代初，九江长江公铁路桥的建造方案有两种：一是根据当时的条件，主张设计仍采用与南京长江大桥相似的米字形铆接钢梁方案；另一种是九江桥应当比南京桥前进一步，采用国产高强度钢建造一座高强、轻型、整体的栓焊接结构方案。最后是后者取得了国家有关主管部门领导的同意。但采用这一方案面临的困难很多，当时没有制造大跨度焊接钢梁的材料。原来造桥采用的16锰桥钢，在材质和规格上已不符合制造大跨度焊接钢桥的需要。因这种钢材的板厚效应很大，钢材的强度、韧性随板厚的增加下降很快，用原来的16锰桥钢建桥，铁路单线桁梁桥最大跨度只可能达到112 m。为此，铁道部和冶金部决定研究开发15锰钒氮桥梁钢（15MnVNq），其屈服强度比16锰桥梁钢高，达到420 MPa。由于当时钢铁冶炼及轧制设备落后，合金元素不全，该研究前后经历了20多年。通过大量的焊接及力学性能试验和在北京密云建造白河试验桥的工程实践，我国优化生产出了15锰钒氮C级正火桥梁钢。这种钢的板厚效应小，板厚56 mm，焊接性及力学性均较好。在当时的条下，取得如此的结果，确实非常不易，为改革开放后钢桥材料、焊接制造工艺、设计理论发展奠定了基础。当时由于设备和资源原因，15锰钒氮C级钢的降碳、脱硫、脱磷不够，加入的合金元素钒与氮也不理想，因此焊接工艺要求比较严格。有人形容说这个钢在焊接时既怕冷又怕热。经科研、设计、制造人员的艰苦努力，1993年我国用这种钢建成了九江长江公铁两用大桥。该桥正桥钢梁全长1806 m，主跨是216 m的刚性梁柔性拱，结构雄伟壮观，桥形秀丽。从此我国用国产高强度钢材建造大跨度栓焊钢桥，在材料、工艺、理论方面都没有问题了，彻底地完成了铆接钢桥向栓焊钢桥的过渡。这是我国钢桥史上的第三个里程碑。

2000年，我国建成公铁两用桥的标志性工程——芜湖长江公铁路大桥。由于航运与空运的净空限制，该桥采用的是矮塔斜拉桥，主桁为无竖杆三角形桁架，桁高12 m，节间长14 m，最大跨度为312 m，正桥全长2192.4 m。这座桥与以前的栓焊结构比较有几个特点：一是我国钢铁及钢结构焊接制造业的进步，采用了新开发的14锰铌正火桥梁钢，这种钢的韧性及可焊性好；二是在结构上将散装节点改为整体焊接节点，栓焊结构向全焊结构发展进了一步，反映了改革开放后我国的钢铁工业与钢桥制造业方面的大发展，可以加快施工速度，降低成本，提高工程质量；三是将公路混凝土桥面通过主桁节点的焊接栓钉与主桁结合成整体。最初采用栓焊钢桥时，由于焊接技术落后，对焊接结构的认识也不足，所以在结构中采用的栓较多。芜湖长江公铁路大桥由于采用了整体节点，受力焊缝增多，高强度螺栓用得较少了，这在栓焊结构中是一进步。

为开发汉江资源，我国于1976年建成汉江斜腿刚构桥，主跨176 m，采用薄壁箱形结构，腹板厚10 mm、高4400 mm，为保证腹板的稳定，采用纵横肋加强，这座桥技术先进，在世界同类钢桥结构中居首位；2002年，在红军长征经过的北盘江上建成北盘江上承提篮式铁路拱桥，主跨236m，在世界同类钢桥结构中也位居首位。武汉天兴洲长江公铁路大桥为钢斜拉桥，桥上有4线铁路6线公路，主跨504 m；2011年建成的南京大胜关长江公铁路大桥为桁架拱桥，桥上4线铁路2线城铁，主跨336 m。这些桥都是结构新颖、技术先进的特大铁路钢桥，都可供高速铁路通过。

改革开放前，由于钢材的原因，我国公路桥梁建得较少。改革开放后，有了钢材，公路桥发展得非常快。由于公路的动荷载较小，主要是恒载，很适合斜拉桥和吊桥的发展，设计跨度发展很快，有代表性的主要有：1987年首先建成的东营黄河公路斜拉桥，主跨288 m；1993年建成的杨浦公路斜拉桥，主跨602 m；1996年建成的长江西陵峡公路悬索桥，主跨990 m；1997年建成的香港青马双层公铁（轻轨）悬索桥，主跨1377m；1999年建成的江阴长江公路悬索桥，主跨1385m；2004年建成的上海卢浦桥，为中承式系杆拱桥，主跨550 m；2004年建成的苏通长江斜拉桥，主跨108 m；2009年建成的舟山西堠门悬索桥，主跨1650 m；以及同为2009年建成的重庆朝天门长江中承式连续钢桁系杆拱桥，主跨552 m。

我国的钢桥发展虽比国外晚，但由于我国技术人员在近几十年的建桥工作中，先是本着自力更生、奋发图强的精神，改革开放后又以引进、吸收、创新的赶超意识，不断克服重重的困难，推动桥梁工程技术的前进，使我国桥梁的结构形式、设计理论、用料、工艺均已达到了国际先进水平。更可贵的是通过几十年的研究实践，我国已培养出了一支强大的桥梁科研、建设技术队伍和建成了一批具有强大研究、制造、施工能力的机构。我国的地域辽阔，铁路、公路要跨越的海湾、大江、大河、高山、深谷非常多，要修建的大桥还很多，预计在不久的将来桥梁技术还会有更大的突飞猛进发展，尤其是在钢材和钢桥产品质量方面会有跳跃式的提高。

1.4 钢桥设计方法的发展历程

现代结构设计理论首先归功于18世纪末到19世纪初的法国科学家，英国工程师则进行了实桥设计和工程实践。18世纪末期，基于工程经验的结构设计方法（Empiricism）逐渐被大尺寸荷载试验（Large-scale Proof-loading）和试算所代替；1850年后，弹性分析理论被广泛用于指导结构设计；19世纪后期，工程建设的中心逐步由英国转移到法国、德国和美国，塑性理论与计算机方法得到发展和应用，结构设计和施工也逐步实现了自动化。

1.4.1 基于工程经验的结构设计方法（19世纪前）

在19世纪前，桥梁结构用材料一般都是砌体和木材，荷载主要是行人，由工匠根据经验进行设计和施工，结构设计本质上都基于比例，即在既有桥梁结构基础上，根据经验按一定比例缩放以确定合理结构尺寸。由于圬工桥梁一般以受压为主，砌体抗压强度高，控制结构设计的状态不是强度，而是结构稳定性，因此在荷载不大的情况下，采用工程经验可以保证桥梁的稳定性。木材抗拉强度高，木桥的主要问题是变形，即挠度不能太大。而且木材在断裂前会发生很大变形或很大声音，因此该阶段木桥设计是木匠根据经验性的刚度概念来确定的。但木桥还是经常发生垮塌事故，主要原因还是不清楚木构件及连接合理尺寸的确定方法，只能依靠木匠个人的经验。虽然材料强度和刚度的知识不断增加，但基于工程经验的设计方法仍然没上升为科学的方法，尽管如此，这种方法还是满足了当时条件下大部分桥梁结构设计和建造的需要。

1.4.2 基于试验的结构设计方法（1800—1850 年）

19 世纪早期，试验和简单计算理论逐步代替工程经验，用于指导结构设计，科学家首先建立了矩形梁弯曲强度与 bd^2（b 和 d 为梁截面宽度和高度）的比例关系，用于评估截面抗弯强度。1803 年，查尔斯·贝奇（Charles Bage）提出了一个基于试验和弯曲理论的铸铁梁设计方法。彼得·巴罗（Peter Barlow）于 1817 年发表了基于数学理论的木结构方面的书籍，托马斯·特雷德戈尔德（Thomas Tredgold）分别于 1820 年和 1822 年发表类似的木结构和铸铁结构书籍。由此可了解英国工程师在 19 世纪 20 年代如何进行结构设计。

1. 木结构设计

钢结构设计深受木结构方面的影响。彼得·巴罗提出一个与截面面积成正比的"内聚力"（Cohesion）的概念。他基于试验结果，并综合米森布鲁克（Musschenbroek）、爱默生（Emerson）等人的成果，将每平方英寸的内聚力值制成表格供查询。内聚力是后来的应力概念的雏形。矩形截面木梁是最常用也是最重要的构件，巴罗和特雷德戈尔德给出了相应的强度和挠度的实用计算公式，如特雷德戈尔德给出其强度 W 为：

$$W = \frac{C \cdot bd^2}{L}$$

式中：L 为梁长；b 和 d 为梁截面宽度和高度；C 为与材料强度、荷载情况、不同的长度单位和截面有关的常数，可由经验或试验获得。特雷德戈尔德还建议合理的挠跨比限值为 1/480。

2. 铸铁结构设计

特雷德戈尔德首先提出真正意义上的铸铁结构计算指南，且比其木结构理论更接近现代理论，尽管存在一些错误。他提出铸铁梁的挠跨比限值也为 1/480，还提出我们今天称之为"容许应力"的指标，并推荐了一个高达 106 MPa 的指标。基于截面为 25 mm × 25 mm 的铸铁杆试验，他认为 106 MPa 是受弯梁的弹性极限，还发现这些小杆件的抗拉强度为 280 ~ 400 MPa，因此安全系数为 2.6 ~ 3.8。他提出以弹性极限作为容许应力进行结构设计，实际上容许应力只适用于延性好的锻铁，不适用于铸铁。特雷德戈尔德对铸铁柱容许荷载的认识基本上也是合理的，他还意识到结构屈曲问题，因此铁木辛柯认为是他第一个给出柱的容许应力计算公式。

1830 年后，伊顿·霍奇金森（Eaton Hodgkinson）提出铸铁梁的"理想截面"理论。他通过试验发现铸铁的抗压强度约为抗拉强度的 6 倍，因此设计梁截面时受拉面积是受压面积的 6 倍，20 世纪前，这个简单公式广泛应用于各种工程手册。但伊顿·霍奇金森并没有从应力的角度考虑极限强度，而是基于试验。他还进行了大量铸铁柱试验并提出了实用设计建议，为结构设计的发展奠定了基础。

3. 锻铁结构设计

19 世纪中期，锻铁抗拉强度平均值约为 400 MPa，是铸铁的 3 ~ 4 倍，且延性比铸铁好得多，只用于受拉构件，如链杆和系杆等。1839年，圣彼得堡冬宫采用过基于工程经验设计的锻铁梁，但影响不大。19世纪40年代中期，英国和法国也开始生产小跨轧制工字锻铁梁。锻铁结构设计的真正重大突破来自不列颠尼亚桥和康威箱形梁桥的设计和实践，其结果是形成了通过铆接轧制构件形成组合结构截面的技术，使铆接锻铁在此后50年都是主要的结构材料。1820—1850年，试验广泛应用于铸铁梁设计，几乎所有梁都要求进行试验。新结构形式的发展则完全依靠试验。梅奈海峡桥和康威桥的箱梁就是根据试验进行设计。模型试验和分析为结构设计提供了重要的指导。

4. 结构设计指标的演变

在19世纪前半期还不存在设计指标，如现在常用的"应变"，与之相关的量被称为内聚力，但应变也被用来表示力（如10 t的应变），当时这些概念的定义具有不确定性。根据铁木辛柯的说法，"无穷小板的应力"的概念是由奥古斯丁·柯西（Augustin Cauchy）于1822年提出的，他提出了主应力的概念，但圣维南（St. Venant）在1845年首先明确了应力的最终形式。现在公认朗肯（W. J. M. Rankine）首先严格定义了应力、应变、容许应力、保证强度（Proof Strength）、安全系数和其他如今在工程界习以为常的设计指标。

1.4.3　基于弹性理论的结构设计方法（1850—1900年）

1850—1870年，结构设计有了很大进步，工程师们不仅可以计算简单结构形式，如梁和柱的受力行为而无须试验验证，而且能进行桁架受力分析。相关设计手册和教材陆续出版，如朗肯的《土木工程手册》（1859年）、尤恩（W. C. Unwin）的《锻铁桥和屋盖》（1869年）采用图解静定法进行桁架分析。试验在结构设计中的作用也在逐渐降低，虽然到1860年还进行一些大比例尺试验。

随着对结构行为理解的深入，结构设计开始从工程经验和试验转向结构力学分析、进行精确计算、选择更经济合理的结构尺寸发展。锻铁容许应力一般不会超过77 MPa，结构受力肯定在弹性范围，因此基于胡克定律的弹性理论在19世纪成为工程师的主要分析方法，容许应力控制设计也成为基本的设计理念。在几乎所有的结构设计中，应力都是控制因素，弹性理论和图解分析法等是设计的基本手段。1880—1900年，铸铁被锻铁取代，然后锻铁被钢材取代，容许应力得以提高（由77 MPa提高到93 MPa），更先进的结构分析理论被采用。但关于结构屈曲理论，如框架和薄板的屈曲问题，工程师仍然了解不多。

1.4.4　基于塑性理论和计算机方法的结构设计方法（1900年至今）

20世纪早期，结构设计的理论和工程实践的重大进步都深受航空业的影响。桥梁、高层建筑等大跨高耸结构的进步，则和焊接技术的发展有着密不可分的关系。20世纪30年代引进的焊接工艺彻底改变了钢结构制造与加工技术的面貌，焊接连接使结构设计变得非常方便和简单。20世纪30年代后期，随着塑性理论的发展，结构设计思想又产生重大转变，基于塑性铰概念的极限承载能力计算方法代替了弹性理论。容许应力的设计理念逐步被极限状态法所取代,但还在一些领域继续使用。采用计算机进行结构分析使得结构设计效率更高,也使复杂结构设计和分析成为可能。

1.5 桥梁垮塌事故

纵观历史,钢桥的发展从来都不是一帆风顺的,每一步发展都需要付出高昂的代价,任务越具挑战性,风险就越大。每次尝试增大桥梁跨度、采用新型结构或新材料都必须突破已有理论和经验,也增大了桥梁垮塌的风险,造成惨痛的人员伤亡和经济损失。2000—2014年国内外主要桥梁坍塌事故如表1.2所示[6],近15年来桥梁事故的发生频率总体上呈上升趋势,因此,针对钢桥发展历史上有名的垮塌事故,进行全面详细的分析,归纳分析桥梁事故发生原因、制定有效预防措施的研究具有十分重要的工程背景及社会意义。

表1.2 2000—2014年国内外桥梁事故数量表

年份	先天夭折	自然灾害	人为灾害	合计
2000	2	4	0	6
2001	1	2	0	3
2002	2	2	0	4
2003	1	0	0	1
2004	4	0	5	9
2005	4	1	0	5
2006	4	5	2	11
2007	4	2	6	12
2008	5	6	4	15
2009	10	2	2	14
2010	14	3	3	20
2011	9	3	14	26
2012	6	10	15	32
2013	3	8	10	21
2014	8	4	4	16

尽管桥梁垮塌始终是不幸的事件,但却是桥梁发展史不可分割的一部分。倘若没有这些代价不菲的事故,也不会有如今我们所享有的较高的桥梁安全性。一方面,对桥梁结构力学行为的计算分析是受到当时社会发展水平和条件限制的;另一方面,即使计算分析方法高度发达,模型试验很精确,也需要通过桥梁建造实践来验证结构力学行为是否符合预测。桥梁设计规范包含了严格的标准,有助于避免桥梁垮塌事故,但每座桥梁的设计和施工实际上都是独一无二的,只凭制定规范来避免垮塌事故是不够的。因此,桥梁垮塌事故

在桥梁建设中一定程度上是不可避免的。研究典型的桥梁垮塌事故[7-14]，从中获取宝贵经验，是非常明智的做法。

桥梁垮塌的原因是各种各样的，往往是多个原因共同造成的。大多数桥梁的垮塌事故与建筑材料无关，各原因大致占比为：不可抗力，如洪水，地震，恐怖袭击等（65%）；意外超载和冲击荷载（12%）；冲刷（9%）；结构和设计缺陷（9%）；施工和监理错误（3.5%）；缺乏监测与养护（1.5%）。后面三个原因造成的风险对钢桥尤为明显，容易造成失稳、疲劳、低温脆性断裂和锈蚀等。因此，本书以世界上影响钢桥发展的桥梁垮塌事故为对象，充分搜集各种文献和报告，从技术和工程管理方面建立桥梁垮塌的全景图，分析垮塌原因，使这些前人以生命代价得到的宝贵经验教训能清晰地呈现在我们面前，促进钢桥的发展。

参考文献

[1] PETROSKI HENRY. Design Paradigms: Case Histories of Error and Judgement in Engineering[D]. Cambridge: Cambridge University Press, 1994.

[2] BIEZMA, MARÍA VICTORIA, SCHANACK F. Collapse of Steel Bridges[J]. Journal of Performance of Constructed Facilities, 2007, 21(5): 398-405.

[3] ÅKESSON, BJÖRN. Understanding Bridge Collapses[D]. Taylor & Francis, 2008.

[4] NORBERT J DELATTE JR RESTON. Beyond Failure: Forensic Case Studies for Civil Engineers[D]. VA: ASCE Press, Civil Engineering, 2009.

[5] SCHEER J. Failed Bridges, Case Studies, Causes and Consequences. Berlin: Ernst & Sohn, 2010.

[6] 交通运输部. 2014年交通运输行业发展统计公报[R]. 2015.

[7] 叶华文，陈醉，曲浩博. 魁北克大桥连续倒塌过程及结构冗余度分析[J]. 世界桥梁，2017，45（1）：76-81.

[8] 刘斐. 近期桥梁安全事故深度调查与分析[D]. 长沙：中南大学，2014.

[9] 刘美铭. 桥梁事故分析[D]. 成都：西南交通大学，2010.

[10] 叶华文，张庆，胡劼成，等. 美国I-35W大桥连续垮塌过程研究[J]. 世界桥梁，2018，46（4）：83-87.

[11] 戴彤宇. 船撞桥及其风险分析[D]. 哈尔滨：哈尔滨工程大学，2002.

[12] 周海俊，莫智娥，刘俐，等. 美国近期桥梁失效案例分析[J]. 世界桥梁，2009（2）：57-60.

[13] 孙莉，刘钊. 2000—2008年美国桥梁倒塌案例分析与启示[J]. 世界桥梁，2009（3）：46-49.

[14] 韩亮，樊健. 近年国内桥梁垮塌事故分析及思考[J]. 公路，2013（3）：124-127.

[15] 潘际炎. 中国钢桥[J]. 中国工程科学，2007（7）：18-26.

2 宁堡斜拉桥（Nienburg Cable-stayed Road Bridge）

2.1 引言

宁堡斜拉桥可能是当时世界上跨度最大的斜拉桥和开启桥，具有很多创新点，如采用锻铁拉索、结构设计轻量化等。因当时的技术条件所限，宁堡斜拉桥在1825年发生了垮塌事故，不但造成了重大的人员伤亡，而且使得斜拉桥的发展停滞了一个多世纪。可惜这些宝贵的教训逐渐被人淡忘[1-8]，在宁堡斜拉桥垮塌事故发生后，类似的惨剧仍在发生[9,10]。本章以宁堡斜拉桥垮塌事故为对象，基于该桥设计师克里斯蒂安·戈特弗里德·海因里希·班德豪尔（Christian Gottfried Heinrich Bandhauer）在垮塌事故后所收集的资料[11-13]，阐述桥梁施工和垮塌过程，建立空间有限元模型进行结构分析，从材料特性、几何尺寸和荷载等方面研究垮塌原因。

2.2 桥梁概况

2.2.1 工程背景

赛勒河边的宁堡（Nienburg）位于德国萨克森-安哈尔特州（Sachsen-Anhalt）。宁堡1823年人口约为2000人，属1815年成立的德意志联邦成员国之一的安哈尔特-科滕公国（Anhalt-Cöthen）。这座城市位于赛勒河（Saale River）西岸、与易北河（Elbe River）交汇处。建造宁堡斜拉桥前，当地正处于1806—1813年法国军事占领后的经济恢复期，经济仍主要依赖农耕和畜牧[14]。受英国工业革命的影响，宁堡的商业不断发展，成了发达的内陆港口。三十年战争期间横跨赛勒河的老桥垮塌后，宁堡一直依靠渡船连接两岸，但随着宁堡的发展，迫切需要新建一座桥来代替渡船。但当时安哈尔特-科滕公国背负着巨额的债务，无力建造圬工拱桥[15]，而且拱桥会影响通航。

宁堡桥的设计者戈特弗里德·班德豪尔，1790年出生于宁堡东35 km的罗斯洛安，很早就从事工程建造和监督工作。1824年，班德豪尔提出了可开启的双塔斜拉桥设计草图，如图2.1[12]，预算造价约为4000泰勒（Thaler）。据内斯特（Nestler）所说[14]，班德豪尔对悬索桥和斜拉桥理解都很透彻，于是决定采用造价较低的斜拉桥。图2.2为宁堡大桥立面图，跨中可开启，降下开启叶时，船只便能在不卸下桅杆的情况下通过。班德豪尔的设计使用卡伦伯格尺寸（Kalenberger）中的福斯（Fuss）为基本单位（1 Fuss = 29.33 cm）。换算下来桥梁的主要尺寸为：总长 118.5 m，计算跨径 79.2 m，开合叶长 1.5 m，桥宽 7.63 m，桥面以上主塔高 14.8 m，桥面距水面 3.9 m；设计水位取 1784 年最高洪水水位，比一般水位高 4.18 m。

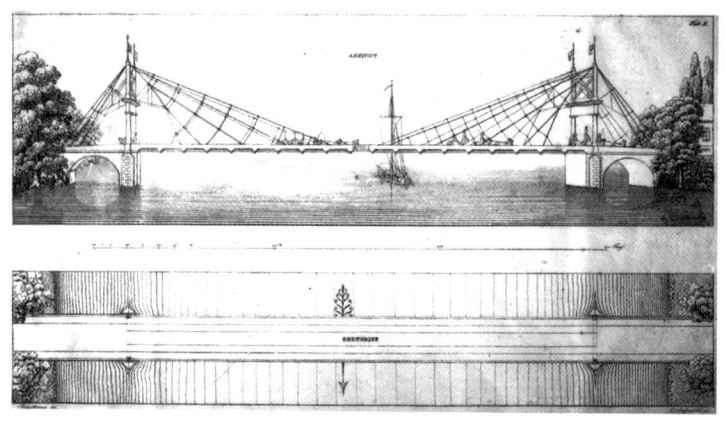

图 2.1　宁堡大桥设计图

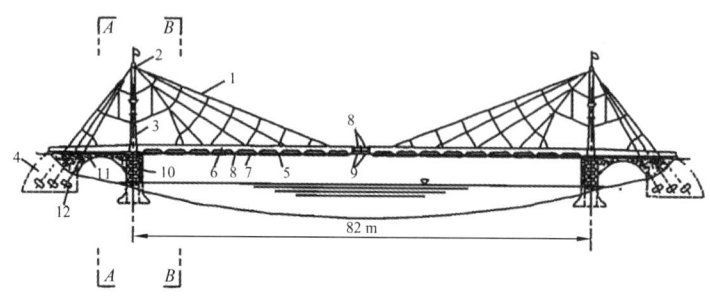

1—铸铁拉索；2—锻铁鞍座；3—木制桥塔；4—拉索锚碇（翼墙式）；
5—木制横梁；6—木制加劲梁；7—木制 X 形横向支撑；
8—铰链梁板；9—开启叶（向下折叠）；
10—圬工桥墩；11—圬工拱；
12—石锚块。

图 2.2　宁堡大桥立面图

木制桁架桥塔建造于圬工桥墩上，如图 2.3 所示，塔顶各有一个铸铁锚固装置，用于固定斜拉索并传递竖向荷载。斜拉索为锻铁圆棒，跨中索与桥塔顶部的锚固装置和梁部通过剪力销连接，背索与锚墙底部的石锚块连接，各索还用环向拉索连接。由于杆件既可能受压也可能受拉，且轻型桥梁易受振动影响，构件连接处易磨损，节点设计无法采用螺栓，而采用类似于鳄鱼牙齿[16]的棘轮齿来传力，如图 2.4 所示。加劲梁包括木制桥面板、支撑道路和人行道的纵向木梁、加劲梁和横向支撑，如图 2.5。桥面总宽度为 7.63 m，由一条 2.35 m 宽的货车车道、两侧各一条马车道和一条 1.17 m 宽的人行道组成。跨中开合结构的细节如图 2.6 所示，当开启桥面时，于孔 7 中取出螺栓 9，从链条鼓上放出链条，依次降低铰链叶。随着铰链叶的降低，纵向护栏的两个桁架部分解锁并向内旋转（同时释放更多链条），为船只打开通道。当关闭桥面时，用两个链条起重机提升铰链叶，然后将螺栓 9 插入孔 7 中，固定铰链叶。

桥梁设计恒载为 68 kN，活载取 1100 人，人均体重 77 kg，均布于桥面，即总活载为 833 kN[13]。确定拉索尺寸时，为满足经济性要求，取安全系数为 2[17]，因为当时桥面基本上不可能出现 1100 人的活载，除非是战争时期。

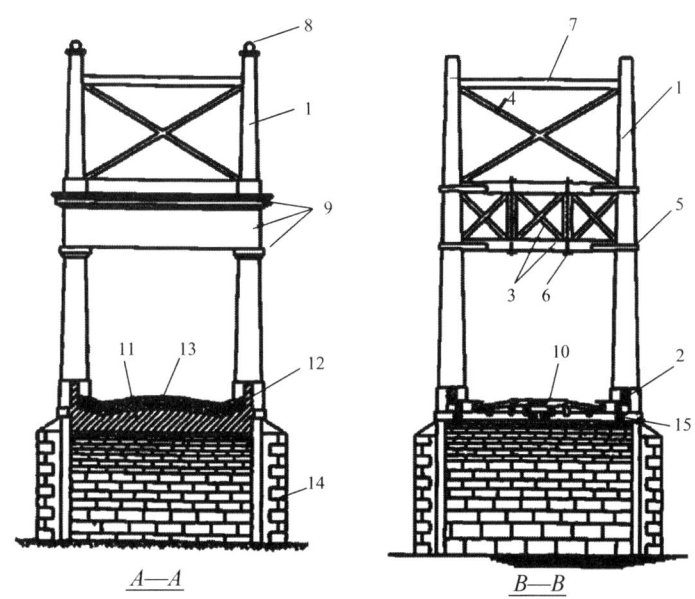

1—橡木柱；2—加劲梁；3—桥门架；4—支撑；5—铁圈；6—螺栓；
7—上部系杆；8—索鞍；9—木制覆层；10—木制桥面；
11—圬工拱；12—圬工护墙；13—桥面铺装；
14—分水角；15—底侧板。

图 2.3 桥塔截面图

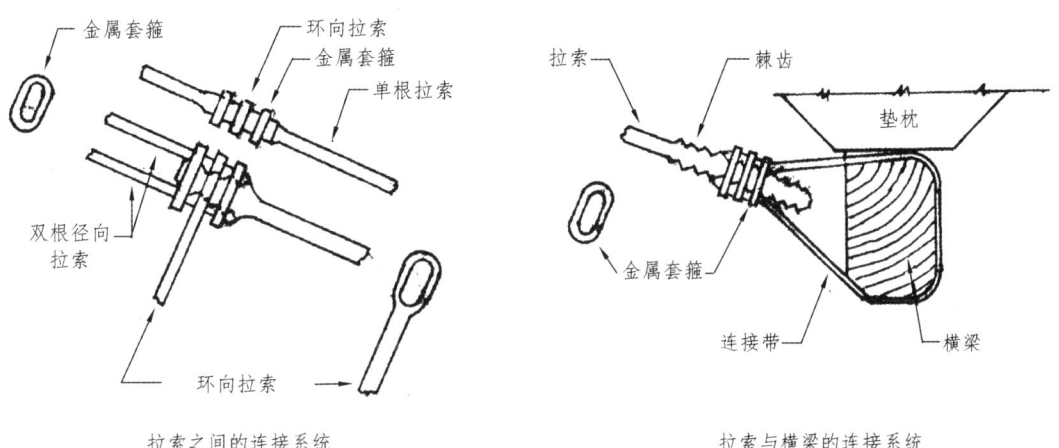

图 2.4 斜拉索连接系统[13]

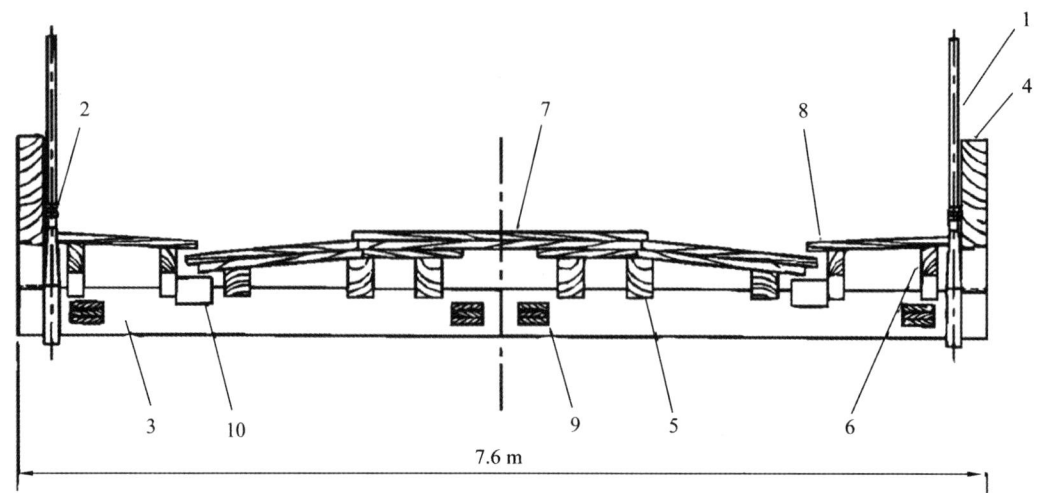

1—锻铁拉索；2—锁紧套筒；3—木制横梁；4—木制加劲梁；5—路面纵梁；6—人行道纵梁；
7—车道板；8—人行道板；9—X形横向支撑；10—挡砟板。

图 2.5　梁截面图

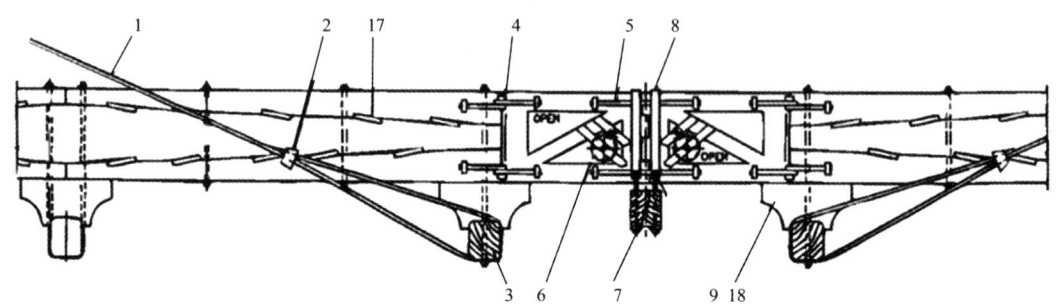

开合结构内表面截面图

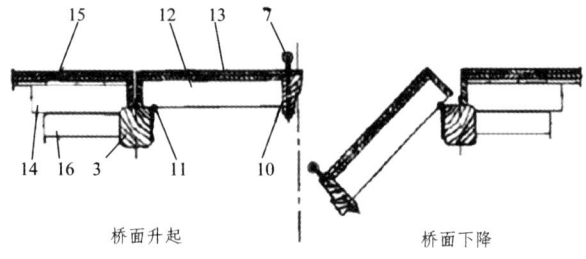

桥面升起　　　　桥面下降

开合式桥面板截面

1—锻铁拉索；2—锁紧套筒；3—木制横梁；4—铰链；5—锁杆；6—铰链筒；7—眼杆；8—锻铁檐槽吊钩；
9—穿过眼杆和吊钩的螺栓；10—横梁叶；11—铰链叶；12—纵梁叶；13—桥面叶；
14—固定纵梁；15—固定桥面；16—横向桁架；
17—剪力键；18—木制垫枕。

图 2.6　开合结构细节

2.2.2 桥梁施工

桥梁基础于 1824 年 3 月 24 日开工，同年 4 月 4 日，与位于哈茨山（Harz Mountains）边的布兰肯堡镇（Blankenburg Town）的一家钢铁厂签订了制造锻铁拉索的合同，规定在 6 月底前交纳一半数量拉索，7 月底完成全部。由于拉索连接发生设计变更，因此延期至 10 月 29 日。第一批拉索质量良好，但之后质量越来越差。为保证拉索质量，班德豪尔设计制造了一台试验机检验力学性能，结果显示 40% 的产品不满足要求，须运到距离桥址约 5 小时车程的锻造厂重新加工。虽然加工后的拉索基本都能通过检验，但由于重新加工的数量太大，严重耽误了工期[18, 19]。

在桥梁施工过程中，结构安全受到很多人的质疑，尽管班德豪尔坚持结构设计满足承载能力要求，但为安抚民众，他不得不增加一倍的拉索和支撑，建筑成本因此增加至 8000 泰勒，是原成本的两倍。而且桥梁基础也不得不加强，以承担上部结构增加的自重[18]。至于是班德豪尔真的认为有必要进行这样的设计变更，还只是为了"息事宁人"，现在已经不得而知了。

2.2.3 桥梁荷载试验

桥梁接近完工时，对结构安全的质疑再一次甚嚣尘上。为此班德豪尔决定进行一次荷载试验安抚众人。1825 年 8 月 22 日下午 7 点，在两名市政官员的见证下，进行荷载试验。当时支撑脚手架仍在桥下，官员们也首先核实了脚手架没有支撑桥梁。于晚上 8 点 45 分，一辆载有 5154 kg 碎石的马车在 10 匹马的牵引下通过桥梁。根据班德豪尔的设计，试验总荷载为 100 kN，加载长度为 26 m。官员们检查了加载后的桥梁底部，确认其没有与脚手架接触。但公众却仍不满意，认为应在白天反复进行加载。因此 8 月 27 日下午在大量公众的见证下，进行了第二次荷载试验，马车快速行驶了三次，并不断增加碎石，最后一次试验荷载达到 105 kN。桥梁无异常，也未发生永久变形，于是当局决定该桥于 1825 年 9 月 6 日通车。

2.3 垮塌过程

大桥通车后，市民们要求在桥上举行庆祝活动，正巧宁堡市长得知公爵计划 12 月 6 日在宁堡宫过夜，于是与班德豪尔商量桥上的庆祝活动，班德豪尔强烈反对。但庆祝活动的消息已经传开，人们纷纷来到宁堡，1825 年 12 月 6 日晚上 8 点 30 分，一支游行队伍走上宁堡桥。随后乐师也抵达了大桥跨中，大桥中部放有桌椅，火炬手们便也聚集在乐师周围，堵在大桥中间，因此人群大多集中在了桥的东南方，桥上的活荷载在纵向和横向上都不对称。

乐队演奏音乐时，桥上有一些人试图让大桥随着音乐节拍摇晃，随后东南方向的 3 根背索（图 2.7 中的 213、214 和 234 号拉索）发生断裂，西南侧的背索也随之断裂。由于桥塔与桥墩的连接处无法承受如此大的弯矩，南侧的桥塔发生倾覆，大桥南侧相继垮塌落入水中。

伤亡人数有不同的说法[9, 20]，最可靠的说法是：桥上共有 282 人，北侧 30 人，南侧 252 人，其中 186 名成人和 66 名儿童落水，55 人死亡，60 人受伤，2 人下落不明。事故发生后，班德豪尔马上抵达宁堡，查看垮塌现场后要求进行正式调查，他坚信："正常使用的情况下，若没有受到破坏，该桥不可能垮塌。"于是当地政府成立了调查委员会，通过对拉索断口的分析发现：拉索质量堪忧，可能在制造和架设过程中有些拉索已经产生初始损伤[13]。公众认为是班德豪尔导致了这场灾难，但法院并没有追究班德豪尔的责任。

2.4 垮塌原因分析

2.4.1 有限元模型

采用 Robot Millennium v18.0.1 软件建立多个有限元模型，考虑材料的非线性效应，进行结构变形和垮塌过程分析[10]。图 2.7 为桥梁上部结构的三维模型示意图，由 192 个节点和 332 个单元组成[12, 13]。由于缺乏当时所用锻铁拉索的应力-应变曲线，分析时根据参考数据[17, 21-27]采用图 2.8 所示的三段直线型应力-应变曲线，各转折点分别为：下屈服点 F_{y1} = 172 MPa（对应应变 0.000 89），上屈服点 F_{y2} = 230 MPa（对应应变 0.001 49），极限抗拉强度 F_u = 345 MPa（对应应变 0.300 00）。活载分布如图 2.9 所示。为模拟垮塌时观众的位置，将活载系数 Q 置于靠近东侧拉索的位置，图示活载系数 Q 的纵向分布也是模拟桥上人群主要集中在桥梁南侧。对于拉索极限抗拉强度，班德豪尔参考小试件（截面积为 2 mm^2）的试验结果，取值相当于现在的 500 MPa，实际上他所用拉索直径为 24～48 mm，由于尺寸效应，实际拉索极限抗拉强度只有小试件值的 70%。班德豪尔显然是忽视了尺寸效应。

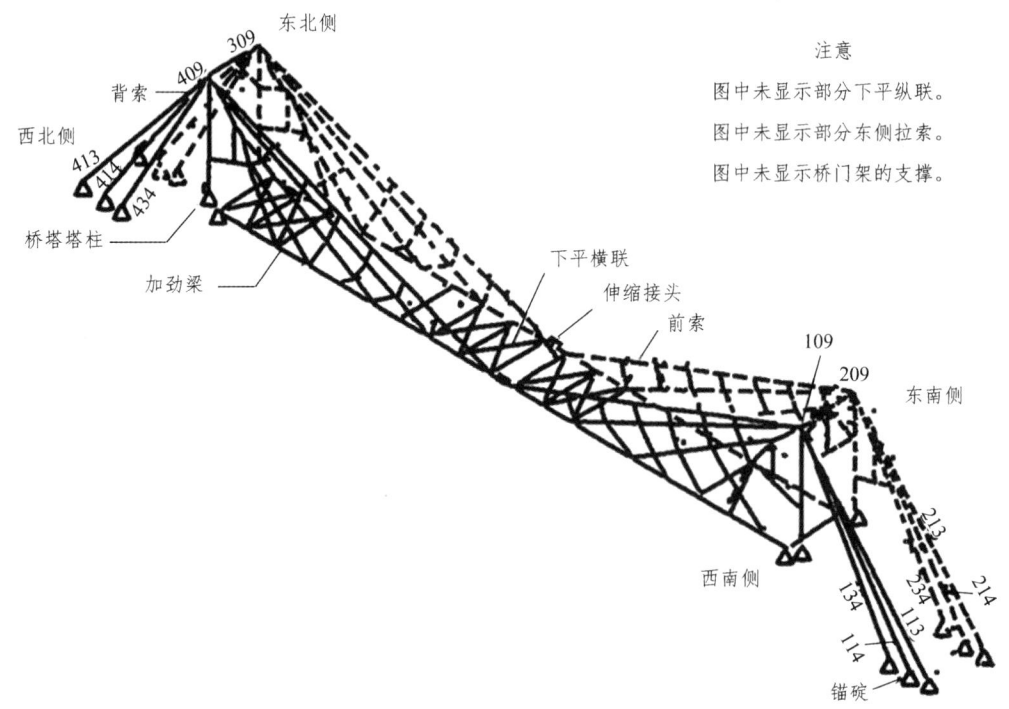

图 2.7 桥梁上部结构三维简化分析模型

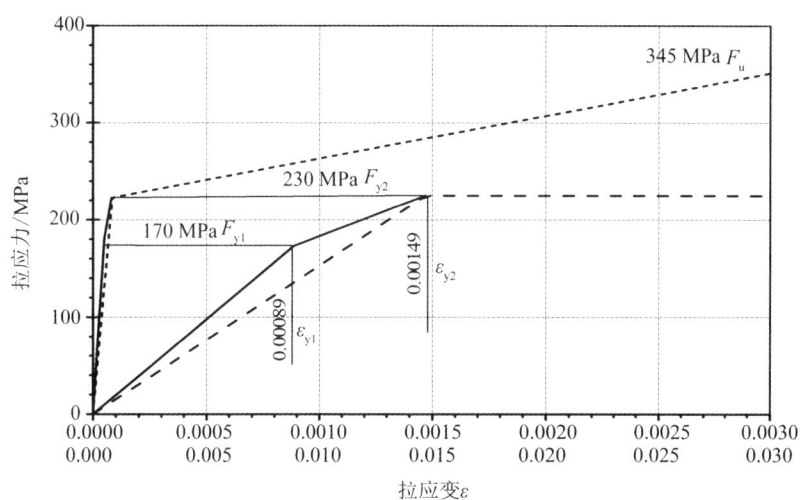

图 2.8 假定的锻铁应力-应变曲线

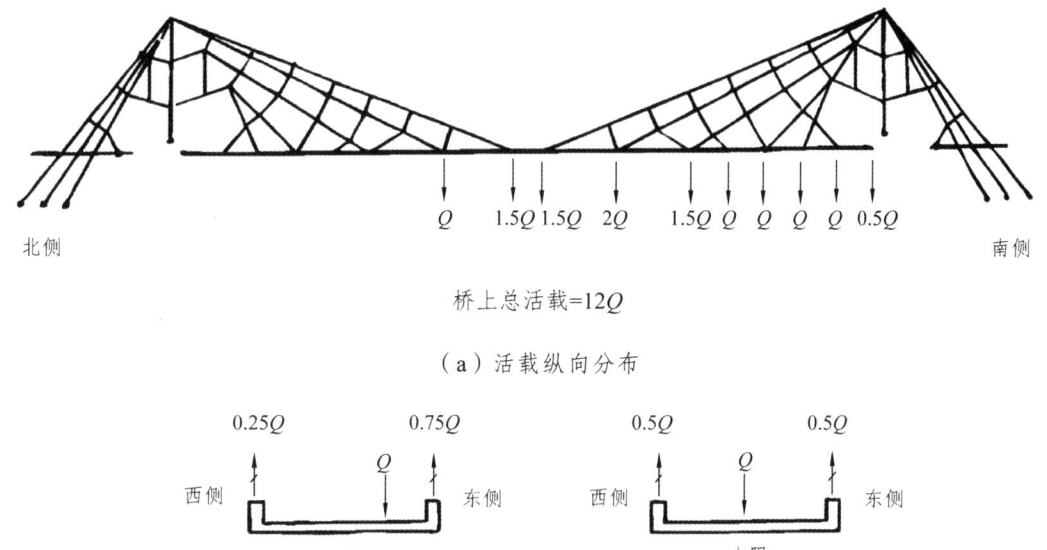

（a）活载纵向分布

（b）活载横向分布

图 2.9 结构分析中桥梁活荷载的假定分布

由于 Robot Millennium 软件只能分析常规双线性应力-应变曲线，因此通过建立了两个模型绘制了图 2.8 中的三线性应力-应变曲线。在第一个模型中，计算应力小于等于 F_{y2} 的区域只考虑了三线性关系的前两个部分。在应力最大的单元达到 F_{y2} 后，利用第二个模型研究三线应力-应变曲线的第三部分。

2.4.2 分析结果

1. 静力分析

在静态垮塌模拟分析过程中,逐步增加活载系数 Q 计算相应的结构变形情况,图 2.10 所示为跨中处四点的竖向位移,当活载系数 Q 为 12.5 时,跨中挠度已达 500 cm。恒载作用下四点处挠度均为 20 cm。随着活载开始增加,各点的挠度基本相等。当 Q 增至 4 时,东侧节点挠度增加较快,当 Q 继续增加到 10 时,此时东北侧索和桁架似乎已到达承载能力极限,而东南侧结构相应松弛。此时桥梁绕纵轴可能发生了扭转,导致西侧结构挠度很小,如图 2.11 所示。

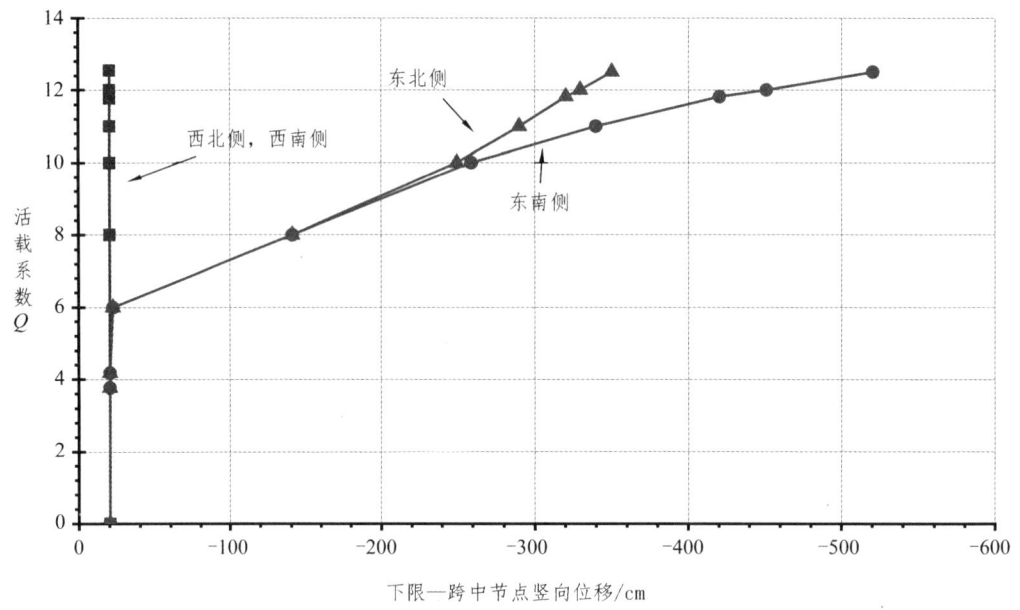

图 2.10 跨中竖向位移下限分析

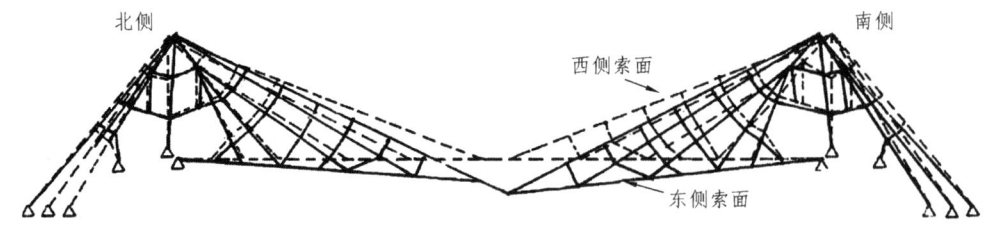

Q=12.5 kN,拉索立面图

图 2.11 Q =12.5 kN 时的结构变形图

南桥塔顶部节点的水平位移如图 2.12 所示,结果与图 2.10 所示的桥面挠度几乎相等。恒载作用下的桥塔位移约 9 cm。Q 增至 4 时,东南桥塔顶部较快向跨中偏移,东南侧桥面挠度也随塔顶水平位移增加。当 Q 超过 6 时,东南侧背索拉长,东南侧塔柱向跨中倾斜,东南侧索和桁架单元向下挠曲,如图 2.10 中东南侧点所示。

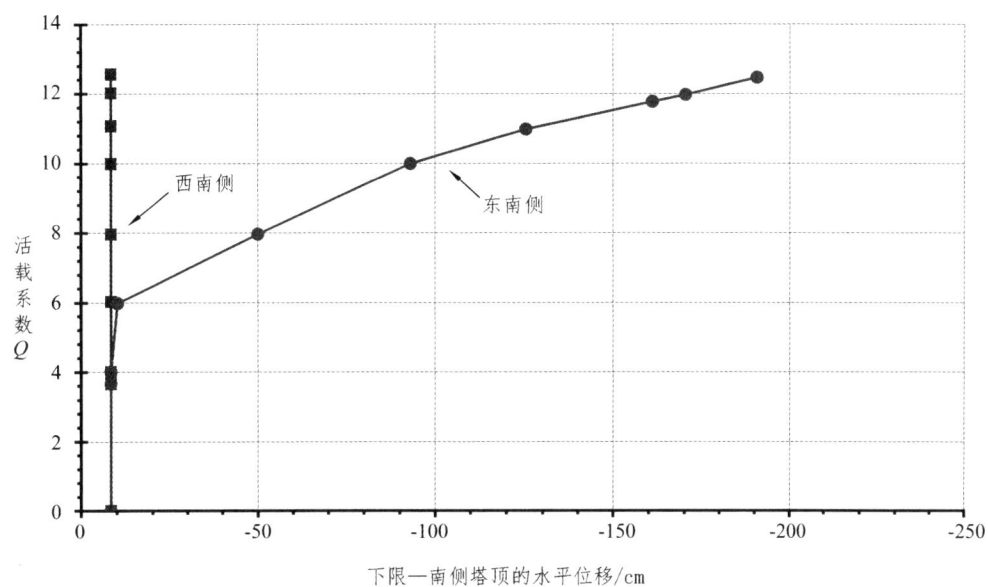

图 2.12 塔顶纵向（水平）位移分析

由于背索断裂是垮塌的重要原因，图 2.13 分析了 8 根锻铁背索在活载作用下的内力变化情况（单元编号如图 2.7 所示）。恒载引起的背索内力非常大，施加活载后，结构体系发生内力重分布。图 2.14 分析了拉索应力的变化情况，东南侧拉索 213 应力达 255 MPa，拉索 214 和 234 应力达 235 MPa，西南侧拉索 113、114 和 134 应力较小，与东南侧拉索先断裂情况一致，此时活载系数 $Q=12.5$ kN，相当于 255 人，平均体重 60 kg，与文献记载的 282 人相符[20,28]。与拉斯明·哈尔瓦[16]（Rasmine Halva）的计算结果（垮塌荷载约为 285 人，平均体重 70 kg）很接近。

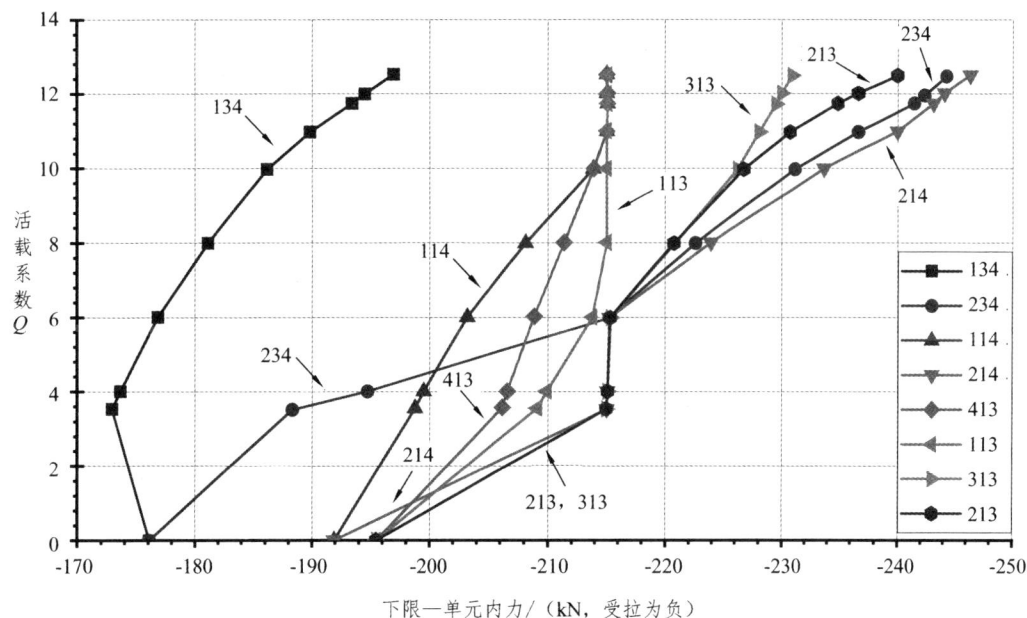

图 2.13 关键拉索内力

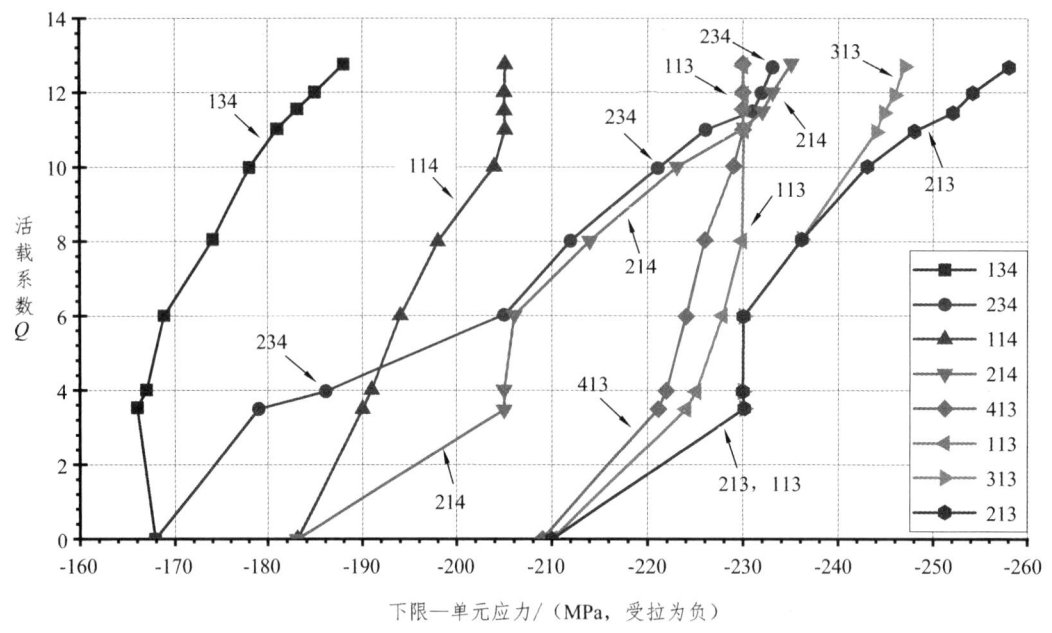

图 2.14 关键拉索拉应力

2．动力分析

由于当时乐队的演奏节奏无法确定，参考一般情况，假定当时舞蹈的节奏为 1～3 s，对应的振动频率为 0.3～1.0 Hz。桥梁振动频率恰好在此范围内，就有可能对拉索应力产生重大影响。基于上述有限元分析模型，分析桥梁的固有频率。依据不同的恒活比分为两种工况，分析结果如下：

工况一：仅考虑恒载。假设结构是完全弹性的。拉索弹性模量 E 取图 2.8 所示应力-应变曲线第一阶段的弹性模量 193 258 MPa。计算得到前三阶固有频率分别为：1.19 Hz、1.21 Hz 和 1.75 Hz，第一阶振型为扭转。

工况二：恒载加 75% 活载。取桥梁倒塌时的 282 人，人均体重取 60 kg，总活载 166 kN，取 75%活载，即 124.5kN，分布如图 2.11 所示。活载作用下部分拉索应力超过了比例极限，此时 E = 154 362 MPa（应力-应变曲线前两段的平均值）。计算得到前三阶固有频率分别为 0.98 Hz、1.05 Hz 和 1.50 Hz，第一阶振型为扭转。

工况一和二的分析结果表明，桥梁最小固有频率都很接近扰动频率，因此很有可能发生共振。如果发生共振，拉索应力将超过静载应力。当然现场不确定性因素较多，难以进行更详细的动力分析。

2.5 结 论

通过对文献资料分析整理，并进行有限元模拟，对宁堡斜拉桥垮塌事故可得到以下结论：

（1）由于当时的技术条件和成本所限，拉索采用的锻铁性能无法满足斜拉桥的要求，抗拉强度偏低，是桥梁垮塌的直接原因。

（2）对于斜拉桥这样复杂的结构体系，当时的设计者缺乏计算方法和工具进行全面分析，过度追求结构轻量化和低成本，结构安全储备不足。

（3）当时缺乏对桥梁结构动力行为的认识，结构体系刚度太小，游行人群通过时很可能会发生共振。

参考文献

[1] STEVENSON R. Beschreibung der Hängebrücken[R]. Verhandlungen des Vereins zur Beförderung des Gewerbefleisses in Preussen, 1822: 115-127.

[2] LEUPOLD J. Theatrum Pontificiale: Oder Schau-Platzder Brücken und Brücken-Baues[M]. Leipzig: Christoph Zunkel, 1736.

[3] BERG C F W. Der Bau der Hängebrücken aus Eisendraht[M]. Leipzig: Im Industrie-Comptoir, 1824.

[4] STEVENSON R. Description of Bridges of Suspension[J]. The Edinburgh Philosophical Journal, 1821, 5(10): 237-256.

[5] RUDDOCK T. Blacksmith Bridges in Scotland and Ireland (1816-1834)[C]//Proceedings of an International Conferenceon Historic Bridges to Celebrate 150th Anniversary of the Wheeling Suspension Bridge. Wheeling: West VirginiaUniversity Press, 1999.

[6] CHRIMES M. Bridges: A Bibiliography of Articles Published in Scientific Periodicals 1800-1829[C]//NORMAN SMITH. History of Technology. London: Mansell Publishing Ltd, 1985.

[7] DREWRY C S. Memoir on Suspension Bridges[M]. London: Longman Press, 1832.

[8] BENDER C. Historical Sketch of the Successive Improvements in Suspension Bridges to the Present Time[J]. Transactions of the American Society of Civil Engineers, 1868, 5: 27-34.

[9] VOGEL E. Die Geschichte der Stadt Nienburg[M]. Nienburg: Rat der Stadt Nienburg, 1986.

[10] BIRNSTIEL C. On the Collapse of a Cable-Stayed Bridgeat Nienburg: A Nineteenth Century Disaster Revisited[C]//HARDING J E, PARKE G A R, RYALL M J. Bridge Management 3. London: E&FN Spon, 1996.

[11] BANDHAUER G. Verhandlungenüber die Artistische Untersuchung des Baues der Hängebrücke über die Saale beiMönchen-Nienburg[M]. Leipzig: C H F. Hartman, 1827.

[12] BANDHAUER G. Kupfertafeln und Ihre Erläuterungzu den Schriften der Artistische Untersuchung des Baues der Hängebrückeüber die Saale bei Mönchen-Nienburg[M]. Leipzig: C H F. Hartman, 1827.

[13] BANDHAUER G. Verhandlungenüber die Artistische Untersuchung des Baues der Hängebrückeüber die Saale beiMönchen-Nienburg[M]. Leipzig: C H F. Hartman, 1829.

[14] NESTLER E. Bandhauer (1790-1837): Ein Klassizist in Anhalt[M]. Köthen: MICADO Verlag, 1996.

[15] WILMERS W. Restoration of Masonry Arch Bridges[J]. ICE Proceedings, 2012: 165.

[16] BIRNSTIEL C. The Nienburg Cable-Stayed Bridge Collapse: An Analysis Eighteen Decades Later[C]. PARKE G A R, DISNEY P. Bridge Management 5. London: ThomasTelford, 2005.

[17] EYTELWEIN J A. Handbuch der Statik Fester Körper. 3vols[M]. Berlin: Realschulbuchhandlung, 1808.

[18] SIEBERT H. Die Nienburger Hängebrücke: Einsturz am 6 Dezember 1825[M]. Cöthen (Anhalt), Germany: Paul Schettlers Erben, 1900.

[19] SIEBERT, H. Die Nienburger Hängebrücke in Geschichte und Sage[J]. Wochenblattfür Vaterlandische Geschichte, Beitrage zur Cöthenschen Zeitung, 1925, 23(24; 25).

[20] VOGEL E, NIENBURGER SAGEN. Betriebsparteiorganisation der SED des VEB Zementwerke Bernburg in Zusammenarbeit mit dem Rat der Stadt Nienburg[Z]. Salzlanddruckerei, Strassfurt, Bernburg, Germany: 1989.

[21] BURR W H. Materials of Engineering[M]. 7th Edition. NewYork: John Wiley, 1915.

[22] HÜTTE. Des Ingenieurs Taschenbuch[M]. 175th Edition. Berlin: Wentworth Press, 1899.

[23] JOHNSON J B. The Materials of Construction[M]. NewYork: John Wiley, 1909.

[24] LAMÉ M. Ueber die Kettenbrücken und über dieFestigkeit des bei ihrem Bau angewendeten Eisens[C]//Vereins zur Beförderung des Gewerbefleisses. Petsch: Duncker und Humblot, 1826, 5: 120-129.

[25] MARIN J. Engineering Materials: Their Mechanical Properties and Applications[M]. Englewood Cliffs: Prentice-Hall, 1952.

[26] SEELY F B. Resistance of Materials[M]. 2nd Edition. NewYork: John Wiley, 1935.

[27] TRAUTWINE J C. Civil Engineer's Pocket-Book[M]. Philadelphia: Claxton, Remsen & Haffelfinger, 1874.

[28] MUSSCHENBROEK. Introductio ad philosophicam naturalem[M]. Luchtmans, 1762: 414.

3 泰河桥（Tay Bridge）

3.1 引 言

泰河桥是首次以铸铁为主要材料建造的桥梁，也是当时世界上跨度最大的钢铁桥梁。但建成后的泰河桥运营不到 2 年，就在大风中垮塌了。这场灾难轰动了欧洲，此后桥梁设计师意识到了风荷载设计的重要性[1-3]。事故发生后，铸铁被钢材取代，不再用于桥梁主体结构；英国桥梁风荷载设计值也因此进行了修改[4]。泰河桥是现代钢桥的先声，其经验和教训为桥梁设计的发展提供了宝贵启示和重要参考。

Martin 等[5]建立桁架桥墩空间模型进行桥梁倒塌原因分析，推测忽视风荷载设计是导致倒塌的主要原因；而 Lewis 等[6]推断桥梁倒塌并非由于风荷载作用，而是受活荷载和疲劳作用影响所致；Martin 等[7]研究分析了活荷载及疲劳作用对桥梁倒塌的影响，并得出节点板强度及拉杆强度大小对结构的影响程度。Jones[8]通过简化结构计算多种荷载组合情况下结构稳定性，并得出倒塌主要原因为铸铁材料缺陷造成结构受力不合理。本章基于英国调查委员会的事故报告[9]，从结构和构造设计、风荷载等方面分析泰河桥垮塌原因。

3.2 桥梁概况

18 世纪后期英国工业革命后，货物运输方式由运河逐渐转变为铁路，速度更快，成本更低。同时木炭冶炼技术被更高效的焦炭冶炼技术取代，使得铸铁等材料得到大规模生产和应用。铁路系统改变了整个英国的面貌，但限于当时的条件，事故时有发生，如表 3.1 所示。在巨大的交通运输需求和焦炭冶炼技术的推动下，英国开始在塞文河（Severn）上修建以铸铁为主要材料的桥梁。

表 3.1　泰河桥事故前发生的英国铁路事故

时间	地点	事故描述
1830-09-15	雷恩希尔（Rainhill）	议员赫斯基森被列车撞倒
1840-08-07	豪顿（Howden）	铸件从列车脱落
1840-11-10	布罗姆斯格罗夫（Bromsgrove）	列车锅炉爆炸
1846-01-01	汤布里奇（Tonbridge）	桥梁垮塌

续表

时间	地点	事故描述
1847-05-24	迪桥（Dee Bridge）	桥梁垮塌
	索撒尔（Southall）	车轮破坏，货物脱轨
1849-06-27	赫莫顿（Hemerdon）	列车锅炉爆炸
1850	沃尔弗顿（Wolverton）	列车锅炉爆炸
1860-02-20	托特纳姆（Tottenham）	列车脱轨，车轮破坏
1861-07-08	伊森哈尔（Easenhall）	列车锅炉爆炸
1862-11-08	威斯伯恩公园（Westbourne Park）	列车锅炉爆炸
1864-05-05	科恩（Colne）	列车锅炉爆炸
1864-05-09	主教之路（Bishop's Road）	列车锅炉爆炸
	莱明斯特（Leominster）	列车锅炉爆炸
1870-06-20	纽瓦克（Newark）	撞击，车轴破坏
1870-12-26	哈特菲尔德（Hatfield）	列车脱轨
1873-08-03	维冈（Wigan）	高速状态脱轨
1874-12-24	希普顿-上彻韦尔（Shipton-on-Cherwell）	车轮破坏导致列车脱轨
1879-12-28	泰河桥（Tay Bridge）	风致垮塌

泰河（Tay River）横贯苏格兰，全长193 km，是苏格兰最长的河流，在安格斯郡（Angus）邓迪（Dundee）注入北海，流域面积6216 km²。由于没有铁路连接苏格兰的两大流域——福斯河和泰河，虽然从爱丁堡（Edinburgh）到邓迪（Dundee）距离只有74 km，却需花费3个多小时并换乘火车和渡轮[10]。因此在19世纪70年代早期，托马斯·鲍奇（Thomas Bouch）提出修建跨越泰河的桥梁。在邓迪富商詹姆斯·考克斯（James Cox）的资助下，原计划耗资20万英镑于1874年建成泰河桥（Tay Bridge）。因河床地质条件勘察不充分，桥梁推迟到1878年2月竣工，且造价超过原计划60%。

泰河桥是当时世界上跨度最大的铁路桥[10,11]，由85跨铆接锻铁桁梁构成，跨度为3.264 km，按从南到北进行编号，如图3.1。因通航净空要求，位于中间的28~41跨梁段为下承式桁梁，其他梁跨为上承式桁梁。中间13跨梁中，11跨跨径为75 m，2跨为69 m；前14跨桥墩为圬工结构，剩余71跨桥墩为铸铁结构，中跨桥墩质量为120 t（图3.1、图3.2）。泰河桥中跨段采用了高8.2 m的下承式桁梁，如图3.2所示，桁架墩高26.8 m，由6根外径为380 mm和460 mm的空心铸铁圆竖杆、锻铁斜杆及水平直杆构成，如图3.3所示，各杆件通过铸铁节点板连接成整体。全部锻铁与铸铁构件材料均采用了当时最先进的冶炼技术——"贝氏"酸性转炉法生产。桁架墩中锻铁杆件屈服强度200.7 MPa[8,9]。桥梁建设过程如表3.2所示，施工历时7年，于1878建成运营通车。

 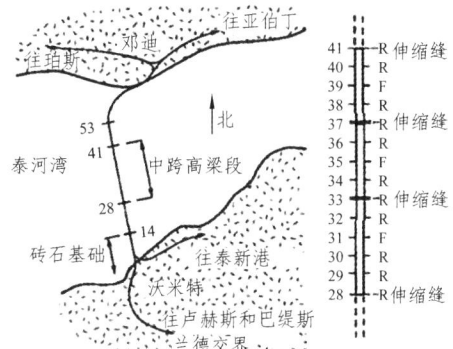

(a)桥梁全景图　　　　　　　　　(b)桥跨布置图

图 3.1　泰河桥桥跨布置

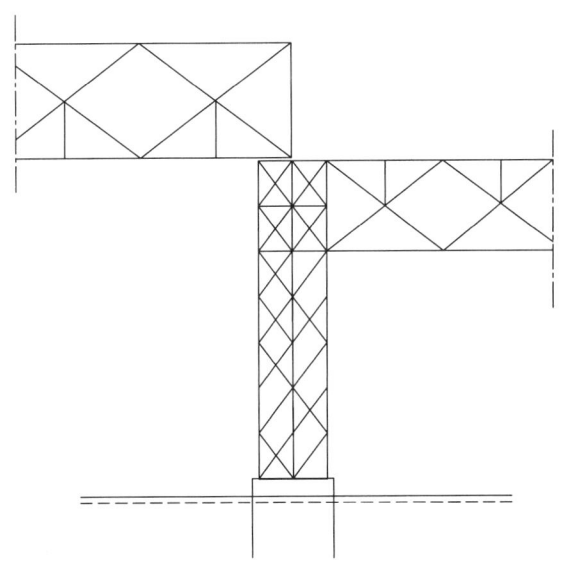

(a)边中跨连接节点示意图

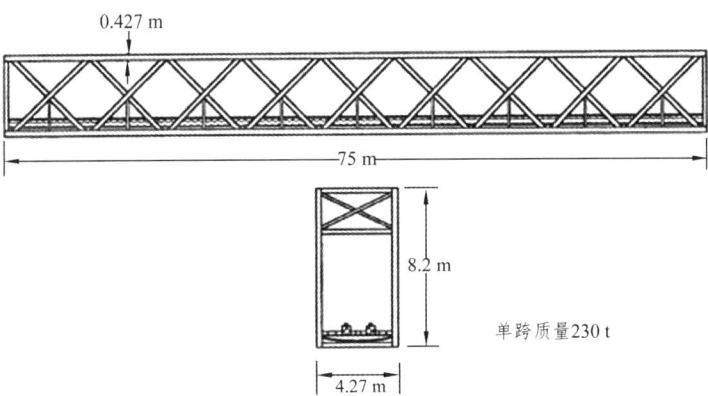

(b)中跨桁梁构造图（4-5 跨桁梁形成连续梁体系）

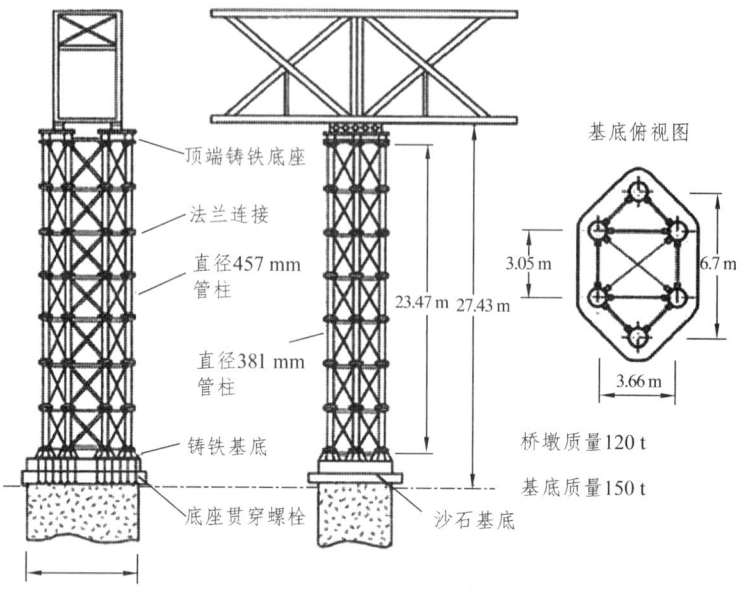

（c）中跨桁架墩构造图

（d）中跨桁梁构造图

图 3.2 泰河桥上部结构

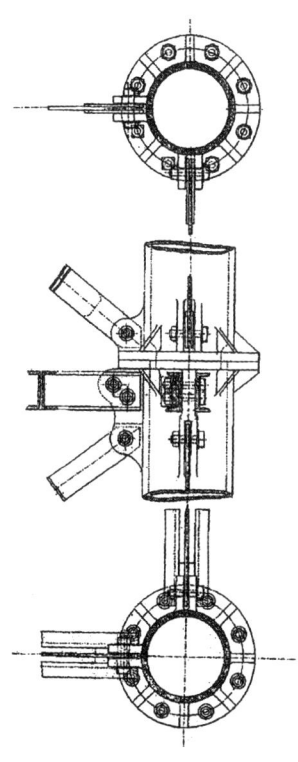

图 3.3 桁架墩空心圆杆细部构造图

表 3.2 泰河桥重要事件及其发生时间

泰河桥倒塌前重要事件（按时间排序）	事件发生大致时间
北英铁路公司任命鲍奇	1849 年
第一艘火车渡轮穿越福斯湾	1850 年
建议北英铁路公司架桥跨越泰河湾	1854 年
批准建造泰河桥	1870 年 7 月
签订承包合同	1872 年 10 月
河湾地质勘察	1872 年 12 月
桥梁定位工作启动	1873 年 1 月
泰河桥南端沃尔米特铸铁厂起建	1873 年 2 月
变更合同承包公司	1874 年 7 月
54 号桥墩发生沉箱事故，6 人死亡	1875 年 8 月
主梁于风暴中塌落	1877 年 2 月
建桥完成，第一辆列车通行	1877 年 9 月
桥梁结构测试	1878 年 2 月
第一辆载客列车通过泰河桥	1878 年 5 月
维多利亚女王乘车过桥；鲍奇被授予爵士	1878 年 6 月
桥梁于风暴中倒塌，75 人死亡	1879 年 12 月
贸易组委会调查团在邓迪调查事故起因	1880 年 1 月
贸易组委会调查团前往伦敦听取专家证据	1880 年 4 月
伦敦议会得出最终事故报告	1880 年 6 月

3.3 垮塌过程

1879 年 12 月 28 日晚,大桥建成通车 18 个月后,一列 6 节车厢的邮政列车以约 30 km/h 的速度驶向邓迪,预计在 7:15 到站。当时暴风已经持续了一整天,夜晚时强度又加剧,但桥上交通并未因此而停止。在向邓迪车站发送信号后 7~8 min,列车应该抵达对岸车站,但实际上却晚点。于是车站管理人员前往了解情况,当到达桥梁中跨位置时,列车和近 1 km 长的下承式桁梁部分全部坠河中,如图 3.4、图 3.5 所示。事后搜救现场情况表明:6 节车厢及车内 75 名乘客(包括泰河桥设计师鲍奇的女婿)全部遇难,无人幸免。调查报告表明,当晚风暴为蒲福等级(Beaufort force)10 级至 11 级,横向风载是桥梁倒塌的直接原因,材料和节点设计也有缺陷。

(a) 中跨桥墩倒塌图　　　　　　　　(b) 高梁倒塌残骸

图 3.4　泰河桥倒塌图

(a) 5 号墩破坏图　　　　　　　　(b) 7 号墩破坏图

图 3.5　桥墩破坏图

3.4 垮塌原因分析

泰河桥垮塌的因素主要是两个:(1)桥墩结构设计和构造缺陷。(2)风荷载超过设计值。桁架墩斜杆连接采用锥形销栓(楔子),这些销栓很难在动载作用下长期保持紧固作用,且斜杆刚度不足，因此竖向杆件间的横向联系逐渐削弱。泰河桥粉刷工人称，当列车在桥面通过时，支撑斜杆发出响声，桁架柱甚至出现横向摆动。还有报告显示泰河桥存在其他构造问题，如空心铸铁圆竖杆存在缺陷，砖砌桥墩出现裂缝以及河床遭到冲刷。还有人怀疑垮塌原因是结构共振，可采用以下公式简单计算桁架墩的固有频率：

$$f = \frac{1}{2\pi}\sqrt{\frac{K}{M}} = \frac{1}{2\pi}\sqrt{\frac{3EI}{ML^3}} = \frac{1}{2\pi}\sqrt{\frac{3 \times 1 \times 10^{11} \times 6.807 \times 10^{-1}}{356 \times 10^3 \times 23.7^3}} = 1.045 \text{ Hz}$$

式中：K 为结构刚度；E 为结构弹性模量（100 GPa）；m 为结构质量（234 t + 122 t = 356 t）；L 为结构高度（23.7 m）；I 为结构惯性矩（考虑剪切变形，6.807×10^{11} mm^4）。风荷载频率一般不超过 4 Hz，与桁架墩的固有频率有较大差异，共振引起桥梁垮塌的可能性很小。

3.4.1 结构设计和构造缺陷

在桁架墩结构中，交叉斜杆共同承担荷载，且拉、压杆承受荷载数值基本相等。泰河桥桁架墩的斜杆设计只按照极限抗拉应力控制，并没有考虑压杆失稳问题。在侧向风作用下，墩底及墩顶处可能已经形成塑性铰，当斜压杆受压弯曲失稳时，结构变成机动体系，如图 3.6（a），横向荷载仅由拉杆承受，斜拉杆受力增大为设计值的两倍，如图 3.6（b），受拉斜杆要么由于销栓松落而失效，要么受拉屈服。铸铁柱上的节点板因铸造方便也采用了抗拉强度低的铸铁，基本上都发生了脆性断裂，如图 3.7 所示。

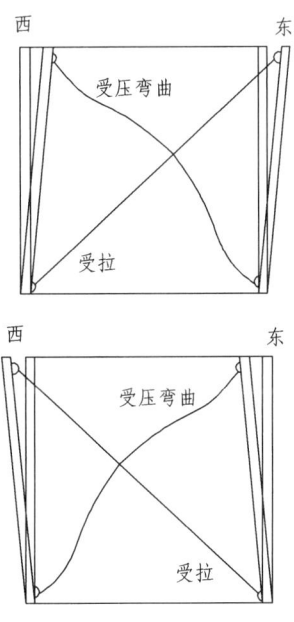

（a）受压斜杆屈曲

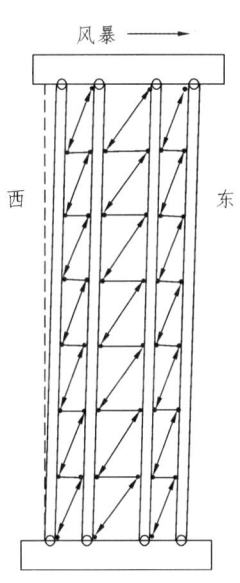

（b）风荷载作用下斜杆受力

图 3.6 受压斜杆失效后桁架墩承受横向荷载杆件受力图

 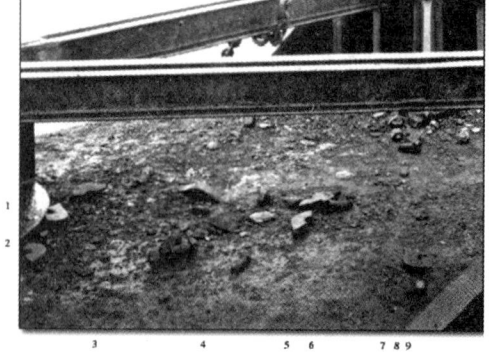

（a）节点板破坏图　　　　　　　　　　（b）破坏后散落的节点板

图 3.7　结构构造破坏图

另外，在泰河桥边跨曲线段，鲍奇在桥墩上增加了侧向支承以抵抗横向荷载，中跨直线段却因忽略横向风荷载及列车横向摇摆力，没有布置横向支撑，导致在横向荷载作用下结构缺乏足够支撑发生大变形，如图 3.8 所示，边跨段 28、41 号桥墩因为有横向支撑均保持完整，并未出现明显结构破坏。

（a）41 号桥墩残骸　　　　　　　　　　（b）28 号桥墩残骸

图 3.8　边跨残存桥墩

3.4.2　风荷载

1879 年 12 月 28 日晚，列车驶入泰河桥后，距离水面 27 m 的桥梁中跨结构迎风面受到压力,背风面受到吸力,发生变形,如图 3.9 所示。泰河桥的风压设计值为 478.8 N/m²,而福斯桥(Forth Bridge)风压设计值为 1436.4 N/m²,如图 3.10。如果风压达到 478.8 N/m²,对应的蒲福风等级仅为 7 级,实际上 1879 年 12 月 28 日的蒲福风为 10~11 级,风压为 1300~1700 N/m²(风荷载值为 41~55 t),不仅超过了官方调查团委员会本杰明·贝克(Benjamin Baker)提出的实际最大风压值 718.2 N/m²,而且远超过鲍奇爵士取用的风压设计值 478.8 N/m²[12]。因此设计风荷载过小是桥梁垮塌的直接原因。

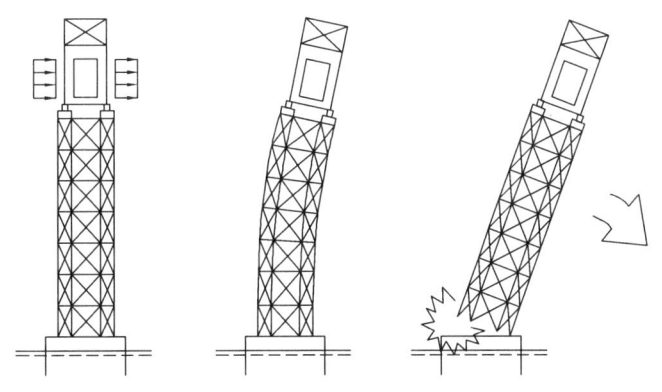

图 3.9 中跨下承式梁段受力示意图

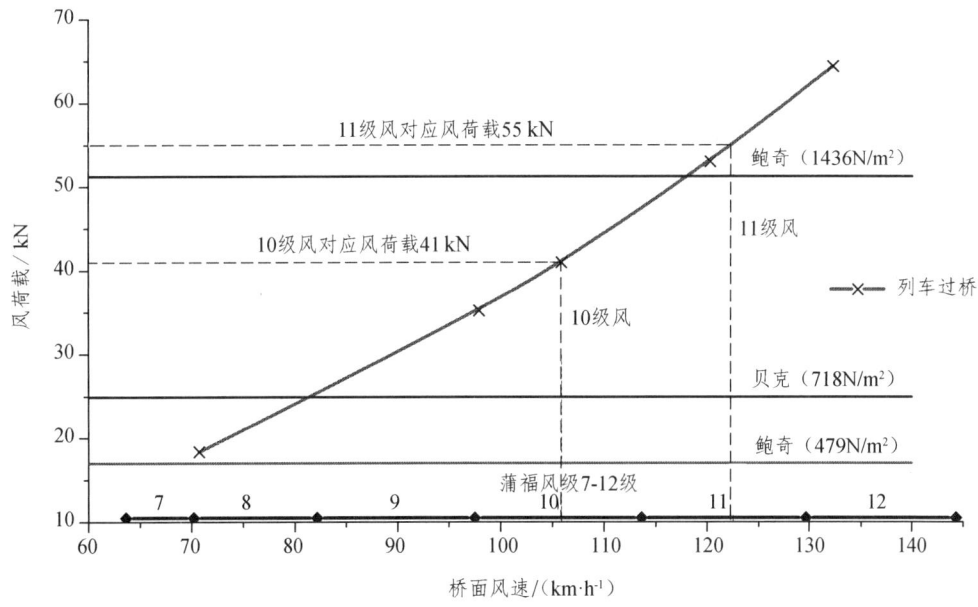

图 3.10 风速与荷载曲线

3.5 重建后的泰河桥

泰河桥倒塌 8 年后,平行于原桥重建的双线泰河桥于 1887 年竣工,与原桥有相同数量的下承式跨段,原桥锻铁梁(边跨上承式梁)继续在新桥使用,如图 3.11。相比原桥,新泰河桥使用了圆拱形锻铁桥墩，不仅满足风荷载要求，还保证了线路加宽后所需的支承。因为拆除工程量过大，且还能作为新桥的防船撞设施，旧桥的基础仍然保留下来。另外，边跨未倒塌破坏的上承式桁梁均被移用到新泰河桥上[13]。除此之外，火车头被打捞出来，修复后也被重新投入使用。新泰河桥及福斯桥（Forth Bridge）设计汲取垮塌事故的教训，如材料需要进行性能试验才能使用，采用性能更好的钢材代替铸铁等。

（a）重建的泰河桥

（b）新泰河桥桥墩

图 3.11 重建的泰河桥

3.6 结 论

通过泰河桥垮塌事故已有资料的调查和分析，可得到如下结论：

（1）以铸铁为受压构件，锻铁为受拉构件的桁架设计中没考虑连接斜杆的受压失稳问题，导致斜杆失稳后拉杆的荷载急剧增加而屈服。

（2）连接构造存在缺陷，如采用铸铁节点板和无紧固作用的销钉，使得构件受力与原设计差异较大。

（3）风压设计值取值太小，导致存在结构缺陷的桥梁结构在巨大的风荷载作用下很快达到极限承载状态而垮塌。

参考文献

[1] BUCHAN A. The Tay Bridge storm of 28 December 1879[J]. Journal of Scottish Meteorological Society, 1880, 5:355-360.

[2] SIBLY P G, WALKER A C, BOUCH T, et al. Structural accidents and their causes[J]. Proceedings of the Institution of Civil Engineers - Civil Engineering, 1977, 62(1): 191-208.

[3] British Standards Institution. CP3, Code of basic data for the design of buildings[S]. London: BSI, 1972.

[4] HAMMOND R. The Forth Bridge and its builders[M]. London: Eyre and Spottiswoode, 1964.

[5] MARTIN T, MACLEOD I A, COLLINS S P, et al. The Tay Bridge Disaster—A reappraisal based on modern analysis methods[J]. Proceedings of the Institution of Civil Engineers - Civil Engineering, 1995, 108(2): 77-83.

[6] LEWIS P M R, REYNOLDS K. Forensic Engineering: A reappraisal of the Tay Bridge disaster[J]. Interdisciplinary Science Reviews, 2002, 27(4): 287-298.

[7] MARTIN T, MACLEOD I A. The Tay Rail Bridge disaster revisited[J]. Bridge Engineering, 2004, 157(4): 187-192.

[8] JONES D R H.The Tay Bridge disaster—Faulty materials or faulty design?[J]. Engineering Failure Analysis, 1994, 1(3):243-253.

[9] Court of Inquiry. Report upon the Circumstances Attending the Fall of a Portion of the Tay Bridge[R]. London: HMSO, 1880.

[10] THOMAS J. The Tay Bridge disaster: new light on the 1879 tragedy[M]. Newton Abbot: David and Charles, 1972.

[11] THOMAS J. The Tay Bridge disaster[M]. Newton Abbot: David and Charles, 1970.

[12] MARTIN T, MACLEOD I A . The Tay Rail Bridge disaster revisited[J]. Bridge Engineering, 2004, 157(4): 187-192.

[13] PAXTON R A, LESLIE J. Bright Lights: The Stevenson Engineers 1752-1971[M]. Ontario: Gibson Print, 1999.

4 魁北克桥（Quebec Bridge）

4.1 引 言

加拿大魁北克大桥是当时世界上最长的悬臂桥，施工过程中两次垮塌。从桥梁发展史看，工程垮塌事故的经验和教训促进了桥梁工程技术的不断进步[1-5]。魁北克大桥垮塌事故[6]对结构工程的发展有重大而深远的影响，不但促进了大跨桥梁的结构体系从悬臂体系转变为悬索体系，而且推动了钢压杆稳定性研究。桥梁倒塌模式一般为连续倒塌，即结构局部构件失效引发连锁反应，导致相邻构件失效，最后整体结构破坏或出现远超过初始破坏的大规模倒塌连锁反应。现代桥梁设计为保证桥梁整体结构的安全性和稳健性（Robustness），越来越注重结构冗余度理念、分析桥梁的失效模式与冗余度的内在联系。AASHTO 规范[7]1996 年首次在桥梁设计原则中明确提出冗余度的要求，欧洲规范[8]也有类似要求。各国研究者对钢结构建筑[9,10]和桥梁结构[5,11-14]进行了结构冗余度和桥梁连续垮塌的研究，得到了很多有价值的成果。对于魁北克大桥，已有研究成果[6]主要关注其垮塌原因和工程伦理方面，缺乏对桥梁结构连续垮塌过程和结构冗余度方面的研究。本章基于魁北克大桥垮塌发生的全过程，通过理论推导和空间有限元模型对整体结构和最先失效的下弦压杆 A9L 的连续垮塌过程和结构冗余度进行研究，并从工程管理和结构分析两个方面分析垮塌原因，总结宝贵教训。

4.2 桥梁概况

4.2.1 结构设计与施工

圣劳伦斯河是魁北克贸易的主要航道，但冬季因结冰完全中断，因此需要修建跨越圣劳伦斯河的桥梁。作为竞争对手的蒙特利尔已经有了西至多伦多的铁路干线，和竣工于 1854 年的跨圣劳伦斯河的维多利亚桥，这迅速确立了蒙特利尔作为加拿大东部主要港口的地位。这些使得魁北克在圣劳伦斯河上建桥的需求更加迫切，但架桥工作并不容易，因为圣劳伦斯河最窄处也有 3.2 km，水深 58 m，流速达 14 km/h，浪高可达 5 m，冬季冰凌高达 15 m。

有人 1850 年就提议修建魁北克大桥（Quebec Bridge），到 1887 年才成立了魁北克大桥委员会，后来加拿大国会通过一项法案，重组该委员会形成魁北克大桥公司，拥有资本 100 万美元并有权发行债券。尽管如此，公司仍面临很大的资金压力，需要更多政府拨款。初步勘察工作完成后，魁北克政府又给予了经济资助。经过多年争论后，1898 年桥址选定为首迪埃尔（Chaudiere），并开始进行桥梁方案设计。

1897年6月16日，魁北克大桥公司总工程师爱德华·霍尔向他的朋友，凤凰桥梁公司总裁大卫·里夫斯发出邀请。1897年在魁北克召开的美国土木工程师协会（ASCE）会议上，凤凰桥梁公司总工程师约翰·迪斯与爱德华·霍尔见面，并提议：凤凰公司免费提供桥梁方案，但施工必须由凤凰公司承担。在此次会议上，西奥多·库珀也答应向魁北克大桥公司提供咨询服务。主要参与桥梁施工及与垮塌有关的主要人员如表4.1所示。

表4.1 设计魁北克大桥的关键人物和与垮塌有关的主要人员

姓 名	职 位
科林伍德·施雷伯（Collingwood Schreiber）	铁路和运河管理局总工程师
大卫·里夫斯（David Reeves）	凤凰桥梁公司总裁
爱德华·霍尔（Edward Hoare）	魁北克大桥公司总工程师
约翰·迪斯（John S Deans）	凤凰桥梁公司总工程师
罗曼·马可鲁尔（Norman McLure）	库珀聘请的桥梁设计代表
彼得·兹拉普卡（Peter L. Szlapka）	凤凰桥梁公司总设计师
施耐德（C. C. Schneider）	事故调查委员会委员
西奥多·库珀（Theodore Cooper）	咨询工程师

魁北克大桥公司总工程师爱德华·霍尔，没有参与跨度超过90 m的桥梁设计经验，于是从6个杰出工程师中选出了西奥多·库珀作为咨询工程师。库珀是纽约市一名独立咨询师，也是当时美国最出色的桥梁工程师之一。对于库珀来说，这个项目也将是他职业的顶峰，因为魁北克桥跨度将超过英国福斯桥。佩特罗斯基指出库珀很有资格主持这个项目，因为他是钢桥建设的奠基人，他提出的桥梁铁路荷载的计算方法也被广泛采用。

魁北克桥招标从1898年9月6日到1899年3月1日，由库珀审查设计方案，并限定为悬臂梁和悬索桥方案。此前，法国工程师居斯塔夫·埃菲尔认为魁北克的桥址更适合悬臂结构桥梁，而不是悬索桥或拱桥。悬臂结构基于悬臂梁原理，于1867年首次使用，其典型形式是主墩一个方向伸出悬臂跨，由另一方向的锚臂跨平衡。跨中用简支悬跨连接形成整体结构，简支中跨和悬臂跨自重通过锚臂跨和抗拔墩来平衡。

库珀收到6份上部结构设计方案，2份下部结构方案，审查后选择了凤凰公司的悬臂桥方案。整个过程凤凰桥梁公司一直都与库珀保持着联系，且魁北克大桥公司也倾向于凤凰桥梁公司中标。这些都让人感觉至少招标过程不公平和不透明，尽管很多人信任库珀。凤凰桥梁公司得到上部结构施工合同，戴维斯公司得到下部结构施工合同。但因财务原因，凤凰桥梁公司拒绝与魁北克大桥公司签合同，使魁北克大桥公司面临相当大的风险。1903年政府资金到位，财务问题解决，当年6月19日才最终签署了合同，魁北克大桥公司也更名为魁北克桥梁与铁路公司。

魁北克大桥是当时最长的悬臂梁结构桥，悬臂达171.5 m，两悬臂间支撑205.7 m简支悬跨，梁体离河面45.7 m，初始设计主跨487.7 m（1600 ft）。1900年5月，库珀将主跨增加到548.6 m（1800 ft），避免深水墩和冰凌撞击，缩短桥墩施工时间。虽然跨度改变表面上是基于工程技术考虑，但跨度增加（以超过英国福斯桥）使库珀成为建造全世界当时最长悬臂梁桥的工程师也是事实。

魁北克桥于 1900 年 10 月 2 日正式开工。桥墩由大块花岗岩与混凝土填料组成，高度在最高水位之上约 8 m。墩顶以下 5.8 m 的墩身用坚硬花岗岩，墩身设计成（坡度为 1/144）的锥形，墩顶截面为 9.1 m × 40.5 m，墩身基础为混凝土沉箱，长 45.7 m，宽 14.9 m，高 7.6 m，重达 1600 t。

凤凰桥梁公司与魁北克大桥公司签署合同后，1903 年完成引桥施工，但直到 1905 年 7 月 22 日才开始桥梁上部结构施工。凤凰桥梁公司许诺 1908 年年底竣工，否则每月支付给魁北克桥梁与铁路公司 5000 美元的违约金，直到工程完工。

魁北克大桥由 3 跨钢桁架梁组成，主跨 549 m，如图 4.1 所示，建造历经了 30 年。施工期间两次发生垮塌事故：第一次在 1907 年 8 月 29 日，压杆失稳，75 人丧生；第二次是中跨合龙时起吊设备局部构件断裂，13 人丧生。大桥最终于 1917 年竣工运营。

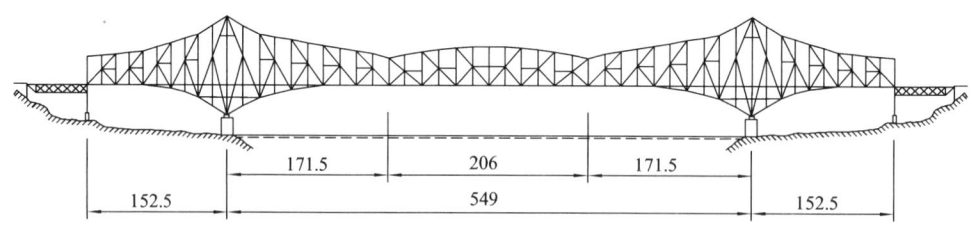

图 4.1　魁北克桥基本结构示意（单位：m）

4.2.2　调查报告

加拿大组成了皇家委员会，调查事故原因。调查发现：该桥垮塌的直接原因是弦杆 A9L 和 A9R 屈曲。其主要技术原因简述如下：

（1）魁北克大桥坍塌是因为主桥墩锚臂附近的下弦杆设计不合理，发生失稳。一般悬臂梁桥上下弦杆都设计成直杆，这样容易制造。魁北克桥下弦杆出于美观考虑，设计成微弯，如图 4.2 所示，增加了制造难度，也增大了杆件次应力，降低了屈曲强度。

图 4.2　桥梁垮塌前实际结构

（2）杆件采用的容许应力水平太高。库珀提高了桥梁容许应力，正常加载的容许应力为 145 MPa，极限荷载下为 165 MPa。这些值太高，因此被桥梁工程师质疑。但由于库珀的声誉，这个容许应力值被接受。库珀根据杆件长细比（L/r），提出了一个容许应力 σ 公式（单位：MPa）：

$$\sigma = 165 - 0.69 L/r \tag{4.1}$$

式中：L 为压杆长度；$r = \sqrt{I/A}$；I 为惯性矩；A 为面积；图 4.3 为库珀公式与现代 AISC 规范中 A36 和 A33 钢材的容许应力值比较。对于所有长细比在 10～100 的杆件，库珀的容许应力值超过今天常用值的 3.3%～8.7%。考虑到当时钢材质量和压杆认识水平，库珀的公式偏于不安全。

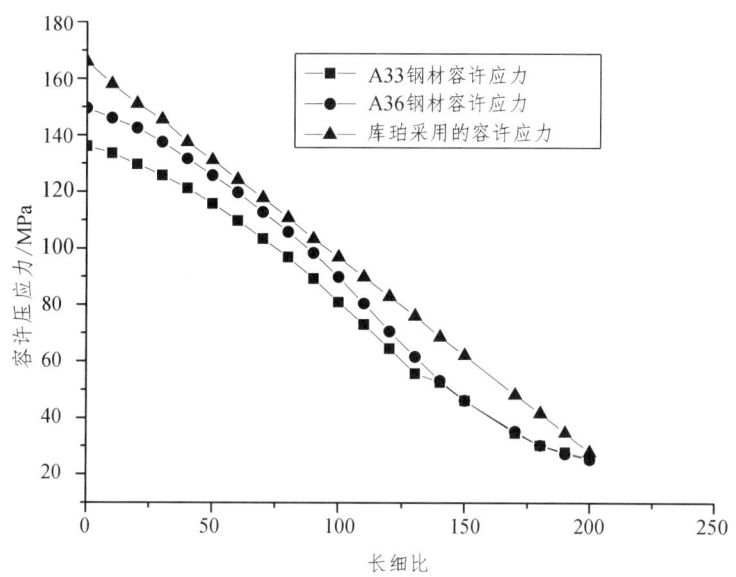

图 4.3　魁北克桥的容许压应力与 AISC 规范中 A36，A33 钢材的比较

（3）严重低估了自重，且未能及时修正错误。跨度从 487.7 m 增加到 548.6 m，荷载却没有重新计算，应力计算仍是基于 487.7 m 的跨度。库珀发现这个错误后立即做了估算，发现应力增加了约 7%。重新计算自重，发现应力增加超过 10%。这座桥初始设计自重是 276 MN（2 760 t），实桥为 325 MN（3 250 t），增加了 18%[15]。凤凰桥梁公司和魁北克大桥公司的工程师都忽视修正自重的必要性，结果架设后杆件受力过大。表 4.2 比较了自重的计算值与实际值，说明了桥梁计算中存在基本错误。正确的桥梁计算结果应与实际情况很接近。当发现自重计算错误时，结构的很大部分制造和架设工作已经完成。除了提高桥梁容许应力外，库珀没有其他选择。

表 4.2　自重计算值与实际值比较分析

构　件	计算值/kN	实际值/kN	误差/%
跨中半跨悬臂梁	21 538	25 328	17.6
悬臂跨	58 740	70 300	19.7
锚臂跨	59 240	77 034	30

（4）当时的工程师不了解钢压杆稳定的知识，没能力设计如魁北克桥那样的大跨结构。魁北克桥是大跨结构，当时对其力学行为知之甚少，且魁北克大桥公司缺乏资金进行充分试验。库珀曾要求对眼杆（主要的受拉上弦杆）进行大量试验，而没要求对压杆进行试验。后来库珀解释说是因为没有相应试验设备进行此类试验。尽管如此，当最终试验资金到位后，库珀还是拒绝试验，理由是没时间了。

魁北克桥还涉及以下几个工程管理问题。首先最主要的是长时间来结构变形情况一直被忽视。现场工程师对原因也争论很久。工人虽然缺乏专业的技术知识，但似乎是唯一真正知道桥梁结构问题的群体，因此工程师必须虚心听取现场有经验工人的意见。其次是库珀拒绝其他工程师的复核工作。复核后工程师可能不会允许一个结构的实际应力如此高，而其他一些错误，如低估自重等可能在桥梁垮塌前就被发现。结果，库珀的工程专业知识成了保证桥梁结构安全性的唯一因素[16]。

库珀不在现场，却坚持要完全控制施工过程。当时施雷伯建议铁路和运河管理局聘请第三方咨询工程师复核库珀的工作，并拥有最终决定权，而库珀、魁北克大桥公司和凤凰桥梁公司都表示反对。库珀还亲自说服了施雷伯，于是魁北克大桥公司未能明确库珀的权限。

由于没有明确的管理体系，库珀拥有最终决定权。即使生病无法到施工现场，库珀仍决定所有关键问题。于是施工现场没有人监督和做决定，特别是当结构不安全需要停工时。一旦有需要，现场管理人员应彼此商量，然后做出决定，这样很少会出现决定延迟执行的情况。皇家委员会调查报告中写道：很明显，这座世界上最宏伟桥梁的建造过程中，竟然没有一个有足够经验、专业知识和能力的人应对可能出现的危机。

调查委员会怀疑压杆 A9L 由于其格构设计不合理而屈曲，于是在 1907 年 11 月到 1908 年 1 月进行了压杆（1/3 比例）模型试验。魁北克桥压杆由 4 块钢板和缀条组成，形成组合截面，如图 4.4。由于铆钉受剪破坏，试验中格构体系迅速破坏，接着弦杆便屈曲了，结果证实了调查委员会的猜想：弦杆强度不够。4 个独立钢板彼此连接强度不足，无法形成一个整体受力单元。

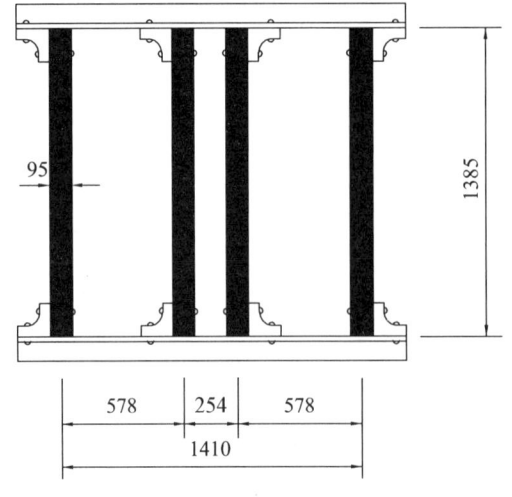

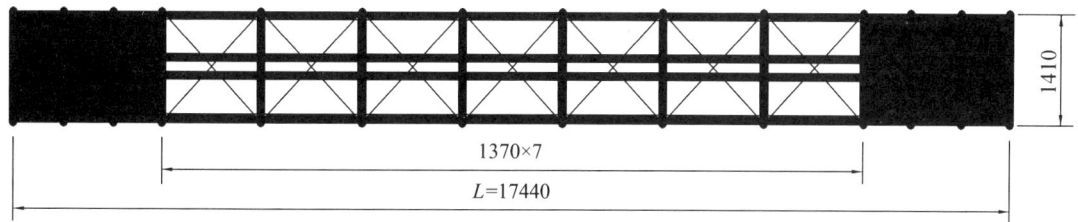

图 4.4　下弦杆横截面与平面（单位：mm）

4.3　垮塌过程

在钢桁梁架设过程中，工人发现一些弦杆出现明显挠曲。当试图铆接这些弦杆时，发现钻孔排列并不在直线上，而且最不利受压杆件也出现了明显的弯曲变形，其挠度随时间的推移不断增加，桥梁倒塌前的最后一张照片如图 4.2 所示。节间编号从悬臂最外端开始到桥墩止，从 1 到 10，锚臂跨采用符号"A"，例如符号 A9L 弦杆是位于锚臂跨第 9 节间左侧（或西侧）的弦杆。一些关键弦杆实测变形结果如表 4.3 所示。

表 4.3　桥梁构件变形

观测时间	杆件编号	挠度/mm
6月15日	A3R 和 A4R	1.5～6.5
	A7R 和 A8R	1.5～6.5
	A8R 和 A9R	1.5～6.5
	A8L 和 A9L	19
8月6日	7L 和 8L	19
8月	8L 和 9L	8
8月20日	8R	弯曲
8月23日	5R 和 6R	13
8月27日	A9L	57

1907 年 6 月中旬就有人发现杆件挠度，并报告给库珀。因为压杆有预拱度，大部分杆件被强行铆接在一起，但仍然有一些无法铆接。库珀等人都认为相对小的挠度问题不大。8 月，变形的弦杆越来越多，于是库珀就弦杆 7L 和 8L 变形问题，询问凤凰桥梁公司总工程师，没有得到满意的回复。

凤凰桥梁公司总设计工程师彼得·兹拉普卡（Peter Szlapka），认为弦杆弯曲产生于制造工厂，他后来承认从没看到这些变形的弦杆。马可鲁尔（Norman McLure）认为弦杆是受压后弯曲。关于弦杆 7L 和 8L 弯曲的争论还没结束，马可鲁尔又向库珀报告弦杆 8L 和 9L 也发生了类似的弯曲变形。这些变形杆件都是桥墩附近负弯矩区的下弦杆件，压力荷载很大。情况不断恶化，受压构件弯曲变形不断增加。这些杆件都是采用缀条连接腹板的组合杆件。当腹板应力增加后，缀条及铆钉的受力也不断增大。库珀认为弦杆在架设过程中产生了弯曲，但现场没有证据支持这一点。现场的工程师则认为情况不严重。杆件制造商坚称杆件出厂前都是符合要求的。1905年施工期间A9L架设前发现变形，经修复后架设到桥上，但后来调查发现正是A9L引发了全桥垮塌。

库珀虽然很有经验，但似乎也对面临的问题很困惑。他60岁接受了魁北克大桥工程咨询工程师的工作，也接受了钢构件制造和安装的监理工作。因健康原因，他无法到现场工作，只能基于其他人报告的信息来做决定。库珀依赖在施工现场的年轻工程师马可鲁尔，很难准确、及时做出决策。

马可鲁尔坚持认为，杆件弯曲变形是架设后受力过大造成的。一些工人也观察到弦杆变形，但没报告。然而，当马可鲁尔和库珀对变形原因的看法不一致时，马可鲁尔没有足够信心去质疑库珀，施工继续进行。其间出现罢工，一些工人不满工作条件辞职了，工人数量大幅度减少。有人担心暂时停工会有更多工人离开，导致工期延误，因此不敢停工。

经过常规检查后，弦杆A9L的挠度在两周内由19 mm增至57 mm。相应的弦杆A9R也在同一方向上发生弯曲变形，挠度问题日益严重。一个工头决定暂停工作，直到问题解决。8月27日，当天施工被叫停。马可鲁尔告诉库珀，请他复核此事，然后才能重新开工。第二天马可鲁尔还到纽约向库珀征求意见。

魁北克大桥公司总工程师爱德华·霍尔说服工头重新开工。霍尔给库珀的解释是："停工对各个方面影响很坏，可能导致人手不够而施工完全停止。两天后，此事传到凤凰桥梁公司高层，经讨论决定重新开工，因为他们已经在某种程度上默认弦杆在架设前已经发生弯曲变形，且凤凰桥梁公司总工程师曾表示，弦杆安全系数很高。

与此同时，马可鲁尔正在纽约与库珀会晤，两人都不知道已经重新开工。8月29日两人简短讨论后，库珀打电话给位于凤凰城的凤凰桥梁公司办公室，要求暂时不要加载，等马可鲁尔到现场处理。库珀认为这样做比直接通知施工现场更迅速。马可鲁尔向库珀保证，他在去凤凰城的路上将指令传给施工现场，而实际上赶路途中他并没有发送指令。

下午1:15，库珀的指令到达凤凰桥梁公司办公室，因总工程师不在场，指令被耽搁了。下午3时许，凤凰桥梁公司总工程师回到办公室，看到消息后，等马可鲁尔到达后他就安排了一个小组会议。下午5:15左右马可鲁尔到达，他们简要讨论了情况，决定等第二天早上再采取措施。在工程师们研究对策时，下午5:30，魁北克大桥倒塌了，声音传到10 km外的魁北克。整个南跨约19 000 t钢材15 s内全落到河里，当时86个施工工人，仅11人幸存。已经弯曲的下弦杆A9L，在桥梁荷载不断增加的情况下屈曲了，荷载马上转移到对面的A9R杆件，A9R也随之屈曲，然后全桥垮塌，只有桥墩完好无损，如图4.5所示。

图 4.5 桥梁垮塌

4.4 垮塌原因分析

魁北克大桥垮塌前实际结构如图 4.2 所示，悬臂端部两个架桥机分别为 2 500 kN 和 12 250 kN。上弦杆由眼杆（28 块宽 381 mm、厚 35～57 mm 的钢板）组成，下弦杆由 4 块钢板（高 1 385 mm、厚 95 mm）组成，钢板间用角钢 L100 mm×75 mm×9.5 mm 铆接，角钢和钢板采用单个直径 16 mm 的铆钉连接，铆钉抗剪强度取为 110 MPa（钢材屈服强度取为 190 MPa）。

在完成中跨悬跨 3 个节间架设后，移动 2 500 kN 小架桥机，同时缓慢拆除 12 250 kN 大架桥机，此时边跨靠近桥墩处的下弦杆 A9L 弯曲挠度两周内由 19 mm 增至 57 mm，相应另一侧弦杆 A9R 也在同一方向发生弯曲变形[6]。一个月后，不断增加的荷载使已弯曲的 A9L 屈曲，荷载马上转移到对侧 A9R 杆，A9R 也发生屈曲，导致全桥垮塌。本节选取首先破坏的下弦杆 A9L 作为研究对象，其结构布置如图 4.4 所示。

4.4.1 桥梁整体结构受力分析

基于原桥整体结构几何尺寸，采用 ANSYS 建立有限元平面杆系模型（图 4.6）。上、下弦杆采用杆单元模拟，其余杆件采用梁单元模拟。中跨跨中悬跨梁与小架桥机简化为悬臂端的等效集中荷载 13 910 kN，大架桥机简化为相应位置的节点荷载 30 630 kN。两个支点处采用简支，中部支点约束桥梁纵向位移。

通过有限元模型对垮塌前的桥梁结构进行受力分析，得到弦杆及 A9L 所在节间腹杆受力，如图 4.6 所示，以拉为正、压为负。由图 4.6 可知，A9L 所在节间下弦杆所受轴向压力为 69 300 kN（名义压应力 131.7 MPa），并不是受力最大的压杆。上弦杆受拉荷载小于下弦杆受压荷载。

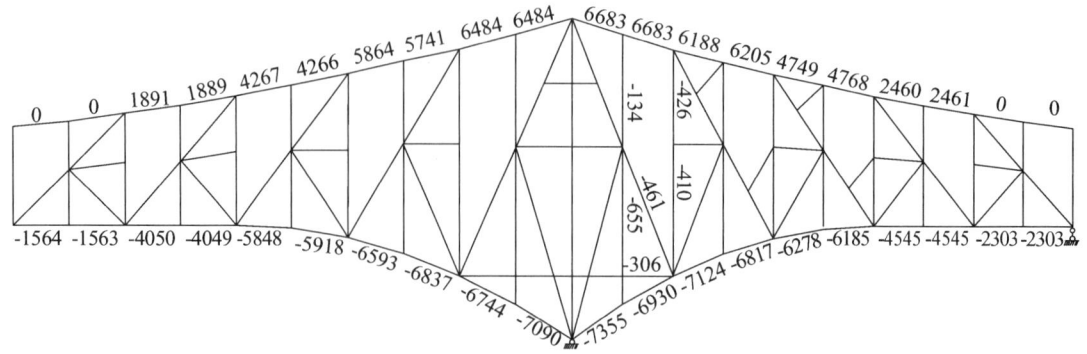

图 4.6　整体有限元模型及关键杆件受力（单位：t）

分析架桥机对 A9L 轴力的影响。当未作用架桥机时，A9L 所受轴向压力为 56 720 kN；作用小架桥机后，A9L 轴向压力变为 59 140 kN，较未作用架桥机时增加轴力 2 420 kN，影响不大；作用大、小架桥机后，A9L 轴向压力变为 69 300 kN，较未作用架桥机时增加轴力 12 580 kN，增幅超过 20%，挠度也大幅度增大，因此架桥机是导致 A9L 失效的直接原因。由于桥梁整体结构为静定结构，当上、下弦杆失效后，整体结构在荷载作用下成为机动体系，桥梁承载能力下降为零。由此可见：悬臂梁体系基本上没有结构冗余度，一旦弦杆失效，全桥随即垮塌。

4.4.2　下弦压杆失效分析

1. 压杆分析模型

A9L 格构式压杆实质上是具有刚性节点的钢桁架，因此轴压荷载引起的分肢变形在双缀条（X 形缀条）中产生了相当大的次应力，其中一个节间的受力模式如图 4.7 所示。图 4.7（a）为在不考虑压杆初始弯曲的理想情况下的变形；图 4.7（b）为考虑初始弯曲的变形；基于超静定杆系分析方法[14]，忽略中间两分肢的影响，将 A9L 杆简化为图 4.7（c）所示的计算模型。根据简化模型（缀条截面积均相同）可推导得斜缀条和横缀条的次应力（以压为正、拉为负）分别为：

$$\begin{aligned}\sigma_\mathrm{d} &= \frac{\sin^2\alpha}{1+\dfrac{2A_\mathrm{d}}{A_\mathrm{h}}\cos^3\alpha}\cdot\sigma_\mathrm{c} = \frac{\sin^2\alpha}{1+2\cos^3\alpha}\cdot\sigma_\mathrm{c} \\ \sigma_\mathrm{h} &= \frac{2A_\mathrm{d}\sin\alpha}{A_\mathrm{h}}\cdot\sigma_\mathrm{d} = \frac{2\sin^3\alpha}{1+2\cos^3\alpha}\cdot\sigma_\mathrm{c} \\ \sigma_\mathrm{c} &= \frac{P}{A}\end{aligned} \quad (4.2)$$

式中：σ_d 和 σ_h 分别为斜缀条和横缀条所受次应力；A_d 和 A_h 分别为斜缀条和横缀条截面积；α 为斜缀条与分肢平面夹角（$\alpha=45°$）；σ_c 为分肢名义压应力，$\sigma_\mathrm{c}=P/A$，其中，P 为杆件名义轴压荷载，A 为 4 个分肢的总截面积。可见，缀条应力与角度 α 和横、斜缀条面积比（$A_\mathrm{d}/A_\mathrm{h}=1$）有关。

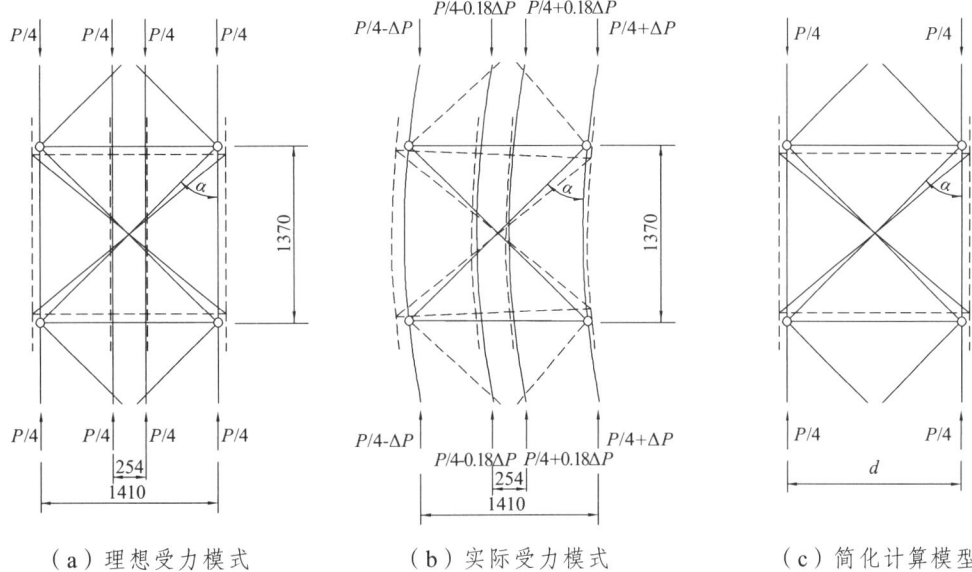

(a)理想受力模式　　　　　(b)实际受力模式　　　　　(c)简化计算模型

图 4.7　A9L 受力模式及简化计算模型（单位：mm）

考虑到压杆实际受力中必然受到初始弯曲（挠度）的影响，产生 P-Δ 效应，分肢压应力并不均布，忽略中间两分肢的影响，认为附加弯矩主要由最外侧两分肢承担，即有：

$$\sigma_{cmax} = \frac{P}{A}\left(1 + \frac{4\Delta}{d}\right) = \sigma_c\left(1 + \frac{4fL}{d}\right) \tag{4.3}$$

式中：σ_{cmax} 为分肢最大压应力；d 为最外侧两分肢间距（1.41 m）；Δ 为初始挠度；f 为初始挠跨比，$f = \Delta/L$；L 为 A9L 杆长（17.44 m）。若取 $f = 1/1\,000$，$\sigma_{cmax} = 1.05\sigma_c$，可见初始挠度对分肢应力影响较大，因此偏保守考虑，式（4.2）中的分肢应力可采用 σ_{cmax}。

根据 A9L 杆实际几何尺寸，采用 ANSYS 建立其空间有限元模型，如图 4.8 所示，分肢采用板单元模拟，缀条采用梁单元模拟，施加轴向压力荷载。分别根据式（4.2）和有限元模型得到 A9L 杆在 69 300 kN 轴向压力作用下横缀条与斜缀条的受力，如表 4.4 所示。由表 4.4 可知，有限元值与理论值吻合得很好，分析结果合理有效。

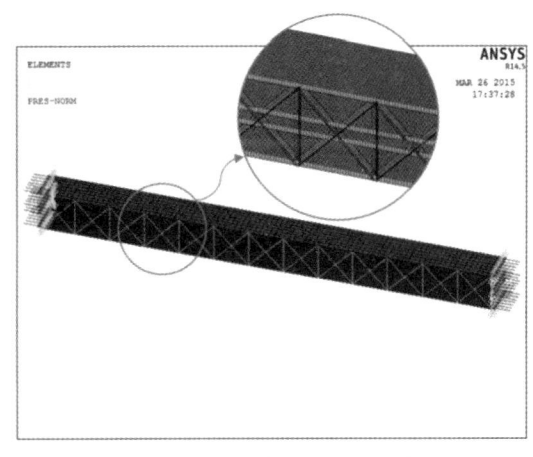

图 4.8　A9L 杆有限元模型

表4.4 缀条内力理论值与有限元值比较

缀条类型	截面应力/MPa		轴力/t	
	理论值	有限元值	理论值	有限元值
斜缀条	36.0	37.2	58	60
横缀条	−51.5	−49.6	−83	−80

2. 压杆连续失效过程分析

A9L杆本质上是格构式柱，分肢与缀条连接采用单颗铆钉，由式（4.2）和（4.3）可知，缀条应力远小于分肢应力，且长细比也小于分肢，因此缀条本身不会发生强度破坏，缀条系统的强度由铆钉与缀条连接部的强度决定。缀条式压杆的破坏过程分2个阶段：第1阶段为横缀条随分肢轴向压力增加至破坏；第2阶段为斜缀条继续破坏，分肢失稳或屈服。

初始挠度使得分肢应力分布不均，杆件中部节间应力最大，缀条应力也会发生分布不均，中部节间缀条应力最大，向两端依次减小，缀条破坏将最先发生在中部，然后向杆两端发展。分别分析中部开始的多个节间缀条破坏后分肢的局部稳定性，结果如表4.5所示。由表4.5可知，当只有两节间缀条失效后，分肢屈曲应力大于屈服应力，不会发生失稳，但3个节间缀条失效后，分肢屈曲应力小于屈服应力，将发生局部分肢失稳，进而杆件整体失稳。

表4.5 多个节间缀条破坏后分肢的局部屈曲情况（单位：MPa）

缀条失效的中部节间数	失效分肢长度 l/m	分肢长细比 λ_c	分肢屈曲应力 $\sigma_E = \pi^2 E/\lambda^2$	钢材屈服应力 σ_y	杆件整体承载应力 σ_{cr}
1	1.37	50	829.7	190	190
2	2.74	100	207.4	190	190
3	4.11	150	92.2	190	92.2

根据有限元模型和理论公式，分别对魁北克桥A9L压杆（考虑1/1 000初始挠度）和其1/3比例试验模型（试验模型中连接缀条的铆钉比实桥A9L杆件多一倍）进行失效过程分析，结果如图4.9所示。由图4.9（a）可知：当压杆轴力达到38 300 kN时，连接横缀条的铆钉剪切破坏。横缀条失效后，斜缀条铆钉剪力为12.4 kN，相比于横缀条失效前的33.20 kN，卸载了2/3。轴力增加到100 000 kN时，分肢应力为190 MPa，钢材已屈服。当轴力继续增加到136 700 kN时，斜缀条连接铆钉才破坏。因此，试验模型的破坏模式为分肢屈服，斜缀条随之因铆钉剪切破坏而失效。试验中1/3比例试验模型测得的最大应力达到188 MPa才发生破坏，也证实了这一点。由图4.9（b）可知：当初始挠跨比为1/1 000、轴力达到19 000 kN时，跨中节间横缀条铆钉破坏；轴力增至67 000 kN时中间节间的斜缀条连接铆钉破坏；轴力继续增加到69 300 kN时，中部3个节间斜缀条铆钉相继破坏，分肢自由长度达到3个节间（4.11 m），此时屈曲应力为92.2 MPa，分肢发生局部失稳导致A9L杆件整体失稳。因此，增加连接缀条的铆钉可有效提高杆件的承载能力，连接缀条的铆钉的抗剪能力决定了A9L杆件的承载能力。

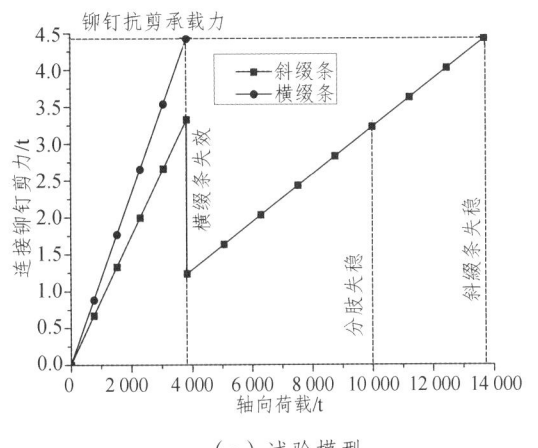 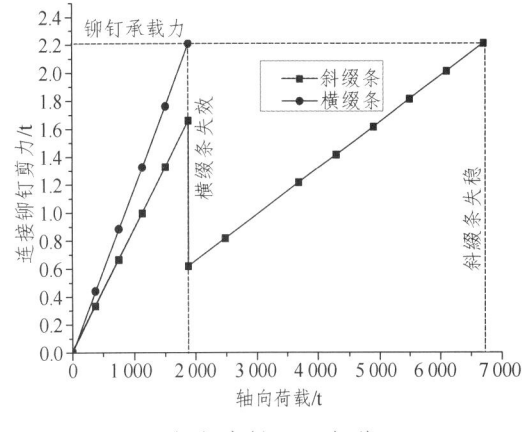

(a)试验模型　　　　　　　　　　　　　(b)实桥 A9L 杆件

图 4.9　试验模型与实桥杆件连续破坏过程

1/3 比例的 A9L 压杆试验模型,缀条与分肢采用两个直径为 16 mm 铆钉连接,抗剪强度为 4.42 t,比实桥所用铆钉多一倍,破坏模式如图 4.10 所示,破坏时分肢压应力达到 188 MPa。

图 4.10　试验压杆破坏

3．压杆冗余度分析

由于结构冗余度指标众多,本节采用基于承载能力的冗余度指标 R_d,$R_d = V_r/V_u$,为损伤结构与完整结构极限承载力的比值。完整 A9L 杆件的极限承载能力状态为钢材屈服,设关键构件失效后 A9L 杆件在极限承载能力状态下分肢应力为 σ_{cr},按前述定义,A9L 杆件的结构冗余度 $R_d = \sigma_{cr}/\sigma_y$,根据表 4.4 和有限元分析,可得到 A9L 杆件本身的冗余度,如表 4.6 所示。由表 4.6 可知,杆件整体结构冗余度为 0.49,分肢截面也偏小,安全储备低,缀条系统特别是斜缀条对保证杆件整体工作性能非常重要。

4.4.3　下弦压杆参数分析

本小节对影响杆件承载能力和冗余度的关键因素下弦压杆初始挠跨比、缀条刚度及结构形式进行研究。

表 4.6　A9L 杆件的冗余度

失效杆件	σ_{cr}/MPa	σ_y/MPa	$R_d = \sigma_{cr}/\sigma_y$
单个横缀条	190.00		1.00
中部一个节间的横、斜缀条	190.00		1.00
中部两个节间的横、斜缀条	190.00	190.00	1.00
中部三个节间的横、斜缀条	92.20		0.49
单个分肢	142.50		0.75
两个分肢	95.00		0.50

1．初始挠跨比

初始挠度使杆件产生 $P\text{-}\Delta$ 效应，在 69 300 kN 的轴向荷载下，初始挠跨比对 A9L 杆件一阶屈曲系数及缀条连接铆钉受力的影响如图 4.11 所示。由图 4.11 可知，初始挠度对杆件稳定性基本没有影响，但使得各个节间缀条和铆钉受力不均，中间节间的缀条受力最大。初始挠跨比越大，杆件中间缀条受力越大，缀条越容易失效。

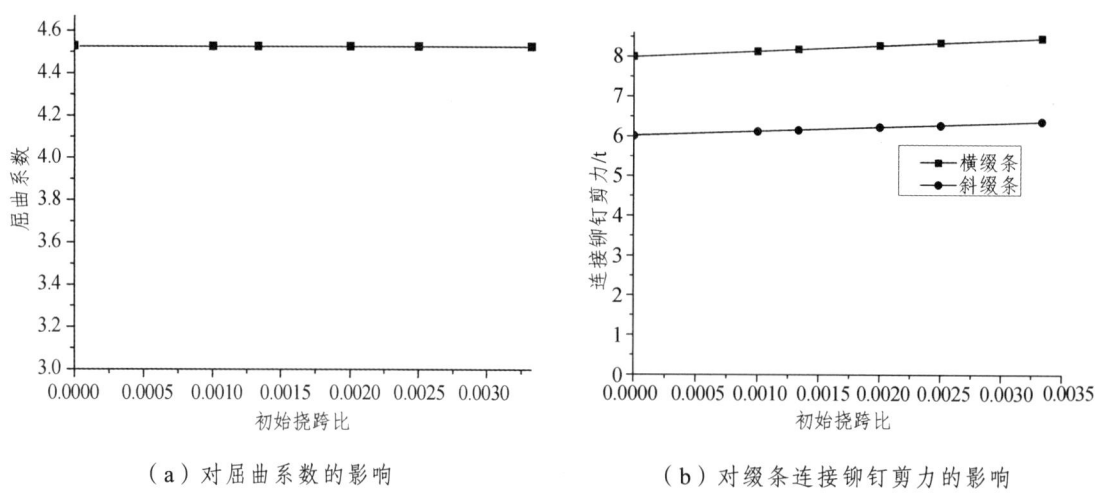

（a）对屈曲系数的影响　　　　（b）对缀条连接铆钉剪力的影响

图 4.11　初始挠跨比对 A9L 稳定性和缀条铆钉受力的影响

2．缀条刚度

改变缀条面积（设缀条面积比 γ = 设计面积/原面积），其他几何尺寸不变，在 69 300 kN 的轴向荷载下，缀条刚度对 A9L 杆件一阶屈曲系数及缀条连接铆钉受力的影响如图 4.12 所示。由图 4.12 可知，缀条面积越大，所需铆钉抗剪强度越高，杆件整体稳定性越强。缀条面积增大，杆件破坏的模式将发生变化，如果具备足够的连接铆钉抗剪强度，杆件破坏模式将为材料屈服。缀条面积增大，自身刚度和连接铆钉的剪力也随之增加，形成的组合效应增强，杆件稳定性也随之提高。

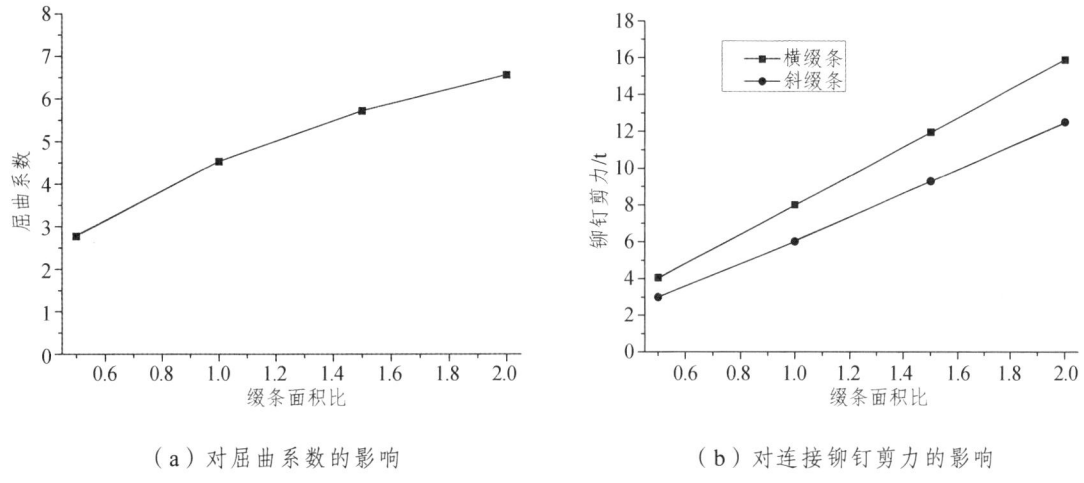

（a）对屈曲系数的影响　　　　　　　　（b）对连接铆钉剪力的影响

图 4.12　缀条刚度对 A9L 稳定性和缀条铆钉受力的影响

3．缀条结构形式

缀条结构形式对杆件整体和局部行为的影响较大，在几何尺寸及角度相同的情况下，对比原结构、X 形（无横缀条）、Z 形（单斜缀条）3 种缀条结构形式（图 4.13）。

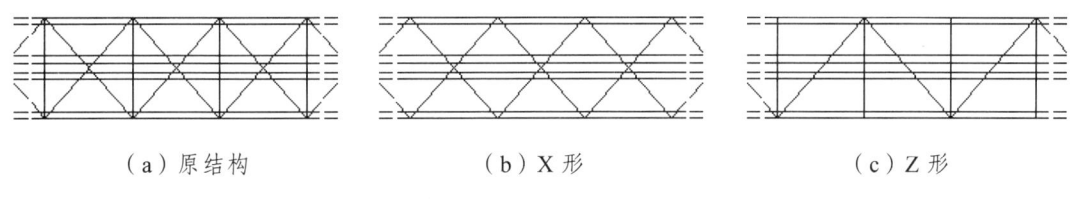

（a）原结构　　　　　　　　（b）X 形　　　　　　　　（c）Z 形

图 4.13　缀条结构形式

根据我国规范[17]缀条格构式轴心受压构件换算长细比公式，在 69 300 kN 轴向荷载下屈曲系数和缀条受力的影响如表 4.7 所示。由表 4.7 可知，与原结构相比，Z 形结构缀条受力大幅度降低，杆件稳定性也随之大幅度降低；X 形结构整体稳定性变化不大，但缀条受力大幅度减小。

表 4.7　缀条结构形式对整体稳定和缀条受力的影响

缀条结构形式	换算长细比	一阶屈曲系数	横缀条受力/kN	斜缀条受力/kN
原结构	48	4.5277	8.00	6.00
X 形	48	4.3985	—	2.24
Z 形	100	2.7859	4.85	4.21

由式（4.2）可知，斜缀条角度 α 对杆件受力影响较大，针对 2 种不同角度的斜缀条计算结构承载力，结果如表 4.8 所示。由表 4.8 可知，角度对整个杆件破坏模式影响很大。角度增加后，相当于节间长度减小，斜缀条总数量增加，局部稳定性提高，杆件整体结构破坏模式为钢材屈服，因此结构冗余度提高一倍。

表 4.8 斜缀条角度 α 对承载能力的影响（单位：MPa）

α	45°	60°
横缀条失效应力	33.1	89.0
斜缀条失效应力	127.3	>190
分肢屈曲应力	92.2	276.0
杆件承载能力	92.2	190.0

4.5 重建后的魁北克桥

魁北克桥垮塌事故发生后，桥梁界进行了前所未有的大规模压杆及连接的试验和研究，推动了工程领域的重大进步，桥梁规范也得以发展[18]。这同时也推动了两个组织的成立：1914年成立的 AASHTO（美国国家公路和运输协会），1921年成立的 AISC（美国钢结构研究协会）。这些组织通过资助（企业无法自行承担的）研究，促进了工程领域的发展[2]。

这次垮塌事故对相关人员来说影响太大了，特别是库珀和那些失去生命的人员。爱德华·霍尔去了洲际铁路委员会。约翰·迪斯继续担任凤凰桥公司总工程师，最后成了公司的副总裁。彼得·兹拉普卡继续担任凤凰桥梁公司总设计师。库珀退出并退休，在魁北克大桥新桥竣工两天后去世了。

第一次倒塌后，政府提供资金进行新桥的设计和施工。新桥设计很保守，构件尺寸急剧增加，老桥的受压控制构件截面积为 543 000 mm²，而新桥为 1 250 000 mm²。重新施工过程中也遇到了问题，1916年发生了第二次垮塌。施工中通过用驳船来运输及提升悬臂中跨，而非悬臂拼装，因此悬臂长度减少，杆件受力也减小了。悬臂中跨长 195 m，超过 5 000 t，需提升至水面 46 m 的设计位置。1916年9月合龙跨预制完工后，船运至桥址处，固定驳船后，提升作业开始。首先是合龙跨四角连接于吊杆，随后用液压千斤顶按每步 60 cm 提升，当升至水面 9 m 时，有个角的支点突然断裂，其他支点无法承担全部荷载，整跨落进河里，扭曲和变形，13名工人死亡，原因归结于连接细节强度不够。新桥终于在1917年竣工，自重超过老桥 2.5 倍。

4.6 结 论

通过理论推导及有限元模型对魁北克桥的连续垮塌过程和工程管理进行分析，得到以下结论：

（1）魁北克大桥历经磨难，开工即面临着严重的资金问题，工程进度延误。当确定自重的计算错误后，没有采取合理的措施。在整个项目进行过程中，当结构安全和经济性发生矛盾时，都降低结构安全性来解决矛盾。咨询工程师库珀做了绝大部分错误的工程决策，他因健康问题无法到现场工作，导致现场管理混乱。当变形越来越严重时，说明整体结构在逐步失效，现场的工程师可能已经意识到问题的严重性而应该停止施工，但他们缺乏自信和权力去质疑库珀的判断，没有要求停工，导致悲剧发生。

（2）整体分析表明，施工设备（架桥机）显著增加了 A9L 杆轴力，直接导致压杆弯曲变形增大终致缀条破坏。整体结构为静定结构，缺乏冗余度。

（3）下弦压杆破坏过程分析表明，A9L 杆缀条与分肢的连接部强度不足，导致横、斜缀条与分肢连接处剪切破坏，无法形成一个完整的组合截面受力，分肢失去侧向支撑而失稳，使得 A9L 杆失效，压杆结构冗余度不足。

（4）下弦压杆参数分析表明，初始弯曲对压杆受力影响并不大，只是使得铆钉受力不均匀。提高缀条刚度、连接铆钉抗剪强度和改善缀条结构形式，可大幅度改善格构式压杆的承载能力和结构冗余度。

参考文献

[1] BJORN AKESSON. Understanding Bridge Collapses[M]. London: Taylor & Francis, 2008.

[2] SCHMIDT H. Failed bridges: case studies, causes and consequences[M]. Berlin: John Wiley & Sons, 2011.

[3] 胡汉舟. 桥梁事故及经验教训[J]. 桥梁建设，2002（3）：71-75.

[4] 钱冬生. 谈谈桥梁的文献工作[J]. 桥梁建设，2012，42（1）：1-6.

[5] 许磊平，秦顺全，苑仁安. 基于 Timoshenko 梁的分阶段成形结构平衡方程[J]. 桥梁建设，2015，45（5）：24-29.

[6] PEARSON C, DELATTE N. Collapse of the Quebec Bridge, 1907[J]. Journal of performance of constructed facilities, 2006, 20（1）：84-91.

[7] 尹德兰，邓宇. 桥梁设计的冗余度[J]. 桥梁建设，2013，43（5）：93-98.

[8] Actions on Structures , Part 1-7: General Actions-Accidental Actions: ENI991-1-7 Eurocode 1[S]. Bmssels: European Committee for Standardizalion, 2005.

[9] 黄冀卓，王湛. 钢框架结构鲁棒性评估方法[J]. 土木工程学报，2012，45（9）：46-54.

[10] 刘扬，鲁乃唯，殷新锋. 基于体系可靠度的钢桁梁结构优化设计[J]. 中南大学学报（自然科学版），2014，45（10）：3629-3636.

[11] HUNLEY C T, HARIK I E. Structural redundancy evaluation of steel tub girder bridges[J]. Journal of Bridge Engineering, 2011, 17（3）：481-489.

[12] 陈宝春，黄冀卓，余印根. 桥梁抗倒塌能力鲁棒性设计研究[J]. 重庆交通大学学报（自然科学版），2014，33（1）：1-7.

[13] 成丕富. 桥梁结构连续倒塌研究[D]. 长沙：中南大学，2012.

[14] 陈绍藩. 钢结构设计原理[M]. 北京：科学出版社，2005.

[15] TARKOV J A. A disaster in the making[J].American Heritage of Invention and Technology, 1986, 1(3): 10-17.

[16] RODDIS W M K. Structural failures and engineering ethics[J]. Journal of Structural Engineering, 1993, 119(5): 1539-1555.

[17] 中冶京诚工程技术有限公司. 钢结构设计标准：GB 50017—2017[S]. 北京：中国建筑工业出版社，2018.

[18] SHEPHERD R, FROST J D. Failures in civil engineering: Structural, foundation and geoenvironmental case studies[C]. ASCE, 1995.

5 塔科马大桥（Tacoma Narrows Bridge）

5.1 引 言

主缆主要承受拉力，因此悬索桥是效率最高的结构体系[1]，也是跨越能力最强的桥式，其跨度不断增大，土耳其 1915 恰纳卡莱大桥主跨达到了 2023 m，建成后将是当前世界上最大跨度的桥梁。悬索桥是柔性结构，仅从 1818 年到 19 世纪末，由风引起的桥梁振动已毁坏了 10 多座悬索桥。2010 年 5 月当地时间 19 日晚，俄罗斯伏尔加河大桥发生离奇晃动，桥面呈浪型翻滚，同时，整个桥体也出现了较为明显的左右晃动，虽然在经受了约 8 min 的晃动后逐渐恢复了平静，经过专家实地勘察，大桥无裂纹、无明显损伤，但人们还是仿佛看到了 70 年前塔科马老桥垮塌的一幕如今在伏尔加河上再次上演。回顾悬索桥的发展历史，美国塔科马老桥具有重大的意义，针对其风致垮塌的研究极大地促进了桥梁风工程的发展和悬索桥加劲梁的演进[2]。Farquharson 等[3]重现了塔科马桥的扭转发散振动，但未给出引起桥梁剧烈扭弯振动的气动机理。Ammann 等[4]通过风洞实验，基于对扭转失稳的观察，认为卡门涡街是桥梁风毁的主因。而 Billah 和 Scanlan[5]则证明桥梁扭转振动与该旋涡脱落频率完全不同步，桥梁扭转振动与卡门涡街无关。Wyatt[6]和 Walshe[7]认为单自由度扭转颤振失稳机理是塔科马老桥风毁的主因，但没有清楚说明流体与结构耦合作用机理。本章在已有研究资料基础上，阐述塔科马桥设计和施工及垮塌情况，分析和总结其垮塌原因。

5.2 桥梁概况

早在 1889 年，为改善美国海军在布雷默顿的造船厂和陆军在塔科马军事基地的交通，有人就提出修建横跨塔科马海峡的北太平洋铁路桥。建桥耗资巨大，直到 1937 年大桥建设才步入正轨。著名的金门大桥设计总顾问、工程师莱昂·莫伊瑟夫（Leon Moisseiff）采用 2.45 m 高的钢板梁代替原设计 7.6 m 高的钢桁架加劲梁，不仅将原造价 1100 万美元降低至 640 万美元，并且使桥梁造型更加纤细美观。莫伊瑟夫的塔科马桥方案得到认可，结构的刚度和强度也满足当时的规范中对抗静风的要求。悬索桥的挠度理论证明，其竖向刚度主要由主缆提供，且加劲梁刚度越小，梁上弯矩也越小。挠度理论是关于悬索桥竖向静力刚度的理论，理论本身并无错误，莫伊瑟夫的悲剧在于：第一，他将竖平面的挠度理论无依据地拓展到三维状态；第二，他没有意识到工程结构的体系刚度受各种因素的制约，不宜在一个方向上走得太远。至于风的动力作用，则是当时的设计师们都未认识到的。

塔科马大桥位于华盛顿州西雅图市以南 60 km 的普吉特海湾，横跨塔科马海峡。原设计是一座三跨连续加劲梁悬索桥，主跨 853 m，边跨 335 m，如图 5.1 所示。加劲梁没有采用桁架结构，而是采用两个高 2.45m 的工字型钢板梁，顶底板的宽度均为 0.51 m，翼板和腹板均厚 13 mm，钢材为硅钢。桥面采用钢筋混凝土板，两根钢板梁相距 12.32 m，吊杆间距 15.2 m，其扭转刚度几乎为零，如图 5.2 所示。H 形主塔高 128 m，塔柱截面底部宽 5.79 m，顶部宽 3.96 m；底部两根塔柱间距 15.24 m，顶部间距 11.89 m，塔柱顶部由横梁连接。

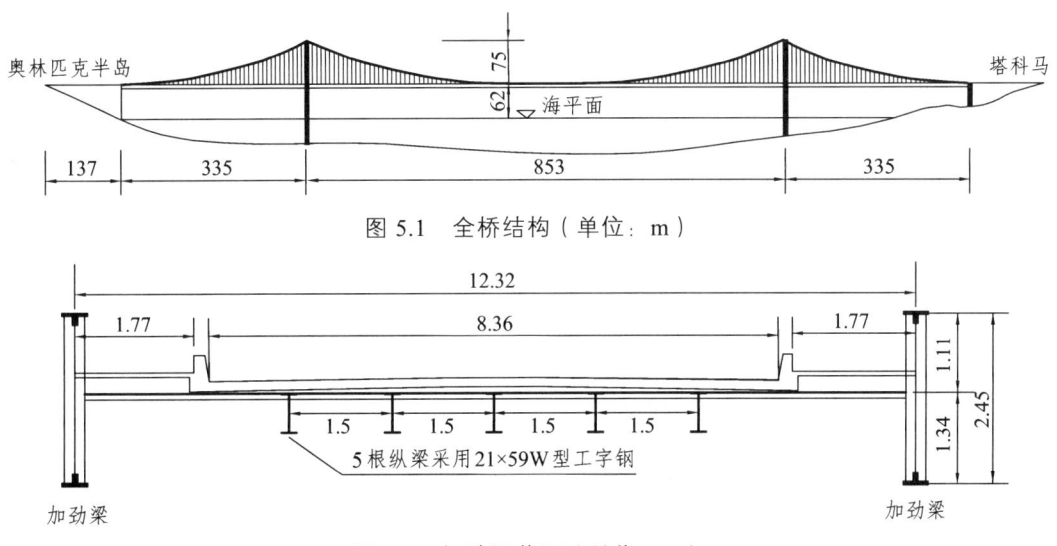

图 5.1　全桥结构（单位：m）

图 5.2　加劲梁截面（单位：m）

5.3　垮塌过程

大桥合龙后，主跨在 1.8 m/s 的风速下就会上下振动，以至于施工工人不得不咀嚼柠檬来抵抗振动导致的晕眩。成桥后振幅仍然很大，桥梁管理部门在桥上安装专门的阻尼器和体外索，但于事无补。金门大桥也曾发生过类似振动，因此桥面振动被忽视，桥上交通也没有中断。讽刺的是，有时桥上振幅高达 1.5 m，这不仅没吓到行人，而且很多人还专门驱车上桥体验"过山车"的感觉。华盛顿大学的法夸尔森（Frederick Burt Farquharson）受命在当年 9—11 月对大桥模型进行风洞试验，研究大桥扭振原因和补救措施。法夸尔森从实验中发现大桥扭转振动下可能发生破坏，因此提出增加抗风索，后来又提出在大桥钢板梁上挖通风孔和挡风板，减小风载。可惜在采取这些措施之前，桥梁就垮塌了。

1940 年 11 月 7 日，风速为 16~19m/s，大概从早上 7 点开始，桥梁已经持续振荡了 3 h，振幅达 0.9 m，频率 0.6 Hz。然后整个桥面开始以 0.2 Hz（14 次/min）的频率扭转振动。主跨以跨中为节点分成两段，两段反方向扭转振动（反对称扭转振型），就像扭麻花一样。桥面两侧振幅也变得越来越大，从最初的 0.8 m 一直增加到 8.5 m，直至桥面倾斜 45°。碰巧当时现场的专业摄影师用摄像机完整地记录下了整个桥梁振荡至垮塌的全过程，如图 5.3。此时加劲梁的扭转变形令人印象非常深刻，其扭曲程度让人难以置信。整个桥跨以巨幅的波形振动，很难想象加劲梁是钢筋混凝土梁。大幅扭振导致吊杆逐根被拉断，跨中主缆的中央扣（用于阻止加劲梁与主缆之间相对位移的斜拉索）也失效，振型突然改变，变成以一阶反对称扭转振型为主，大桥最终在震耳欲聋的响声中垮塌，跨中处加劲梁脱落，如图 5.4。桥梁主跨部分节段（183 m）垮塌后，剩余部分依旧继续强烈振动，最后主跨完全垮塌。由于失去主跨，边跨（335 m）发生了约 18 m 下挠，接着又弹回，最后产生 9 m 下挠，如图 5.5。

图 5.3　主跨的扭转运动

图 5.4　中央扣失效

图 5.5　边跨下挠

5.4　垮塌原因分析

塔科马大桥事故促使工程师研究土木工程结构物风致振动和抗风设计。塔科马桥结构设计的三个特点，可能导致其垮塌：

（1）基于挠度理论的结构设计。此前基于挠度理论设计的悬索桥没有遇到抗风问题，所以在确定加劲梁刚度时，往往只考虑集中活载作用下加劲梁的挠度问题，这样可以设计出非常经济的悬索桥,但容易忽略风致稳定性。

(2)宽跨比和高跨比太小。该桥为双向两车道,桥宽仅 11.9 m,与同时期美国大跨悬索桥对比如表 5.1 所示。当时的桥梁管理部门建议悬索桥的宽跨比应大于 1/30,以保证足够横向刚度,而塔科马桥宽跨比是 1/72,但根据最大容许挠度和应力准则,静风作用下结构的强度和刚度没有问题。相比之下,华盛顿桥的宽跨比为 1/30,金门大桥为 1/47。对于跨度为 600~900 m 的悬索桥,梁的高跨比应大于 1/90,然而塔科马桥的加劲梁高 2.45m,高跨比仅为 1/348。如果设计者当时采用 1/90 的高跨比,那么梁高至少应该为 9.5 m。但当时的设计者认为桥梁自重可以保证其抗风稳定性,且跨度越大,因重力刚度结构越稳定。很明显塔科马桥加劲梁刚度太小,在风载激励下会发生强烈振动。

表 5.1 美国同时期大跨悬索桥比较

悬索桥		金门大桥	乔治华盛顿大桥	塔科马海峡桥	海湾大桥	布朗克斯白石大桥
主体结构	主跨/m	1280	1067	853	704	701
	边跨/m	343	198	335	354	224
	主缆横桥向间距/m	27.4	32.3	11.9	20.1	22.6
	主跨平均质量/(kg·m^{-1})	31304.3	47012.2	8482.7	27888.9	16370.2
主缆	主缆数量	2	4	2	2	2
	跨中垂度/cm	145	97	71	70	61
	主缆直径/cm	92	91	44	52	56
	主缆总净面积/m^2	1.07	2.06	0.25	0.68	0.38
加劲梁	类型	钢桁梁	钢桁梁	两片钢板梁	钢桁梁	两片钢板梁
	梁高/m	7.62	—	2.44	—	3.35
主塔	塔高/m	214	177	130	141	108
	塔顶宽(顺桥向)/m	7.5	11.4	4.0	4.6	3.7
	塔根宽(顺桥向)/m	16.0	17.1	5.8	9.8	5.5
风载/(kN·m^{-1})	钢板梁腹板和车辆上的水平风力	16.5	17.5	8.2	20.4	11.7
	主缆上的水平风力	2.9	4.4	0.9	2.1	1.8
	总水平风力	19.4	21.9	9.0	22.5	13.4

(3)实腹钢板梁作为加劲梁。加劲梁采用实腹钢板梁形成 H 型钝体,气动外形很不利于抗风。

5.4.1 涡激振动

由于对塔科马桥的气动失稳机理研究不透彻,其垮塌原因的相关论述出现错误,其中传播最广泛的就是：加劲梁的扭转振动是涡激振动，即桥梁结构自振与卡门涡街激振发生共振。然而事实并非如此。

空气的黏性很小，在一般流动中可以忽略。但是在靠近物体表面处，黏性是不可忽略的。由于黏性效应，流体在靠近物体表面形成边界层。在边界层内，气流速度从物体表面处等于零增大到对应外层气流的速度值。空气的另一重要效应是由其质量引起的惯性效应。黏性与惯性作用的相互关系决定了空气流动的特性。一般采用雷诺数 Re 表征惯性力与黏性力之比。当 Re 较小时，黏性效应较强；当 Re 较大时，惯性效应起主要作用。当黏性一定时，流速增加会增大 Re，当 Re 达到某些临界值时，流体流过物体表面后，会在其后形成交替脱落的旋涡，这种现象被称为卡门涡街，如图 5.6 所示。因此当塔科马海峡的风以一定的速度吹过塔科马大桥的类 H 型加劲型梁时，旋涡周期性交替脱落，会对桥面施加一个垂直于空气流动方向的交替作用力。

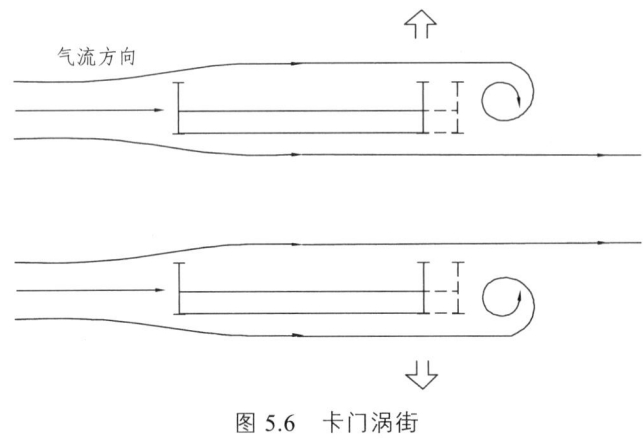

图 5.6　卡门涡街

涡脱（旋涡脱落）现象一般用斯特劳哈尔数 Sr 来描述：

$$Sr = fD/v$$

式中：f 是旋涡脱落频率；D 是物体垂直于来流方向平面上的特征尺寸，如圆柱体直径；v 是流速。

对于塔科马桥而言，D 和 Sr 分别为 2.4 m 和 0.11，v 取当时的风速 19 m/s，因此旋涡脱落频率 f 约为 0.87 Hz，塔科马桥最终破坏时的实际振动频率为 0.2 Hz，与旋涡脱落频率 0.87 Hz 完全不符[3]，因此涡激共振并非塔科马桥坍塌的原因。另外，即使是这种涡流脱落造成的振动也不能构成简单的共振。与涡流脱落有关的风-结构相互作用现象非常复杂，包括外部风力和结构自身的自激力。在结构抵抗风力的过程中，风力同时也激励结构处于或靠近结构自振频率。但是随着结构振幅的增加，流体的边界条件也会发生变化，结构和风相互作用限制了振幅的发展，因此 Billah 和 Sanlan[5]指出卡门涡街可能引起限幅扭转振动，但不至于导致大振幅扭转发散振动。

5.4.2　塔科马悬索桥的破坏机理

塔科马大桥的垮塌主要原因是扭转失稳，而扭转失稳机理的关键在于 H 型加劲梁横截面上大型旋涡的形成以及旋涡沿桥梁横截面的移动,如图 5.7 所示[8]。

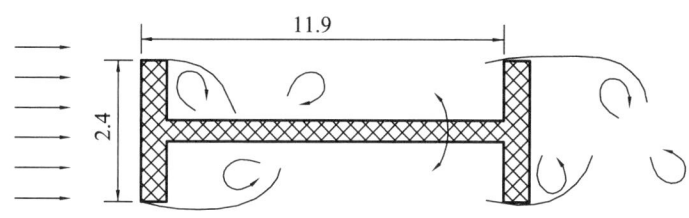

图 5.7 加劲梁上旋涡的移动(单位:m)

Larsen[9]采用宽高比为 5∶1 的简单 H 型断面,建立了一个简单的分析模型研究扭转失稳机理,假定如下:

(1)假定加劲梁截面扭转振动的形式为正弦曲线,其无量纲周期 $T = U/fB$,其中 f 为扭转频率。

(2)气动力做功 $W = Fv$,其中 F 为旋涡产生的升力,v 等于 F 作用点处梁的振动速度。旋涡总功等于一个周期内所有旋涡做功的积分。

(3)旋涡产生的升力在旋涡漂移过程中保持恒定。

(4)旋涡的无量纲移动时间与弹性悬吊横截面的振动周期无关。

(5)结构阻尼为零。

以下分三种情况考虑失稳模型:

第一种情况:在桥梁横截面产生的顺风向两个连续旋涡的间距等于桥面宽度 B 的一半,如图 5.8(a)。假设,扭转振动周期为 T,振动周期开始时,一个旋涡位于在截面形心处下缘,形心处 $v=0$,另一个旋涡正在截面上边缘迎风面形成,并未形成升力,则 $\sum Fv = 0$。当 $t = T/8$ 时,两个旋涡顺着截面漂移 $B/8$,由于旋涡产生的升力和升力作用点的振动方向一致,则 $\sum Fv > 0$。当 $t = T/4$,两个旋涡顺着截面继续漂移 $B/8$,升力作用点位于振幅幅值处,$v=0$,$\sum Fv = 0$。当 $t = 3T/8$,两个旋涡顺着截面漂移 $3B/8$,升力作用点向平衡位置处振动,振动速度方向和升力相反,则 $\sum Fv < 0$。到半个周期过后,两个旋涡都沿截面移动了 $B/2$,迎风面处又开始产生新的旋涡,但产生于截面下缘。在随后的半个周期内,重复以上形式。经过分析,Fv 在时间上的积分为 0。

第二种情况:在桥梁横截面产生的顺风向两个连续旋涡的间距大于桥面宽度 B 的一半,如图 5.8(b)。按照第一种情况的分析方法,在一个振动周期内,$\sum Fv \geq 0$,旋涡产生的升力不断对系统做功,系统通过增大振幅来吸收能量。

第三种情况对应于旋涡间距小于 $B/2$,如图 5.8(c)。一个周期内,$\sum Fv < 0$,扭转振幅不断减小。

塔科马大桥的破坏机理正是上述扭转模型的第二种情况。塔科马老桥的桥面很窄,旋涡间距和风速密切相关,风速的变化从而导致旋涡间距的变化。当风速满足一定的条件时,产生的旋涡的间距大于塔科马桥桥面宽度的一半,加劲梁不断地从气流中吸收能量,振幅不断地变大,形成发散的扭转,最终破坏。

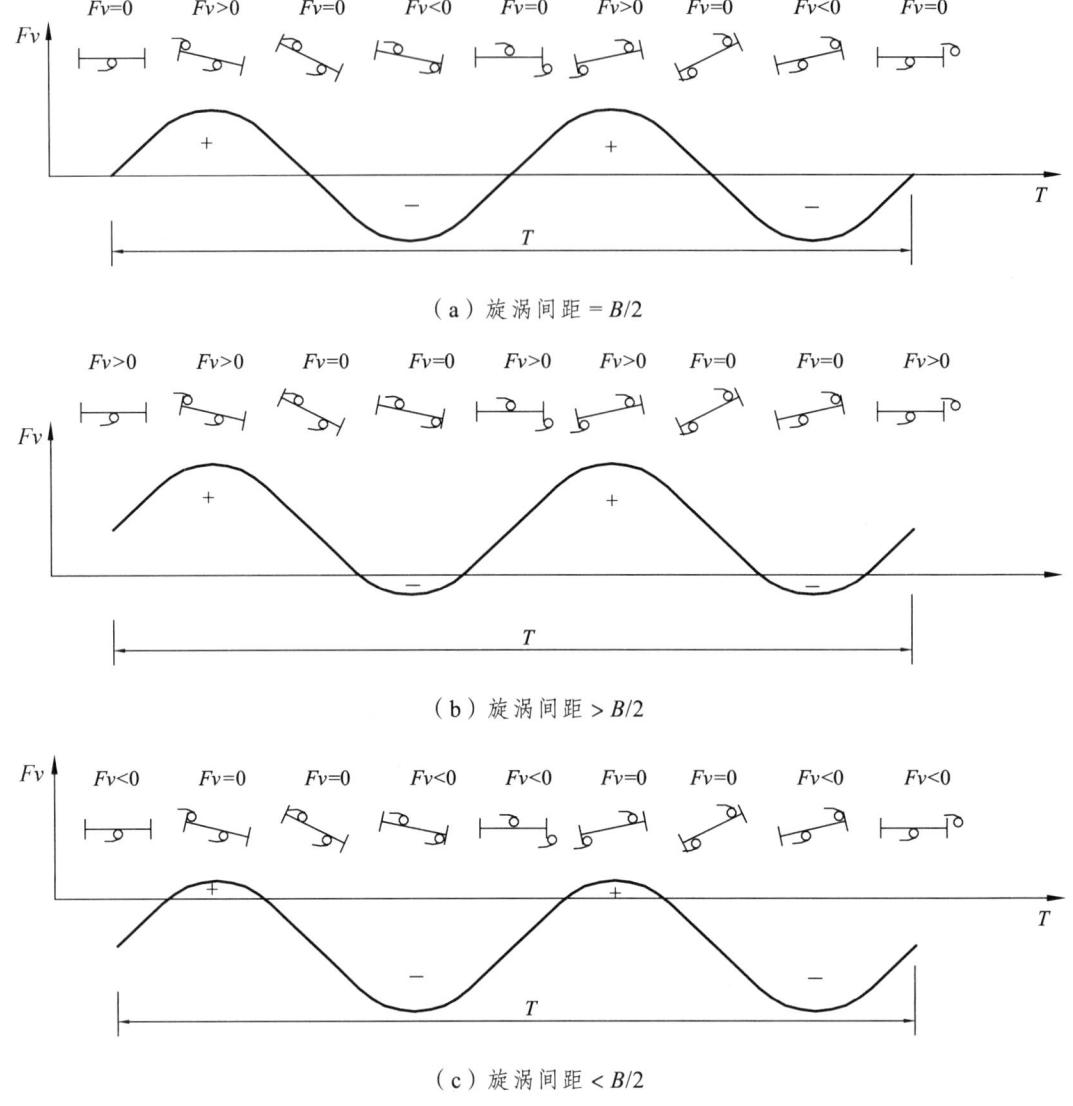

图 5.8 不同连续漩涡间距下的结构振动

5.5 重建后的塔科马大桥

塔科马桥倒塌 10 年后，1950 年，一座新桥在老桥址处重建，加劲梁经过了风洞试验后确定采用桁架梁，如图 5.9。桥面板宽 18.2m，钢桁架高度 10m，是原梁高的 4 倍，如图 5.10，并且还在桥面开槽和安装各种阻尼装置。新桥与老桥跨度一样，但桥面更宽，梁更高，桥梁自重也增加超过 50%，使主缆拉应力增加。主缆拉应力越大，刚度越大，抗风性能越好。显然，新桥的抗风设计过于保守，技术经济指标大大下降，高跨比增大到了 1/83.5，这是挠度理论应用之前的水平。

图 5.9 塔科马新桥

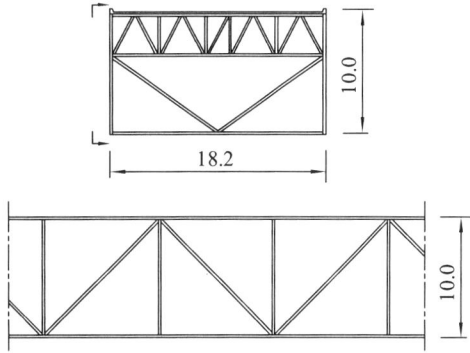
图 5.10 塔科马新桥截面（单位：m）

钢桁梁抗风性能更好，因为风会穿过桁架空隙，卡门涡街的影响可忽略不计。1940 年后设计的悬索桥，必须进行风洞试验。加劲梁设计通过风洞试验发展出了自重很轻的流线型扁平箱梁，更薄更柔，且能保证自身抗风稳定性，因此选择抗风性能好的加劲梁外形很有必要。

5.6 结 论

通过对塔科马老桥垮塌事故的回顾和破坏机理的分析，可得出以下结论：

（1）由于频率差异很大，风荷载作用下加劲桥梁的大幅度扭转振动不可能是涡激振动，而是扭转颤振导致的。

（2）基于挠度理论设计的塔科马悬索桥，为降低成本和造型需要，采用抗弯刚度和扭转刚度都很小的加劲梁，是垮塌的主要原因。

（3）加劲梁为流线形很差的 H 型钝体，导致有负阻尼驱动的分离流扭转颤振、旋涡的交替形成及旋涡沿桥梁横截面的移动，使加劲梁从流场中吸收能量，并发散扭转，这是风致垮塌的机理。

参考文献

[1] 项海帆，肖汝诚. 桥梁概念设计[M]. 北京：人民交通出版社，2011.

[2] LIAO Minmao, TAICHIRO Okazaki. A Study of the Tacoma Bridge Collapse[R]. America: University of Minnesota, 1941.

[3] FARQUHARSON F B. Aerodynamic Stability of Suspension Bridge[M]. Washington D C: University of Washington Experiment Station, 1949.

[4] AMMANN O H, von KÁRMÁN T, WOODRUFF G B. The failure of the Tacoma Narrows Bridge[R]. Washington D C: Federal Works Agency, 1941.

[5] BILLAH K Y, SCANLAN R H, RESONANCE. Tacoma Narrows Bridge failure, and undergraduate physics textbooks[J]. American Journal of Physics, 1991, 59: 118-124.

[6] WYATT T A, SCRUTON C. A Brief Survey of the Aerodynamic Stability Problems of Bridges[C]. Bridge Aerodynamics, TTL London, 1981: 21-31.

[7] WALSHE D E. A resume of the aerodynamic investigat in for the Forth road and the Severn bridges[J]. Proceedings of the Institution of Civil Engineers, 1967, 37（1）: 87-108.

[8] 赵庆贤，葛秀坤，邵辉. 空气绕流诱发 H 型桥面振动的机理分析与模拟——以 Tacoma 大桥风振致毁事故为例[J]. 力学与实践，2011，33（6）: 13-17.

[9] LARSEN A. Aerodynamics of the Tacoma Narrows Bridge-60 years later[J]. Journal of Structural Engineering International, 2000, 10（4）: 243-248.

6 银桥（Silver Bridge）

6.1 引 言

  1967年，美国俄亥俄河（Ohio River）上的银桥（Silver Bridge）突然发生垮塌，造成了众多的人员伤亡和巨大的经济损失。事发后美国在全国范围内展开了系统的桥梁检测，并在1968年通过了美国桥梁检测标准（NBIS），要求对所有桥梁进行定期检测，以降低垮塌风险。这次事故也给世界桥梁设计、施工和运营提供了宝贵经验和发展方向。

  事故发生后，在美国国家运输安全委员会（NTSB）的主导下，众多专家参与了事故调查，以确定垮塌的原因。美国陆军工程兵部队[1]（U. S. Army Corps of Engineers）排除了爆炸和冲击损坏的可能性，也否定了车辆撞毁桥塔的假设。Varney等[2]在结构类似的圣玛丽桥上进行了振动响应测试，确定桥梁的固有频率和重车产生的激励，得出活载效应符合设计要求，证实了动力效应不是导致银桥垮塌的因素。Hodjeski等[3]通过精确测量确定锚碇或桥墩未发生位移，排除了下部结构破坏的可能性。美国国家标准局实验室（Laboratory of National Bureau of Standards）对桁架和吊杆力学性能进行了检测，发现杆件断口都表现出在高应变速率下的破坏特征，即这些杆件是在桥梁整体结构垮塌开始后才发生破坏的[4]。于是垮塌原因指向了悬索桥主缆，在重新组装散落的眼杆时，相关人员发现330号眼杆端部断口具有解理断裂的特征，在排除了诸多其他因素后，最终将银桥垮塌的原因确定为330号眼杆的失效[5]。

  针对失效的330号眼杆，美国国家标准局实验室测试了其化学成分、冶金特性和力学性质，发现发生脆性断裂之前，眼杆销孔下缘存在初始裂纹，但未说明该初始裂纹在桥梁垮塌时是否达到脆性断裂的应力水平[6]。巴特尔研究所（Battelle Memorial Institute）对眼杆裂纹的断口进行了分析，并对初始裂纹（损伤）的扩展机制进行了实验，认为裂纹扩展机理可能是硫化物的应力腐蚀[4]。美国钢铁公司（U. S. Steel Corporation）通过扫描电镜观察到了断口的穿晶裂纹，证实裂纹扩展过程中发生了腐蚀疲劳[7]。里海大学（Lehigh University）对银桥残骸中一根完整尺寸的眼杆进行了静力试验，得出眼杆销孔周围的平均应力集中系数为2.64，但未分析有初始缺陷的眼杆的受力状况[8]。本章梳理银桥的建造历史和垮塌事故概况，基于已有成果分析垮塌原因，并综合采用有限元软件ANSYS和专业分析软件FRANC3D对失效的眼杆进行仿真分析，模拟眼杆的裂纹扩展过程。

6.2 桥梁概况

  美国波因特普莱森特市（Point Pleasant）1926年决定修建一座35号州际公路上跨越俄亥

俄河的桥梁，以连接俄亥俄州哥伦布市（Columbus）与西弗吉尼亚查尔斯顿（Charleston），业主为西弗吉尼亚-俄亥俄河桥梁公司（West Virginia-Ohio River Bridge Corporation），设计方为格雷纳公司（J.E. Greiner Company）。原设计为一座钢丝主缆（平行钢丝或钢绞线）的悬索桥，热处理眼杆主缆作为备选方案，最终多方考虑选择了美国桥梁公司（American Bridge Company）提出的眼杆主缆方案，造价约为90万美元[9]。原设计主缆钢材的极限抗拉强度为1517MPa，屈服强度为965 MPa，容许工作应力为 552 MPa。而在眼杆主缆方案中，美国桥梁公司选择了一种极限抗拉强度为 689 MPa，屈服强度为517 MPa，容许工作应力为345 MPa的热处理钢材。

因喷涂了银色的铝漆，该桥被称为银桥，全长528 m，主跨213 m，边跨116 m，纵向吊杆间距为 15.2 m，主缆由双眼杆构成，眼杆厚51 mm、宽305 mm，眼杆间通过销钉连接，因相邻眼杆斜率不同，其长度也各不相同。加劲梁采用华伦式桁架，其中部分加劲梁的桁架上弦杆由主缆眼杆构成，桁间距为9.3 m。主塔设置活动支座，释放上部结构在活载和温度作用下的位移。全桥结构如图 6.1 和 图 6.2 所示，当时同类桥梁还有巴西的弗洛里亚诺波利斯桥（Florianopolis Bridge）。

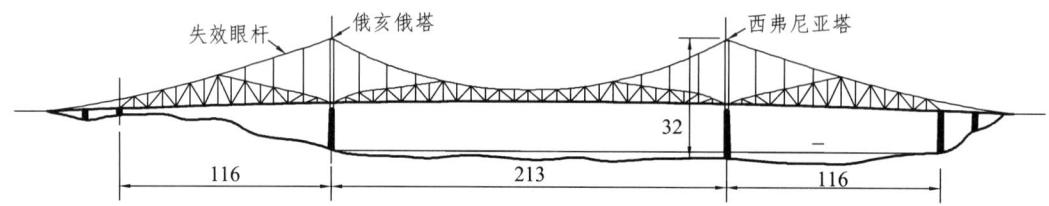

图 6.1 银桥立面图（单位：m）

图 6.2 垮塌前的银桥

6.3 垮塌过程

1967年12月15日下午5点左右，银桥突然垮塌并坠入俄亥俄河，整个过程持续不到60 s。

垮塌事故始于俄亥俄塔侧边跨的第一个节点 C13N，如图 6.3 所示，连接该节点的西侧主缆上的 330 号眼杆失效，使主缆在此处断裂，如图 6.4 所示。由于眼杆的失效和节点的断裂，主塔和桥面随之倒塌。桥上 31 辆车及车内 64 人随桥落入河中，44 人丧生，另有 2 人失踪。事故发生后，美国成立了 3 个工作组：第一工作组检查现有的桥梁检测做法，并评估其有效性；第二工作组制订重修大桥的计划；第三工作组在国家运输安全委员会的指导下确定事故发生的原因。

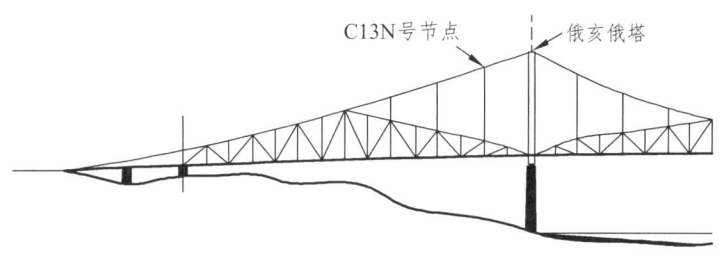

图 6.3 发生断裂的节点位置

事故调查表明：银桥垮塌由有初始缺陷的 330 号眼杆导致，这根眼杆在 C13N 号节点处的端部下方形成了劈裂破坏，裂纹贯穿了眼杆底部使节点失效，眼杆从节点脱落，主缆局部破坏导致桥梁的整体垮塌。图 6.4 为垮塌后在现场拼接的 330 号眼杆残骸，可清晰地观察到眼杆端部的断口形状，如图 6.5（a）所示，下侧的断口截面平直整齐，几乎没有塑性变形的迹象，是典型的脆性断裂特征，上侧断裂截面有弯折，且表面凹凸不平，表现出塑性断裂的特征。断口在销孔下表面北角存在两个半圆形裂纹面，一个半径为 3.175 mm，另一个半径为 1.59 mm，裂纹表面附着大量黑色氧化物，表明裂纹已经存在了很长时间，断裂截面如图 6.5（b）所示。

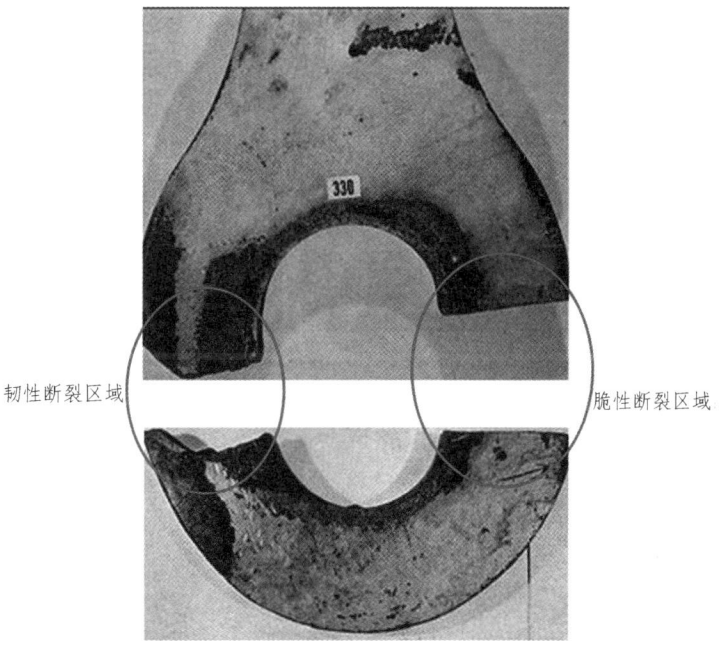

图 6.4 断裂的 330 号眼杆

（a）眼杆断裂截面

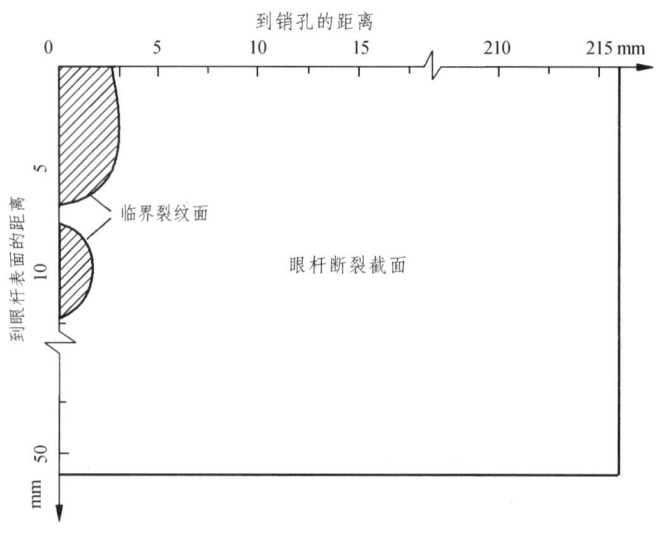

（b）临界裂纹

图 6.5　330 号眼杆断口分析

事故调查还表明，格雷纳公司的设计规定了相应的安全系数（符合 1927 年通用的工程设计要求）：极限强度安全系数 2.75，屈服强度安全系数 1.75。而美国桥梁公司替代方案提供的热处理钢材对应的安全系数分别是 2 和 1.5，低于格雷纳公司的设计值。另外，由于在眼杆施工和检测中存在很多不确定因素，且眼杆缺乏保护装置，所以安全系数应该增大而不是减小。

银桥的悬链和桁架上弦杆均由眼杆构成，眼杆采用双排设计，如图 6.6 和图 6.7 所示，此前只有一座桥梁采用了类似的用热处理眼杆作为悬链系统的设计，即巴西的弗洛里亚诺波利斯桥。该桥由 Steinman 于 1924 年设计，美国桥梁公司负责施工，同样使用热处理眼杆作为主缆[10-12]。但美国桥梁公司在设计银桥时没采用弗洛里亚诺波利斯桥的设计细节，如：① 弗洛里亚诺波利斯桥的主缆都由 4 根眼杆组成，而银桥主缆只有两根眼杆，安全冗余度太低；② 弗洛里亚诺波利斯桥的容许工作应力为 321 MPa，而银桥提高到 345 MPa；③ 弗洛里亚诺波利斯桥设计的眼杆两端都加厚了 3mm，减小了销孔处的应力集中，而银桥眼杆厚度没增加，且为便于安装，销孔直径增大了 3mm，由此产生一个与空气接触的空隙，使眼杆腐蚀持续发展且不易被检测。由于无法拆卸节点，难以检查或润滑眼杆销孔内部，俄亥俄河上另一座"姊妹桥"圣玛丽桥（St. Mary's Bridge）最终也被拆除[11]，它与银桥有相同的节点设计，即使是现代的检测方法也无法检验眼杆端部每个销孔的钢材性能。

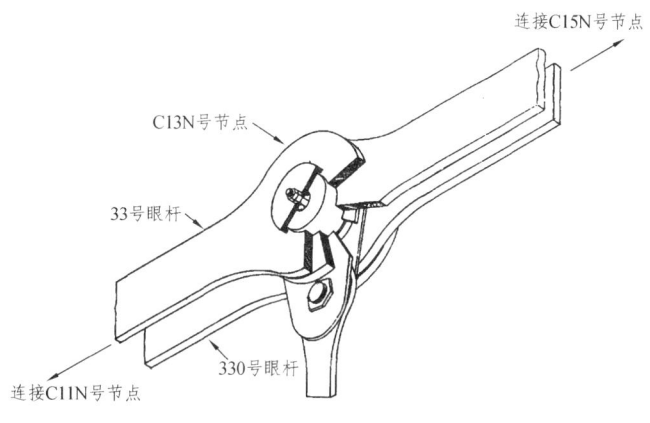

图 6.6　C13N 断裂节点构造细节

图 6.7　主缆的标准眼杆节点

6.4　眼杆断裂分析

6.4.1　初始裂纹产生

组成主缆系统的眼杆厚 51mm，柄部宽 305mm，端部外径 712 mm，内径 280 mm，如图 6.8 所示，材料是由美国钢铁公司当时新开发的热处理 1060 碳钢。这种钢材从奥氏体化温度开始在水中淬火并在 621～649 ℃ 时回火，这一加工过程会导致眼杆销孔周围产生白色马氏体。白色马氏体沿销孔内侧纵向侵蚀，容易形成初始裂纹，初始裂纹尺寸约为 0.254 mm。大气中的硫化物进入初始裂纹，产生硫基反应导致应力腐蚀，应力腐蚀与疲劳破坏共同作用，推动裂纹的扩展，直至裂纹达到临界长度，此时眼杆发生断裂而失效，临界裂纹长度仅为 3.175 mm[13]。

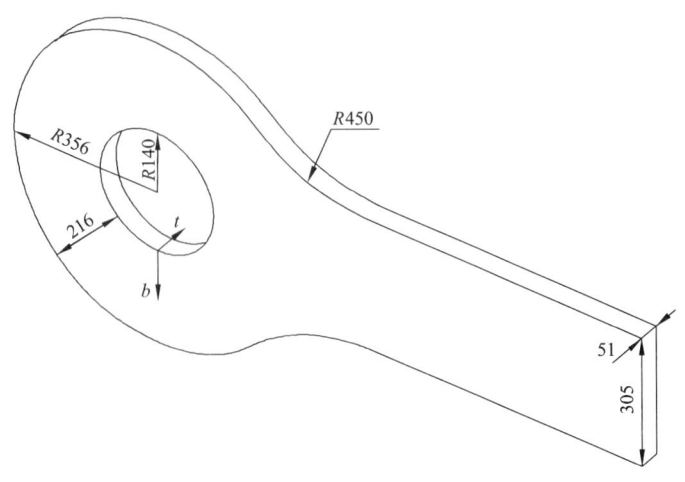

图 6.8 眼杆尺寸示意图（单位：mm）

6.4.2 分析模型

联合采用 ANSYS 和 FRANC3D 进行裂纹扩展的数值仿真。采用 ANSYS 中 solid186 单元建立眼杆整体模型和含裂纹的局部模型，在整体模型上施加边界条件和荷载，进行静力非线性分析，如图 6.9（a）所示。然后将局部模型导入 FRANC3D，保留整体模型的边界条件，如图 6.9（b）所示，在局部模型中相应位置插入初始裂纹并进行循环应力作用下的裂纹扩展计算。模拟裂纹扩展时，采用 M 积分计算应力强度因子幅 ΔK，然后通过 Paris 公式（6.1）确定疲劳扩展速率：

$$\frac{\mathrm{d}a}{\mathrm{d}N} = C(\Delta K)^m \tag{6.1}$$

式中：裂纹扩展参数 C、m 是描述材料疲劳裂纹扩展性能的基本常数，根据试验结果[14]，m 为 3.55，C 为 2.36×10^{-15}（单位：MPa，mm），断裂韧性 K_{IC} 为 1611.22 MPa·mm$^{1/2}$。

眼杆所用钢材屈服强度为 517 MPa，极限强度为 689 MPa，弹性模量为 206 GPa，泊松比为 0.3。实际结构中每节链杆由两根相同的眼杆组成，两根眼杆受力相同，链杆之间在节点处通过销钉连接。眼杆主要受轴向拉力，无弯矩作用，且眼杆结构完全对称，因此将模型简化为 1/2 片眼杆。根据调查报告，眼杆恒载应力约 278.17 MPa，活载 36.96 MPa。眼杆初始裂纹尺寸见图 6.9（c）。

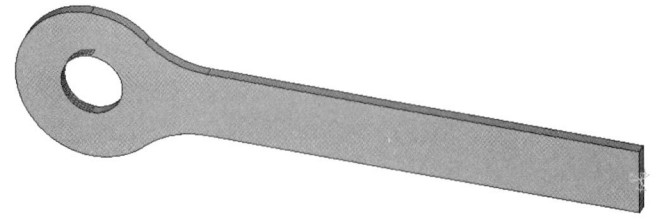

(a) 眼杆模型及其约束

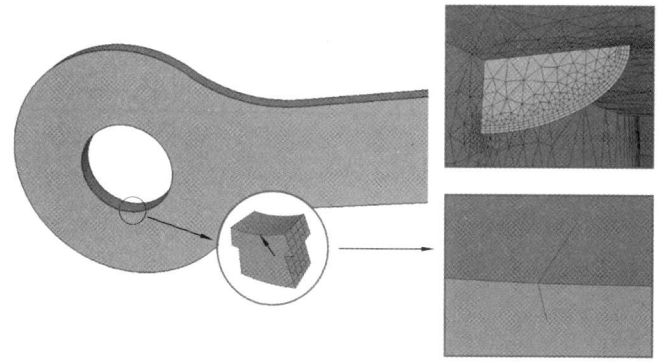

（b）初始裂纹插入位置及细部网格划分

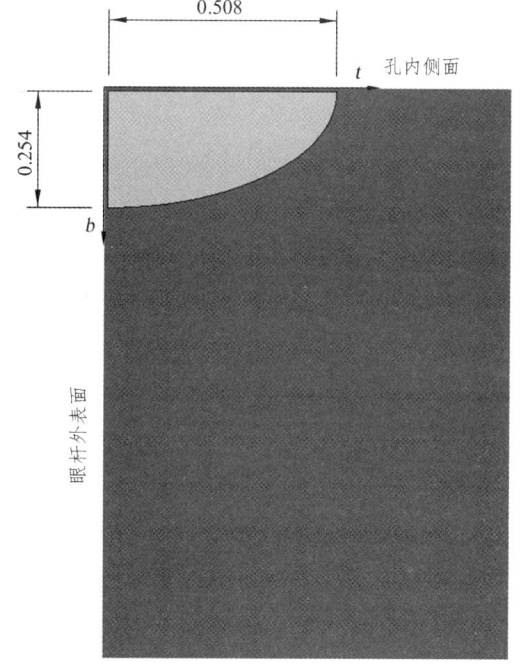

（c）初始裂纹尺寸（单位：mm）

图 6.9 眼杆模型及初始裂纹

6.4.3 应力分析

利用有限元软件 ANSYS，基于理想弹塑性理论，首先对无裂纹的眼杆模型进行应力分析，杆内轴力为 4500 kN（实际银桥垮塌时杆内轴力）时，其等效应力云图如图 6.10 所示，等应力线基本沿螺栓孔周围呈环状分布，孔附近有应力集中，孔上下两端应力最大，靠近孔内侧表面正好有部分区域进入屈服状态。最大节点应力为 534.51 MPa，已超过材料屈服强度 517 MPa，但小于极限抗拉强度 689 MPa。但在 330 号眼杆失效后，悬链段 C11-C13 上的荷载全部由 33 号眼杆承载，33 号眼杆端部的应力将远超其抗拉极限强度，这反映出两根眼杆组成主缆缺乏安全冗余度。

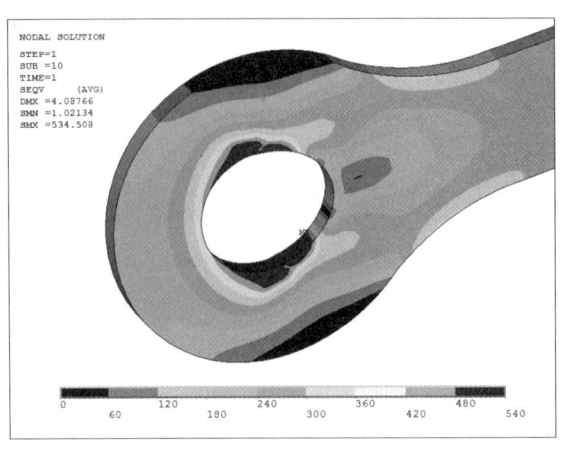

图 6.10　眼杆 Von Mises 应力分布（单位：MPa）

6.4.4　裂纹扩展分析

裂纹前缘基本呈 1/4 圆弧形状扩展，如图 6.11 所示，图中还标注了断口上裂纹每扩展 0.5 mm 所耗费的寿命，裂纹扩展速度逐渐加快，最终扩展至尖端约为 5.17mm 的长度时停止，与图 6.5 所示的实际临界裂纹长度和形状接近。以裂纹前缘应力强度因子值最大点连线作为裂纹扩展路径，如图 6.11，但路径上的应力强度因子达到断裂韧性 1611.22 MPa·mm$^{1/2}$，发生断裂，如图 6.12（a）所示。眼杆裂纹所在截面平均应力随裂纹长度增加的变化情况如图 6.12（b）所示，当应力强度因子值达到材料断裂韧性值时，截面平均应力远小于极限强度，这证明眼杆首先发生脆性断裂而不是材料强度破坏。

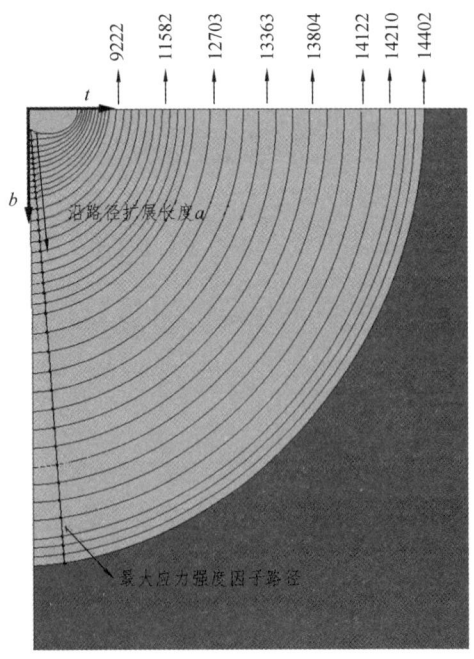

图 6.11　裂纹扩展路径及循环次数示意图（单位：万次）

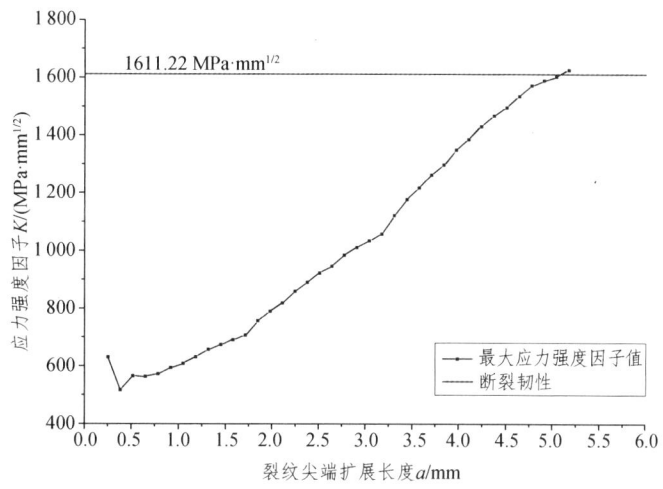

(a)应力强度因子

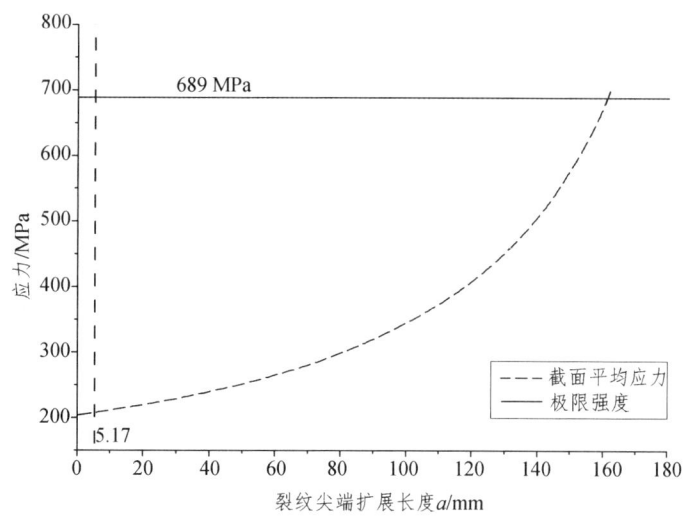

(b)裂纹所在截面平均应力

图 6.12 裂纹扩展过程中的眼杆受力变化

6.4.5 失效模式分析

根据 FRANC3D 计算得到的疲劳裂纹扩展寿命,裂纹从初始尺寸增长到临界尺寸 5.17 mm,需要经历约 14 400 万次的应力幅循环,如图 6.13 所示,则在银桥 40 年的服役过程中,每天需达到约 10 000 次活载作用。美国联邦公路局[15](U. S. Bureau of Public Roads)对眼杆钢材行了疲劳性能试验,结果表明:眼杆销孔下缘应力幅约为 100 MPa 时,疲劳寿命超过 10 亿次。根据 1964 年的典型交通状况资料显示[3],眼杆实际所受的活载仅约为设计活载的 41%,且每天最大活载作用实际上不超过 30 次,因此不太可能发生单纯的疲劳断裂。对眼杆残骸进行的金相分析表明:制造工艺产生初始损伤,应力腐蚀和腐蚀疲劳共同作用下初始损伤不断扩展至临界尺寸，导致眼杆断裂，剩余眼杆则受拉屈服破坏导致主缆失效，全桥垮塌。

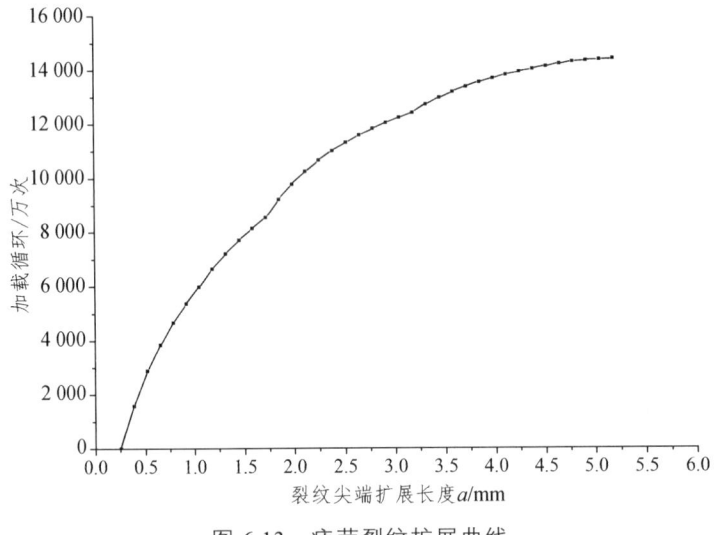

图 6.13　疲劳裂纹扩展曲线

6.5　结　论

通过对银桥现有资料的研究，采用数值模拟进行应力和裂纹扩展分析，得出以下结论：

（1）在银桥结构设计上，主缆采用两片眼杆，结构冗余度不足，安全系数较低；眼杆连接部细节设计没考虑腐蚀，制造过程容易产生初始缺陷。

（2）银桥垮塌事故的机理为：330 号眼杆制造工艺产生初始损伤，应力腐蚀和腐蚀疲劳共同作用下初始损伤不断扩展，至临界尺寸后眼杆断裂，剩余眼杆则受拉屈服破坏导致主缆失效，全桥垮塌。

参考文献

[1] USACE. After-Action Report, Silver Bridge Collapse, Point Pleasant West Virginia, 15 December 1967[R]. Huntington, W.V.: Department of the Army, 1968.

[2] VARNEY R F, VINER J G. Vibration Studies Relating to the Failure of the Point Pleasant Bridge[J]. Public Roads, 1971.

[3] Investigation of the Collapse of the US35 Highway Bridge at Point Pleasant, West Virginia, December 15, 1967[R]. Washington D C National Transportation Safety Board, 1968.

[4] FEINBERG I J. Metallurgical Examination and Mechanical Tests of Material from the Point Pleasant, West Virginia Bridge-Part 4[R]. National Bureau of Standards Report No. 9981, 1970.

[5] NBST. Highway Accident Report: Collapse of US35 Highway Bridge, Point Pleasant, West Virginia, December 15,1967[R]. 1970.

[6] BALLARD D B, YAKOWLTZ H. Mechanisms Leading tothe Failure of the Point Pleasant, West Virginia Bridge -Part 3[R]. National Bureau of Standards Report No. 9981, 1969.

[7] PHELPS E H. Examination of Point Pleasant Bridge Eyebars[R]. Applied Research Laboratory, US Steel Coorperation, 1970.

[8] SLUTTER R G. Silver Bridge Eyebar Test: Stress Concentration Factors[R]. Lehigh University to Modjeski & Masters, 1969.

[9] LICHTENSTEIN A G. The Silver Bridge Collapse Recounted[J]. Journal of Performance of Constructed Facilities, 1993, 7（4）: 249-261.

[10] STEINMAN D B, GROVE W G. The eye-bar cable suspension bridge at Florianopolis, Brazil[J]. Transactions of the American Society of Civil Engineers, 1928, 92: 266-342.

[11] RECORD E N. Bridge failure probe shuts twin[R]. 1969.

[12] STEINMAN D B. Design of Florianopolis suspension bridge[J]. Engineering. News Record, 1924, 93（20）: 778-782.

[13] FEDDERSEN C E, Peffit D E. Fracture and Fatigue Crack-Propagation Testing of Silver Bridge Materials. 1969.

[14] MINDLIN H. Inspection and Evaluation of Two Steels from the Silver Bridge[R]. Battelle Memorial Institute Columbus Laboratories, 1970.

[15] NISHANIAN J. Fatigue Characteristics of Steel Used in the Eyebars of the Point Pleasant Bridge[R]. Office of Research and Development: US Bureau of Public Roads, 1970.

7 西门大桥（Westgate Bridge）

7.1 引言

20 世纪 60 年代末，焊接技术的进步和钢箱梁优异的性能，如刚度大、自重轻、抗风性能优越、预制化程度高、工期短等，使得钢箱梁在大跨桥梁中得到广泛应用[1]。钢箱梁由加劲薄板组成，结构容易因受压加劲板屈曲而丧失承载力[2-4]，但设计师多关注其疲劳性能[5]，对加劲板稳定承载力的研究不多[6-7]。由于早期工程师对薄壁箱梁结构力学行为认识尤其不足，缺乏成熟的稳定计算理论，导致多次工程垮塌事故，特别是 1969—1973 年发生的多起钢箱梁垮塌事故[10]，如澳大利亚西门大桥（Westgate Bridge）、措伊伦罗达桥（Zeulenroda Bridge）、维也纳多瑙河第四桥（Fourth Danube Bridge）、英国米尔福港大桥（Cleddau Bridge）、科布伦茨莱茵河桥（Rhine Bridge）。这些事故经常被作为钢箱梁稳定问题的典型案例，其成果不但成为制定钢箱梁设计和施工规范的基础，而且促进了钢箱梁的大规模应用和发展。

澳大利亚西门大桥（Westgate Bridge）是由典型的开口肋加劲板焊接而成的三室钢箱梁桥，其垮塌原因是多方面的，包括设计、施工和监测等[11]，直接原因是顶板失稳，但对其连续垮塌的过程仍然缺乏研究。因此，本章采用理论分析和有限元分析[12]相结合的方法，基于受压加劲板的弹性稳定和屈曲模态分析理论及相关规范[8-9]，研究西门大桥连续垮塌过程，并进行关键参数分析。

7.2 桥梁概况

澳大利亚墨尔本西门大桥跨越雅拉河（Yarra River），1968 年 4 月 22 日开工建设，原设计总长 2 582.6 m（宽 37.3 m，10 车道，主桥为跨度 336m 的斜拉桥，引桥均为跨度 112 m 简支三室钢箱梁），使用澳大利亚桥规范中的 LY50 钢（相当于中国规范的 Q345）。顶底板和腹板厚度最小为 9.5 mm（0.375 in），纵向加劲肋采用高 150 mm（6 in）、厚 6.35 mm（0.25 in）的球扁钢，顶板纵肋间距为 1 067 mm（3.5 ft），底板纵向加劲肋间距为 450 mm（18 in），内腹板纵肋间距为 600 mm（24 in），外腹板纵肋间距为 775 mm（30.5 in），横向加劲肋高 460 mm（18 in）、厚 8 mm（5/16 in），横肋间距 3.2 m（10.5 ft），实腹式横隔板间距 16 m，中箱顶底板翼缘用间距 3.2 m 的角钢斜撑连接（翼缘几乎没有约束）。钢箱梁截面如图 7.1 所示。

西门大桥引桥的施工方案曾在支架法、悬拼法及顶推法间进行比选，基于工期和费用方面的考虑，最后采用的施工方案为：工厂预制箱梁节段，节段长 14 m，节段截面为全截面的一半（因桥面较宽，起吊能力有限），将预制节段运至桥址拼装成半桥（112 m），然后吊装半桥至桥位处，最后将两半桥焊接形成整桥，如图 7.2 所示。由于半桥截面为非对称形式，两个半桥之间容易产生高差，对施工工艺要求很高，而且当时没有可参考的工程经验。在几跨引桥施工过程中，施工人员发现了两个半桥间桥面的高差问题，但高差不大，采用混凝土压重减小高差，强行连接后也没有发现问题。

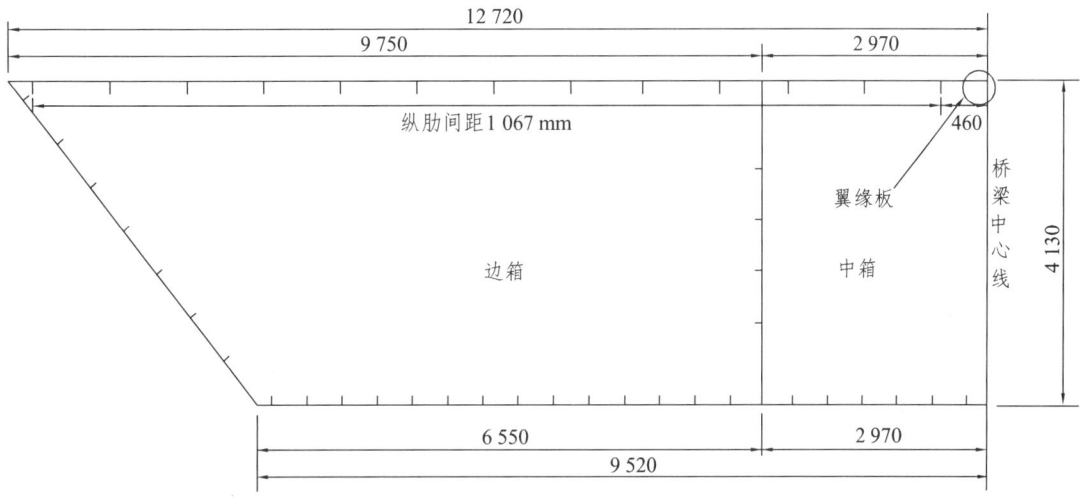

图 7.1 钢箱梁半截面（悬臂未示）（单位：mm）

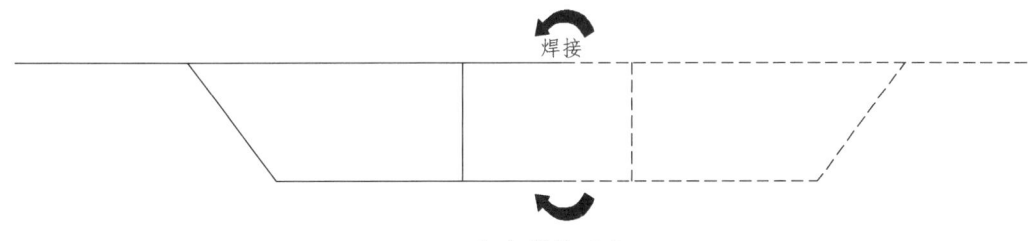

（a）拼接示意

（b）实际施工

图 7.2 钢箱梁两部分拼装示意

1970年10月14日，在架设引桥10~11号墩间的钢箱梁时，中箱顶板翼缘发生了局部屈曲，两半桥跨中附近的顶板间高差达到114mm，无法用螺栓进行连接。于是在跨中位置施加10个重8t的混凝土压重块，以调整顶板变形，但效果不明显。10月15日上午8：30，开始放松跨中的连接螺栓，高差降至29mm，一些板件出现屈曲变形。上午11:50，钢箱梁突然垮塌，导致35人死亡[4]，如图7.3所示。

（a）两半箱梁中部的高差

（b）箱梁破坏模式

图7.3　垮塌后的西门大桥

7.3　垮塌原因分析

7.3.1　箱梁弹性稳定计算理论

箱梁顶板为受压加劲板，根据欧洲规范[8]，对宽度为b、厚度为t、横肋间距为a、纵肋

间距为 b_1 的加劲钢板，其屈曲模态分为类板（plate-like）模态和类柱（column-like）模态，如图 7.4 所示，对应的弹性失稳临界应力计算理论如下：

1. 类板屈曲临界应力

对于四边简支的均匀受压板，其弹性屈曲临界应力 σ_{cr} 可用式（7.1）计算：

$$\sigma_{cr} = K \frac{\pi^2 E}{12(1-\mu^2)} \left(\frac{t}{b}\right)^2 = K \cdot 190\,000 \left(\frac{t}{b}\right)^2 \tag{7.1}$$

式中：E 和 μ 为钢板弹性模量和泊松比，t 和 b 为板件厚度和宽度，弹性屈曲系数 K 可按以下两种情况计算：

（1）对于无纵向和横向加劲肋的四边简支板来说，其弹性屈曲系数 K 可由边界条件保守取值为：四边简支 K 值为 4；三边简支，一边自由时 K 值为 0.43。

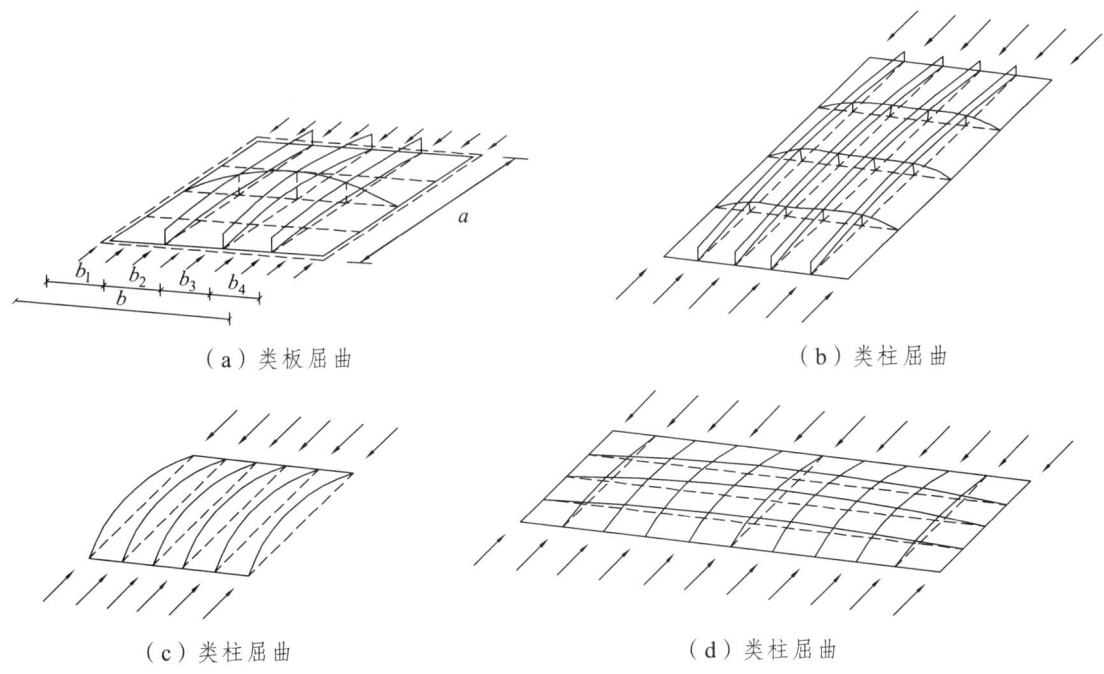

(a) 类板屈曲　　　　　　　　　　　(b) 类柱屈曲

(c) 类柱屈曲　　　　　　　　　　　(d) 类柱屈曲

图 7.4　受压加劲板屈曲模态分类[8]

（2）对于纵向加劲肋等间距布置的加劲板弹性屈曲系数 K，基于正交异性板等效原则，可由式（7.2）计算：

$$K = \begin{cases} \dfrac{(1+\alpha^2)^2 + \gamma - 1}{\alpha^2(1+\delta)} & (\alpha \leqslant \sqrt[4]{\gamma}) \\ \dfrac{2(1+\sqrt{\gamma})}{(1+\delta)} & (\alpha > \sqrt[4]{\gamma}) \end{cases} \tag{7.2}$$

式中：$\gamma = \sum I_{s1}/I_p$；$\delta = \sum A_{s1}/A_p$；$\alpha = a/b \geqslant 0.5$；$I_{s1}$、$I_p$（$= bt^3/10.92$）及 A_{s1}、A_p 分别为单个加劲肋和加劲板的惯性矩和面积。

2．类柱屈曲临界应力

对于类柱屈曲，把加劲板的屈曲等效为 T 形截面（由加劲肋及其周围加劲板组成）的柱子的屈曲，临界屈曲应力 σ_{cr} 为：

$$\begin{cases} \sigma_{cr} = \dfrac{1.05E}{A_{st}} \dfrac{\sqrt{I_{st} t^3 b}}{b_1 b_2} & a > a_c \\ \sigma_{cr} = \dfrac{\pi^2 E I_{st}}{A_{st} a^2} + \dfrac{E t^3 b a^2}{4\pi^2 (1-\mu^2) A_{st} b_1^2 b_2^2} & a \leqslant a_c \\ a_c = 4.33 \sqrt[4]{\dfrac{I_{st} b_1^2 b_2^2}{t^3 b}} \end{cases} \quad (7.3)$$

式中：I_{st} 和 A_{st} 分别为 T 形截面（被加劲板宽取加劲肋两侧 $b_1/2$ 和 $b_2/2$）的惯性矩和面积；a 为横向加劲肋间距，如图 7.5 所示。

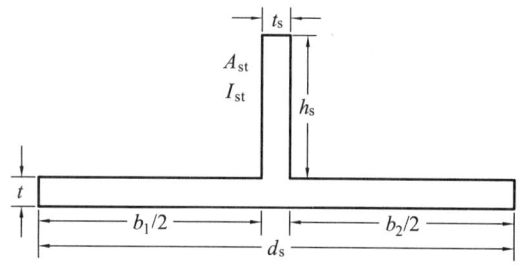

图 7.5　T 形截面

根据公式（7.1）~（7.3），可得到板件的弹性临界屈曲应力。由于弹性临界屈曲应力没考虑初始缺陷和残余应力，其值偏大。按理论模型对西门大桥关键板件进行分析，得到施工阶段和成桥阶段的临界弹性屈曲应力，如表 7.1 所示。由于约束条件差异很大，施工阶段中箱顶板翼缘的屈曲应力只有成桥阶段的一半左右，而且偏小，导致施工阶段自重作用下翼缘屈曲变形，形成高差，如图 7.3（a）所示。而且根据原桥设计和欧洲规范，加劲顶板均为类柱屈曲，一旦失稳，即失去刚度。

表 7.1　顶板临界弹性屈曲应力

板　件	临界弹性屈曲应力/MPa	
	施工阶段	成桥阶段
中箱顶板翼缘	34.4	60.4
中箱加劲顶板	124	135.9
边箱加劲顶板	153.6	153.6

7.3.2　有限元计算模型

根据垮塌前西门大桥原结构几何尺寸，采用大型有限元软件 ANSYS 中的 shell63 壳单元建立施工阶段钢箱半桥模型，钢材采用线弹性本构行为，弹性模量为 2.06×10^5 MPa，泊松比为 0.3，单元划分尺寸为 20 cm。梁端底板边缘部分位移被约束，混凝土压重在跨中位置以等效均布荷载形式施加，如图 7.6 所示。

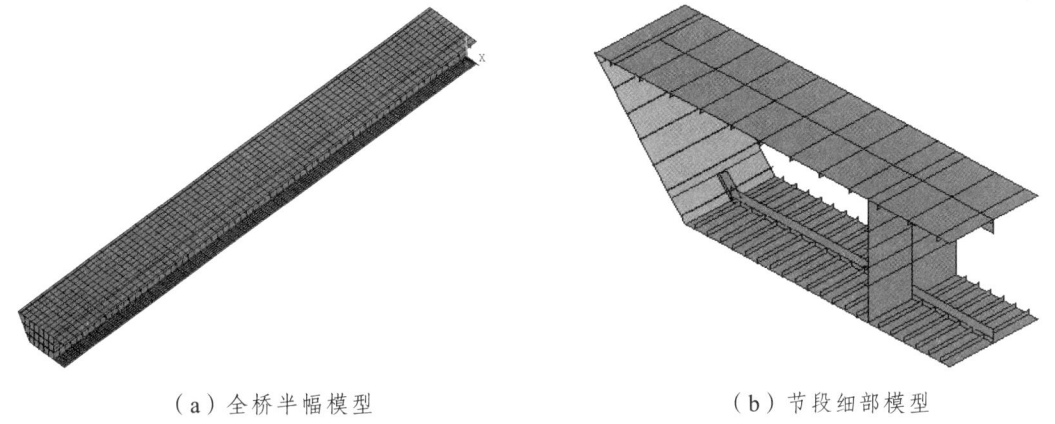

（a）全桥半幅模型　　　　　　　　　（b）节段细部模型

图 7.6　箱梁半桥模型

7.3.3　临界屈曲应力分析

1．顶板弯曲应力分析

分别采用经典梁理论和有限元模型对跨中顶板弯曲压应力进行分析。施工过程中箱梁经历了两个关键工况：工况一：钢箱梁自重；工况二：钢箱梁自重＋混凝土压重（80 t）。因此按这两个工况分别分析顶板的弯曲应力分布，结果如图 7.7 所示。

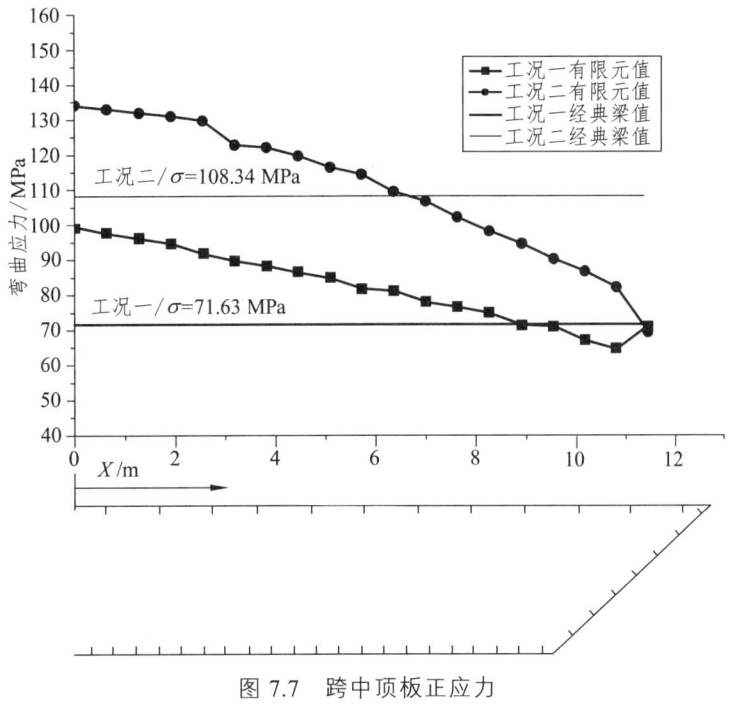

图 7.7　跨中顶板正应力

经典梁计算值与有限元值差异很大，说明对于钢箱梁这种薄壁结构，采用经典梁理论进行计算会产生很大误差。施加混凝土压重后，顶板压应力增加 50% 以上，是导致箱梁垮塌的直接原因。

2．顶板临界屈曲应力分析

箱梁顶板为受压加劲板，根据上述理论模型，可得到其先后出现的典型屈曲失稳模态：① 中箱顶板的局部屈曲；② 中箱加劲板的类柱屈曲；③ 边箱加劲板的类柱屈曲。如表 7.2 所示，屈曲临界应力理论值和有限元值吻合得很好。由表 7.2 图（a）可见，中箱顶板局部屈曲最早出现，失稳导致的高差使得后面工序中两边顶板无法对接，与计算结果一致。

表 7.2　临界屈曲应力及屈曲模态

屈曲模态	屈曲模态图	弹性屈曲临界应力/MPa	
		理论值	有限元值
（a）中箱顶板翼缘局部屈曲	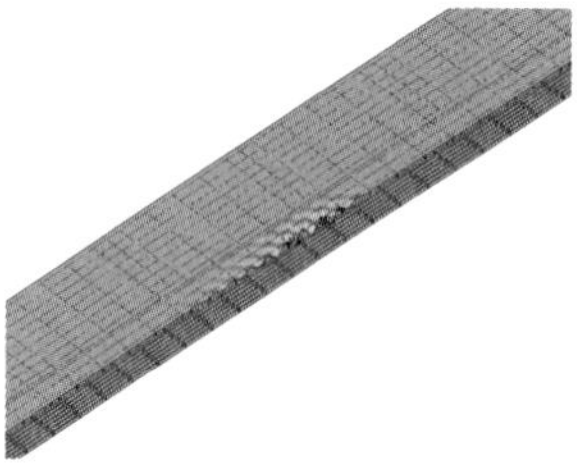	34.4	35.1
（b）中箱加劲顶板类柱屈曲	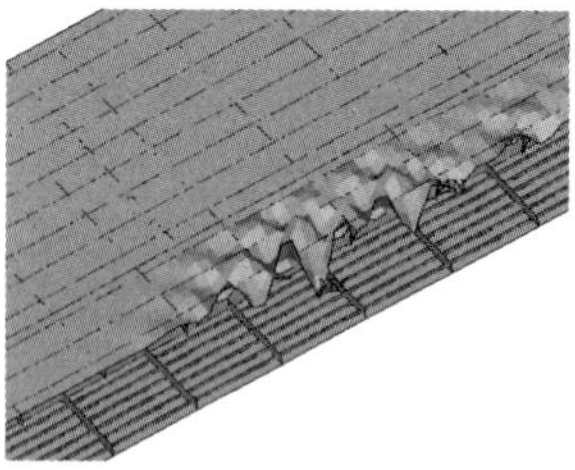	124	123.5
（c）边箱加劲顶板类柱屈曲	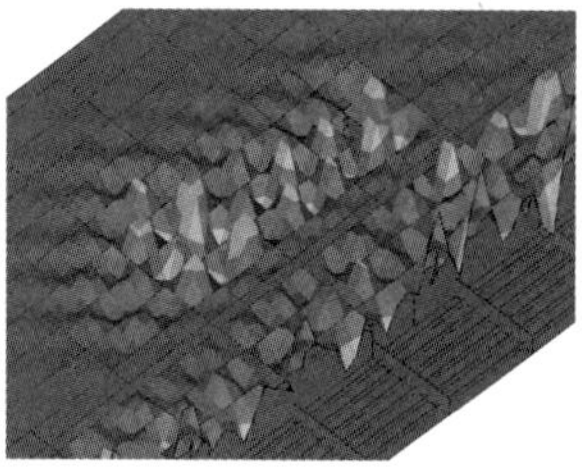	153.6	154.9

3．连续垮塌过程分析

根据顶板应力分布和临界屈曲应力的分析结果，可确定西门大桥的连续垮塌过程为：箱梁中部顶板翼缘在自重作用下首先产生局部屈曲，产生高差，顶板刚度减小；为消除高差以方便半桥的连接，施加 80 t 混凝土压重，顶板弯曲应力增加超过 50%，超过中箱顶板临界屈曲应力，该处顶板失稳而失去 30% 刚度，边箱顶板应力继续增加 30%；边箱顶板应力超过其临界屈曲应力后发生屈曲，最终全桥整体垮塌。图 7.8 为连续垮塌过程中顶底板弯曲应力变化情况，基于理论模型，采用 ANSYS 软件中的生死单元功能[12]模拟连续垮塌过程中的刚度消减效应，实现结构的连续垮塌过程模拟。连续垮塌过程中底板拉应力均小于屈服强度，如图 7.8（b），因此箱梁的垮塌原因是施工过程中受压顶板逐步失稳。

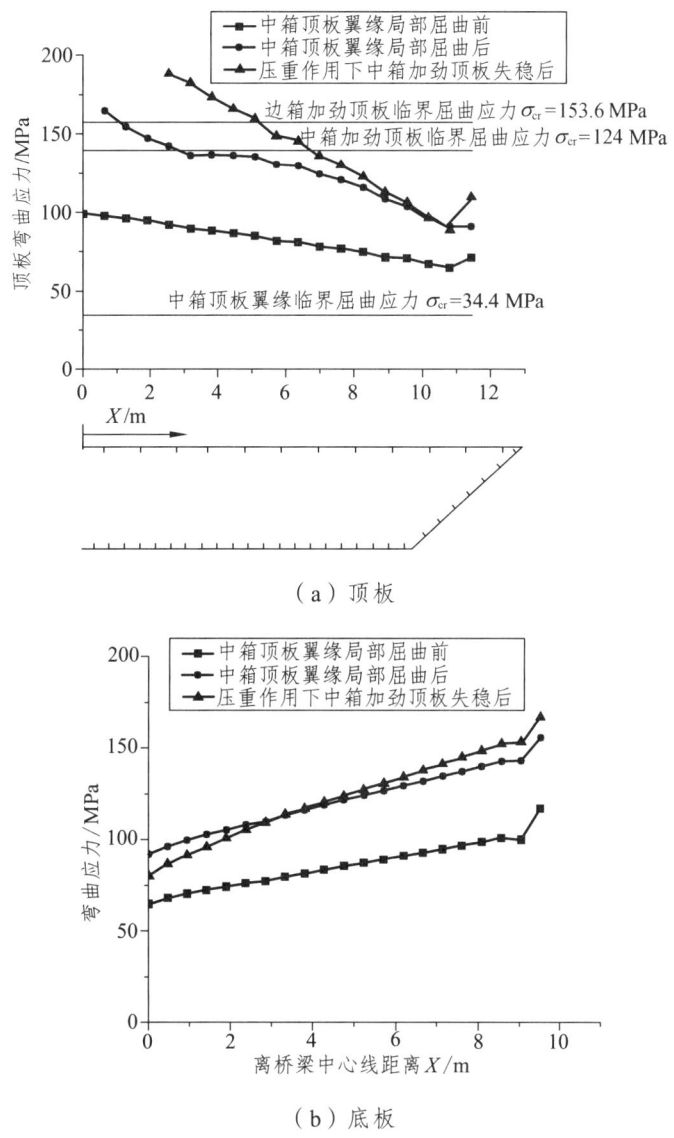

图 7.8　连续垮塌过程中箱梁翼板弯曲应力变化情况

7.4　关键参数分析

根据理论模型，影响顶板临界屈曲应力的关键因素为顶板厚度、纵肋刚度和纵横肋间距，以下对这些关键因素进行参数分析。

7.4.1 顶板厚度

图7.9(a)为各典型失稳模态对应的临界屈曲应力与顶板厚度的关系曲线,中箱顶板翼缘临界屈曲应力随板厚增加而增加,但中箱和边箱加劲顶板呈U形关系。其原因在于:根据公式(7.3),a_c 随顶板厚度变化而变化,如图7.9(b)所示,当原桥横肋间距3.2 m大于 a_c 时,式(7.3)所计算的值将随板厚增加而增加。因此中箱加劲顶板临界屈曲应力在顶板厚度为5~13.6 mm时一直在下降,13.6 mm时最小,此后增加;边箱加劲顶板屈曲应力也呈同样的趋势,在5~12.5 mm时呈下降趋势,此后逐渐增加。

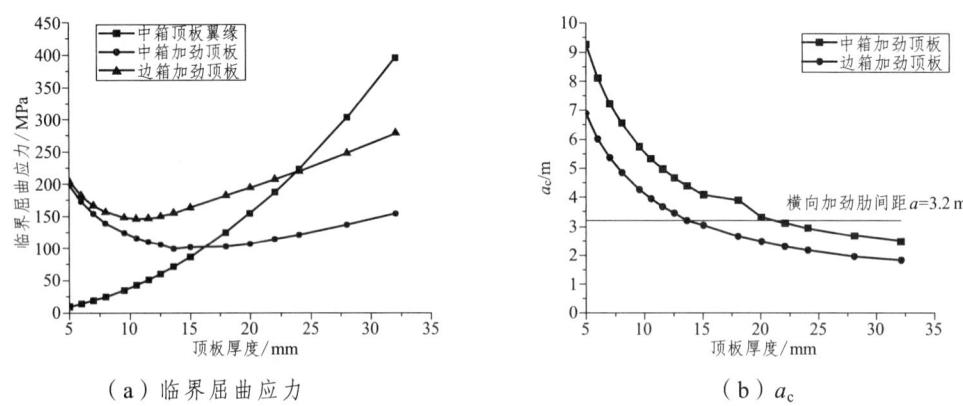

图7.9 顶板厚度对临界屈曲应力和 a_c 的影响效应

7.4.2 纵肋刚度

1. 纵肋厚度

图7.10(a)为纵肋厚度对临界屈曲应力的影响分析。改变顶板纵肋厚度,中箱顶板翼缘边界条件未发生改变,故其临界屈曲应力不变;中箱和边箱加劲顶板呈线性增长,当 $t_s=10.5$ mm时,中箱加劲顶板屈曲应力增幅达44%,边箱加劲顶板增幅36%。图7.10(b)所示为 a_c 随纵肋厚度变化曲线。

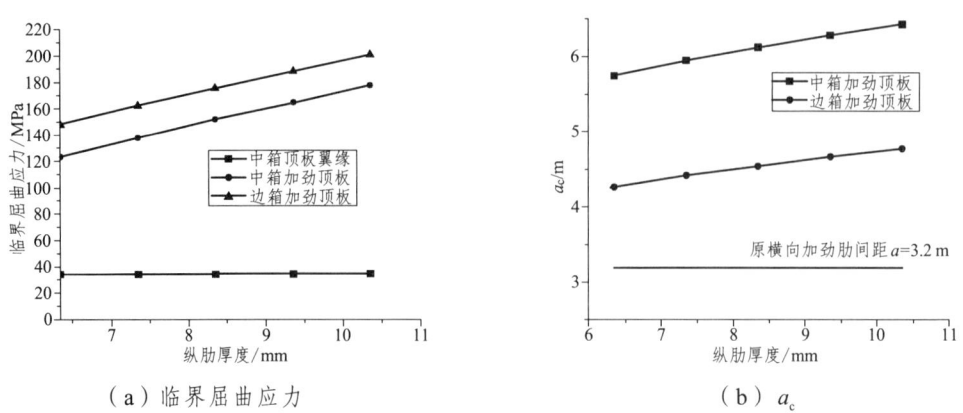

图7.10 纵肋厚度对临界屈曲应力和 a_c 的影响分析

2. 纵肋高度

图 7.11（a）为纵肋高度对临界屈曲应力的影响分析。顶板纵肋高度增加，中箱及边箱加劲顶板临界屈曲应力呈线性增长。顶板纵肋高度从 150 mm 增加到 190 mm，中箱和边箱加劲顶板临界屈曲应力增幅为 90% 和 74%，图 7.11（b）所示为 a_c 随纵肋高度变化曲线。

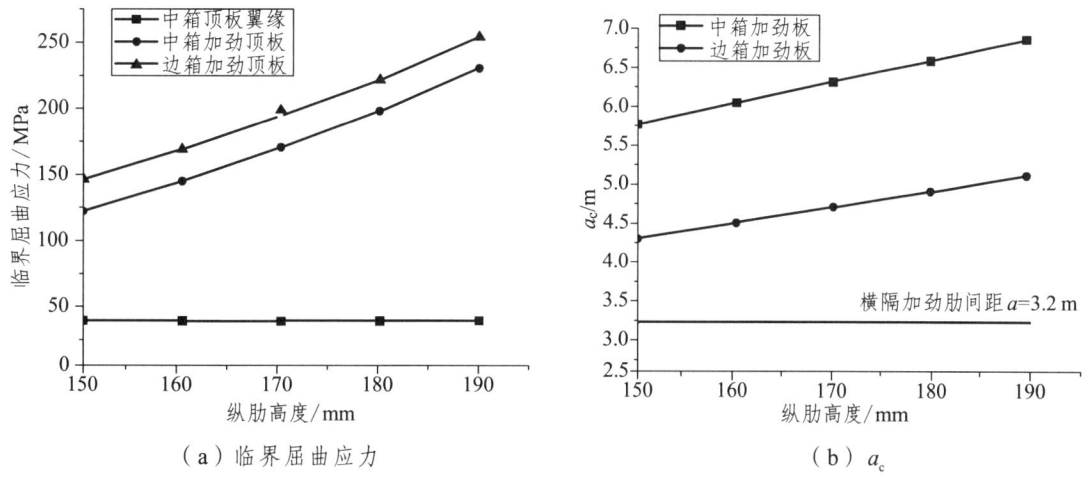

图 7.11 纵肋高度对临界屈曲应力和 a_c 的影响分析

7.4.3 纵横肋间距

图 7.12（a）为纵肋间距对临界屈曲应力的影响分析。顶板纵肋间距对加劲顶板临界屈曲应力的影响显著：间距为 1 067 mm 时，中箱加劲顶板屈曲应力为 123.5 MPa，边箱加劲顶板屈曲应力为 148 MPa；间距为 667 mm 时，中箱加劲顶板屈曲应力为 272 MPa，边箱加劲顶板屈曲应力为 483 MPa，增幅分别达到 120% 和 226%。图 7.12（b）为横向加劲肋间距对屈曲应力的影响分析，随着横肋间距减小，中箱及边箱加劲顶板的屈曲应力都显著增大，横向

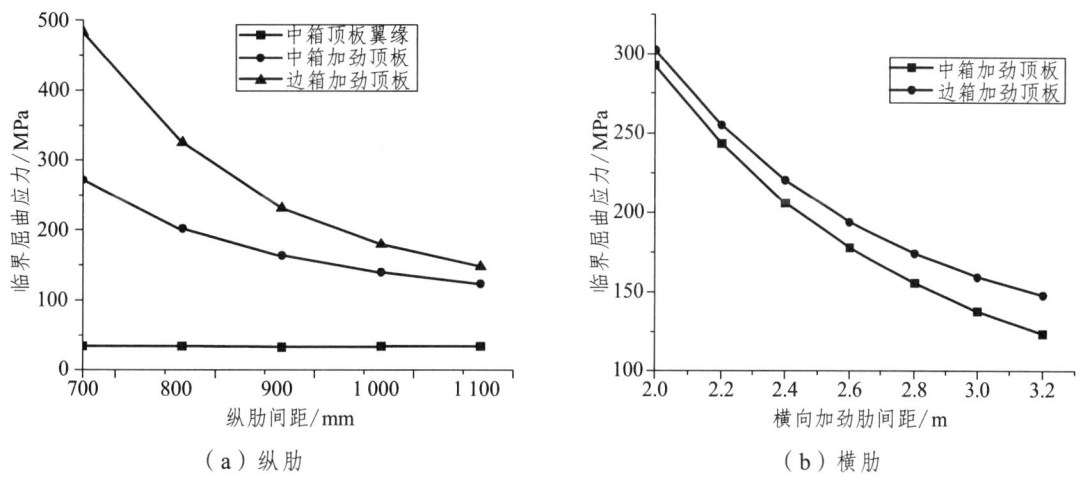

图 7.12 纵横肋间距对临界屈曲应力的影响分析

加劲肋间距 $a = 3.2$ m 时，中箱加劲顶板屈曲应力为 124 MPa，边箱加劲顶板屈曲应力为 148 MPa，横向加劲肋间距 $a = 2$ m 时，中箱加劲顶板屈曲应力为 293 MPa，边箱加劲顶板屈曲应力为 302 MPa。

综上所述，纵横肋间距对临界屈曲应力影响很大，纵肋刚度影响较大，顶板厚度影响较小，顶板厚度超过 14 mm 以上可满足桥面系刚度要求。

7.5 重建的西门大桥

经对原桥钢箱梁设计进行再审查，重建的西门大桥设计作如下修改：

（1）原设计桥面是在钢面板之上铺设 10 cm 厚的混凝土层和 5 cm 沥青层，形成组合梁，经分析比较后，决定改为正交异性钢桥面板，并将沥青铺装厚度改为 6.4 cm。理由是：① 组合梁是要在混凝土凝固后才能达到设计强度的，这是一缺点；② 要在施工中使结构始终安全，在安排钢结构安装顺序和混凝土灌筑时间方面使工程师相当为难；③ 连续越过若干横梁的板是否能和混凝土很好地共同作用还没有足够根据。

（2）将桥面板的扁钢开口纵肋改为闭口梯形纵肋。

（3）改变安装方法：在 10～11 跨度内设置若干临时墩架，使钢梁按变更设计的加固和上弯度的校正都能够在箱梁逐段均有支承的条件下进行；在 12～13 中央大跨内，仍不设临时墩架，但设置临时斜拉索，在用伸臂法拼梁过程中，及时地用这些临时斜拉索将伸臂从上面吊住，这些临时斜拉索将在正式斜缆索装好之后拆除。

重建后桥的造价，原计划为 0.495 亿美元；1974 年变更为 1.20 亿美元。这座桥原计划是 1971 年完成，后变更为 1975 年年底。

7.6 结　　论

通过理论和空间有限元仿真分析，对西门大桥钢箱梁应力分布、连续垮塌过程及关键影响因素进行研究，得到以下结论：

（1）施工过程中箱梁顶板应力分布变化表明：中箱顶板翼缘在自重作用下发生局部屈曲变形，为调整拼接节段顶板翼缘高差而施加的混凝土压重显著增大了顶板应力，是桥梁垮塌的直接原因。

（2）西门大桥连续垮塌过程分析表明：首先是中箱顶板翼缘局部屈曲，施加混凝土压重后中箱加劲顶板类柱式屈曲，截面刚度明显削弱后顶板应力大幅度增大，使得边箱加劲顶板屈曲，最终全桥垮塌。

（3）关键参数影响分析表明，纵横肋间距和加劲肋刚度是影响箱梁稳定性的关键因素，西门大桥加劲肋刚度不足，纵肋间距过大是导致其稳定承载能力低的原因。

参考文献

[1] 项海帆. 高等桥梁结构理论[M]. 北京：人民交通出版社，2001.

[2] 邵旭东，张欣，李立峰. 开口加劲板稳定极限承载力分析[J]. 公路，2005（7）：1-4.

[3] 陈绍蕃. 钢结构稳定设计指南[M]. 北京：中国建筑工业出版社，2013.

[4] 童根树. 钢结构的平面外稳定[M]. 修订版. 北京：中国建筑工业出版社，2013.

[5] 叶华文，徐勋，强士中，等. 开口肋正交异性钢桥面板双轴疲劳试验及开孔形式研究[J]. 中国公路学报，2013，26（1）：87-92.

[6] 秦凤江. 正交异性钢箱梁受压加劲板稳定性能研究[D]. 西安：长安大学，2010.

[7] 赵秋，翟战胜. 开口肋加劲板屈曲模态与临界屈曲应力分析[J]. 建筑科学与工程学报，2016，33（2）：48-55.

[8] Eurocode 3:Design of steel structures part l-5: Design of plated structures: EN 1993-1-5[S]. 2006.

[9] 中交公路规划设计院有限公司. 公路钢结构桥梁设计规范：JTG D64—2015[M]. 北京：人民交通出版社股份有限公司，2015.

[10] ALIA CHRISTINE BURTON. Lessons Learned in the Design and Erection of Box Girder Bridges from the West Gate Collapse[D]. US: MIT, 2005.

[11] VICTORIA. Royal Commission into the Failure of the West Gate Bridge[M]//BARBER E H E. Report of Royal Commission Into the Failure of the West Gate Bridge. Government Press, 1971.

[12] 王新敏. ANSYS 工程结构数值分析[M]. 北京：人民交通出版社，2007.

8 措伊伦罗达桥（Zeulenroda Bridge）

8.1 引 言

前东德措伊伦罗达桥（Zeulenroda Bridge）在第二跨施工时发生垮塌事故，调查结果表明垮塌的直接原因是底板屈曲，但因时处冷战，很多年后才知道这起垮塌事故，因而对该桥的垮塌细节及改善措施少有分析[1-4]。本章在上述研究基础上，基于板的弹性屈曲理论对措伊伦罗达桥箱梁底板进行临界屈曲分析；采用大型通用有限元软件 ANSYS 建立该桥的第二跨钢箱梁节段模型[5]，模拟施工阶段的受力情况；通过理论结果和有限元结果分析桥梁垮塌的原因，并针对底板进行相关结构的参数分析。

8.2 桥梁概况

前东德措伊伦罗达桥原设计为六跨连续钢箱梁桥（55 + 63×4 + 55）m，全长 362m，所用钢材为 St38（相当于 Q235），如图 8.1 所示。钢箱梁为单箱室截面，顶板布置 U 肋，间距 200 mm，腹板板肋间距 750 mm，底板板肋间距 667 mm，箱梁尺寸如图 8.2 所示。1973 年 8 月 13 日，第二跨悬臂拼装至跨中，将进行下一梁段拼装，此时临时支撑尚未使用，桥梁突然垮塌，造成 4 人死亡，如图 8.3 所示。

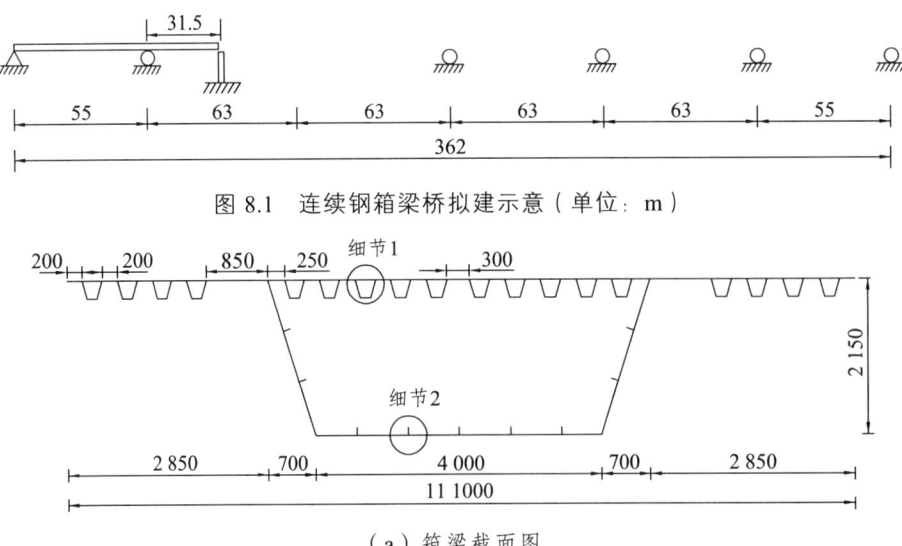

图 8.1 连续钢箱梁桥拟建示意（单位：m）

(a) 箱梁截面图

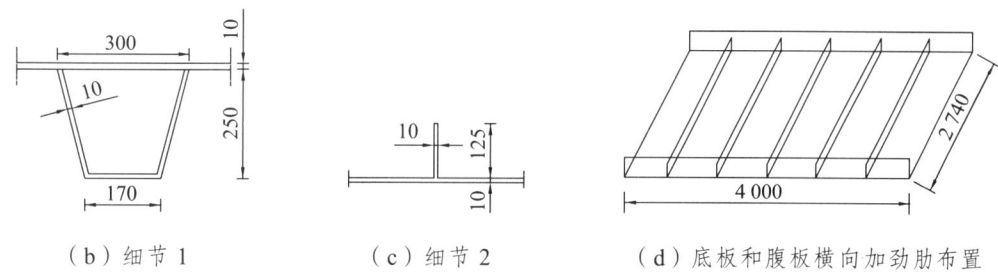

（b）细节1　　　　　　（c）细节2　　　　　（d）底板和腹板横向加劲肋布置

图 8.2　箱梁及加劲肋细节（单位：mm）

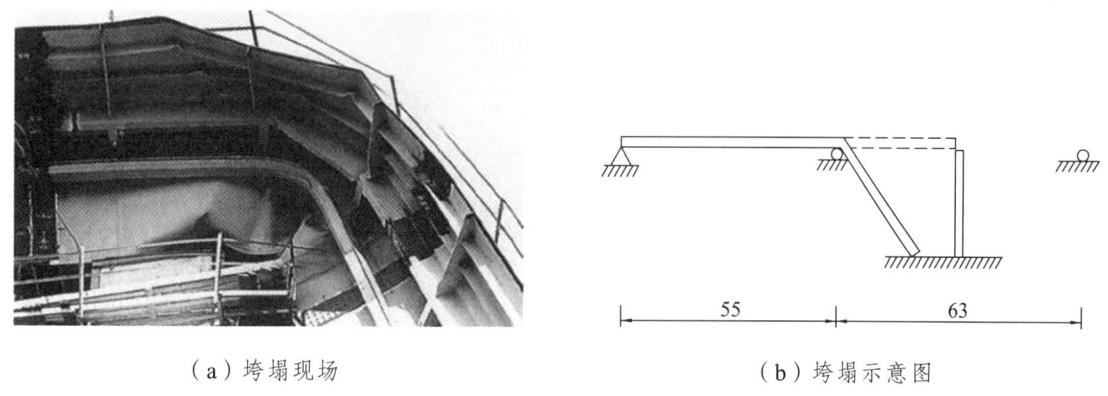

（a）垮塌现场　　　　　　　　　　　（b）垮塌示意图

图 8.3　措伊伦罗达桥垮塌事故（单位：m）

8.3　垮塌原因分析

8.3.1　有限元模型

措伊伦罗达桥采用悬臂法进行施工，垮塌前起重机和待拼装梁段的位置如图 8.4 所示。为分析垮塌原因，将第二跨开始施工至垮塌分为 6 个施工阶段，如图 8.5 所示，箱梁左端为固定端，右端悬臂不断伸长，图中 D 为横隔板重（$D = 5.4$ kN），Q 为起重机重（$Q = 200$ kN），G_i 为待拼装梁段（$G_1 = 58.04$ kN，$G_2 = 213.84$ kN，$G_3 = 305.8$ kN）。

根据上述施工阶段的划分和等效荷载的布置情况，采用 ANSYS 中 shell63 壳单元建立第二跨 6 个施工阶段箱梁节段有限元模型，如图 8.6 所示（以施工阶段 1 为例）。弹性模量为 210 GPa，泊松比为 0.3，材料为 Q235 钢材。经试算，底板固定端网格采用映射划分，尺寸为 30 mm，其他区域网格采用自由划分，尺寸为 300 mm，梁一端对所有节点固定约束，另一端自由，所有等效荷载都以均布线荷载的方式施加在箱梁顶板上。

各施工阶段固定端的平均拉、压应力如表 8.1 所示，受拉为正，受压为负，随着悬臂不断伸长，顶、底板受力逐渐增大，但底板所受压力总体大于顶板所受拉力，压应力的增长速度明显大于拉应力的增长速度，到施工阶段 6 时顶板拉应力为 66 MPa，底板压应力为 179 MPa。图 8.7 为底板的压应力分布图，根据图中底板细化的细部构件提取出相应的应力，

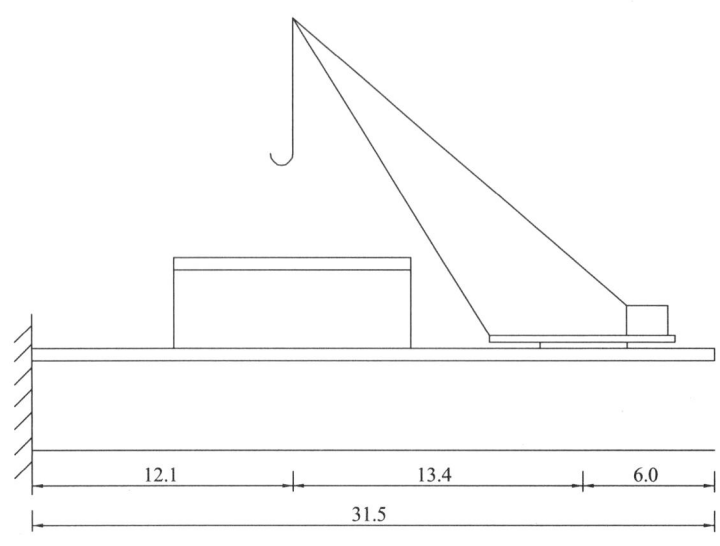

图 8.4　垮塌前起重机和待拼装梁段位置图（单位：m）

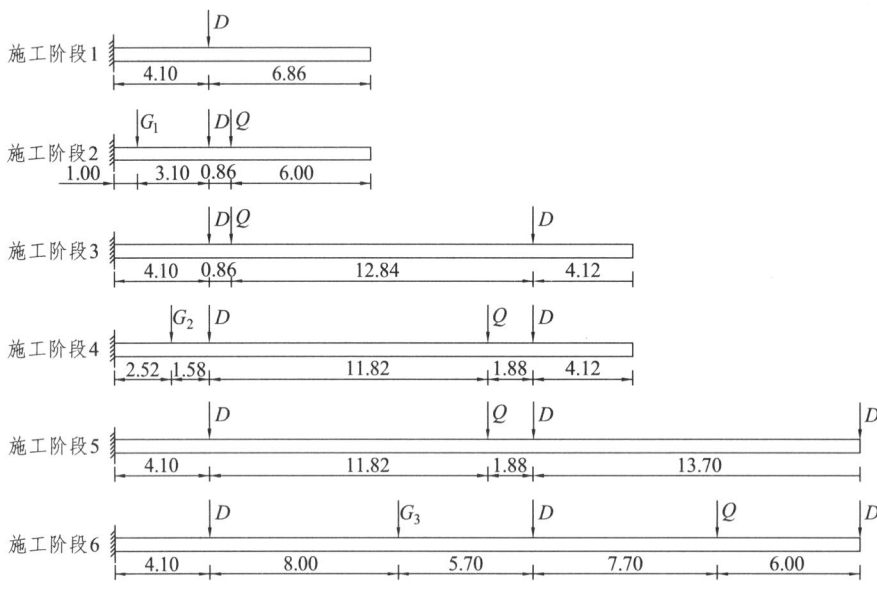

图 8.5　第二跨 6 个施工阶段图（单位：m）

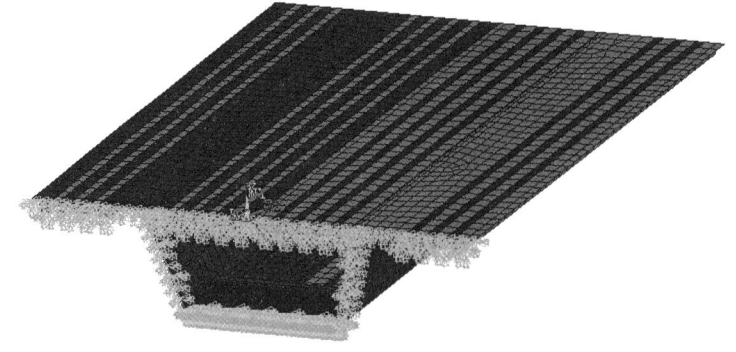

图 8.6　第二跨箱梁有限元模型

如表 8.2 所示，底板两端的肋间板、纵肋以及类柱的应力相较于底板中部偏大，后文选取肋间板 1 和纵肋 1 的应力作详细分析。对节段进行弹性稳定性分析，第一阶屈曲模态如图 8.8 所示（以施工阶段 6 为例，其他工况类似），为底板失稳，施工阶段 6（垮塌阶段）的弹性屈曲系数为 1.73，考虑到钢箱梁的实际缺陷和非线性等因素，此时底板已经失稳。

表 8.1　钢箱梁不同施工阶段的应力分析　　　　　　　　单位：MPa

施工阶段	顶板纵向正应力	底板纵向正应力
1	5.93	-11.95
2	9.31	-22.39
3	20.70	-61.19
4	32.45	-86.18
5	45.48	-133.53
6	66.01	-178.55

表 8.2　底板及构件应力有限元值　　　　　　　　单位：MPa

构件	施工阶段 1	施工阶段 2	施工阶段 3	施工阶段 4	施工阶段 5	施工阶段 6
肋间板①	-13.83	-21.22	-62.18	-84.59	-138.70	-186.97
肋间板②	-10.72	-16.20	-51.32	-73.49	-122.49	-164.40
肋间板③	-9.55	-14.42	-47.60	-66.74	-115.68	-155.69
纵肋 1	-11.46	-17.51	-54.19	-74.94	-126.24	-169.83
纵肋 2	-12.65	-15.88	-47.19	-65.94	-114.50	-154.38
纵肋 3	-12.69	-15.65	-45.26	-63.41	-112.12	-151.28

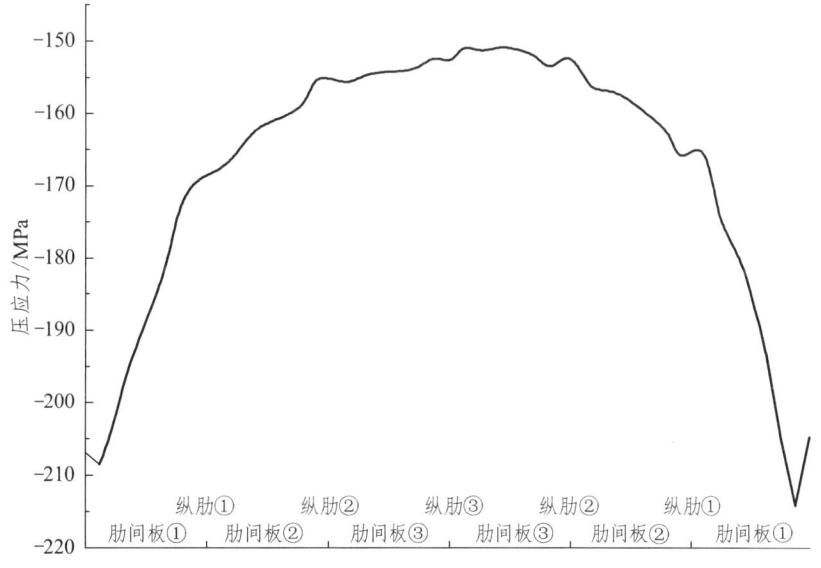

图 8.7　施工阶段 6 底板细化图及底板固定端横向应力分布情况

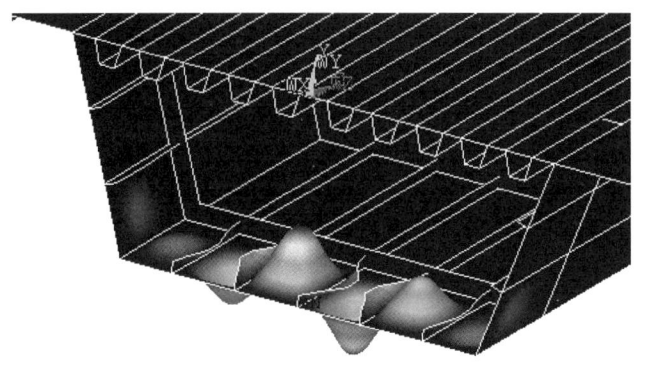

图 8.8 箱梁第一阶屈曲模态

8.3.2 弹性稳定分析结果

通过采用第 7 章的弹性稳定理论，分析得出各类构件的屈曲临界应力如表 8.3 所示，加劲板的类柱临界应力远大于类板的临界应力，加劲板的失稳模态为类板屈曲。为确定底板的失稳模式及失效过程，根据表 8.2 和表 8.3 计算出各施工阶段各板的正则化应力 σ/σ_{cr} 值（即表 8.2 中的实际应力/表 8.3 中的临界应力），加劲板的实际应力取表 8.1 中的平均应力，σ/σ_{cr} 在施工过程的变化如图 8.9 所示。

表 8.3 底板弹性屈曲临界应力　　　　　　　　　单位：MPa

构件分类	板件	屈曲临界应力 σ_{cr}
非加劲板（底板构件）	肋间板	171.0
	加劲肋	522.9
加劲板（底板）	类板	135.4
	类柱	335.2

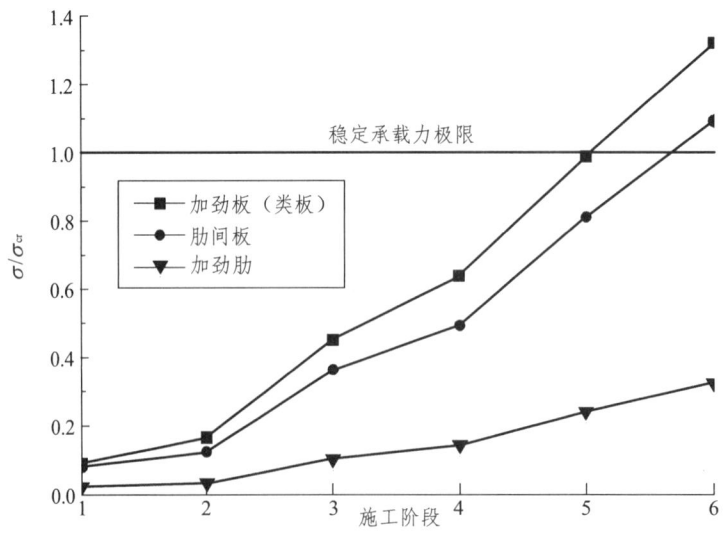

图 8.9 不同施工阶段底板正则化应力变化

图 8.9 表明，随着箱梁节段增加，各板件的正则化应力均在增加，但加劲板增长速率最快，且在第 5 施工阶段接近失稳状态，到施工阶段 6 完全失稳。因此底板破坏的原因是加劲板整体失稳。

各施工阶段弹性屈曲系数有限元值和理论值如图 8.10 所示，施工阶段 2 之后弹性屈曲系数急剧减小，结构的安全储备降低，弹性屈曲系数理论值低于有限元值，主要原因是理论计算模型忽略腹板的约束，偏于保守。

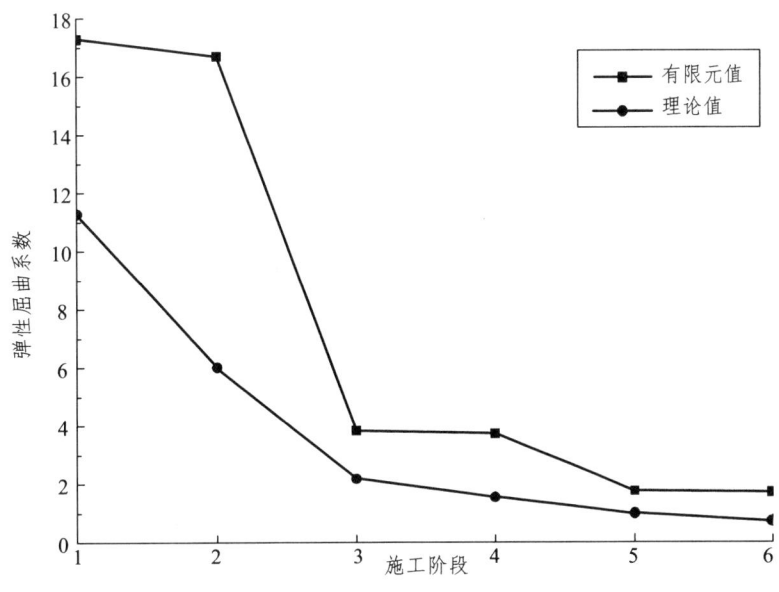

图 8.10 不同施工阶段结构的弹性屈曲系数

8.4 关键参数分析

原桥底板厚度为 10 mm，纵肋间距为 667 mm，纵肋高度为 125 mm。为分析各关键设计参数对底板稳定性的影响，按公式（7.1）~（7.2）分别计算不同底板厚度、纵向加劲肋间距、纵向加劲肋高度情况下的弹性屈曲临界应力 σ_{cr}。按图 8.7 提取出各条件下底板的平均压应力 σ 和计算得到的稳定承载能力 σ_{cr}，通过正则化应力（σ/σ_{cr}）的变化分析各参数的影响。

8.4.1 底板厚度

将原底板厚度 10 mm 逐级加厚 2 mm，至 28 mm，纵肋间距和纵肋高度保持不变，得到底板正则化应力如图 8.11 所示。

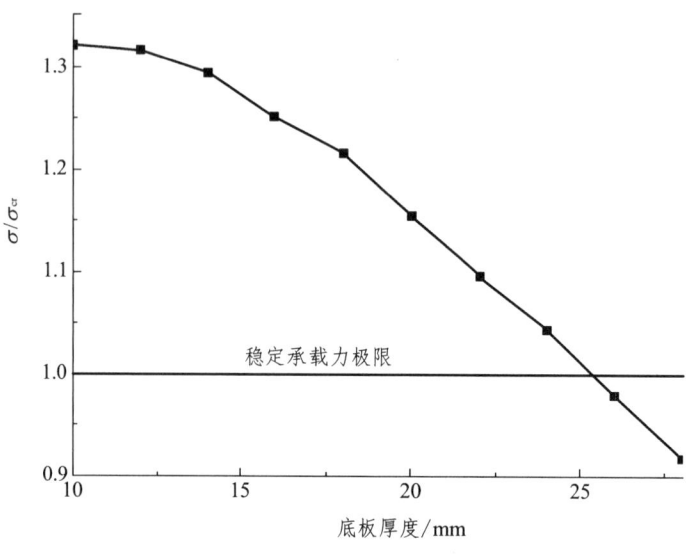

图 8.11 不同底板厚度下底板的正则化应力

计算结果表明:随着底板厚度增加,底板压应力值降低,此时失稳临界应力呈现出先变小后变大的趋势。图 8.11 显示当底板厚度大于 25 mm 后失稳问题才能得到改善。结合工程的实际情况,底板的厚度通常不会超过 20 mm。因此针对这个问题采用增大底板厚度的方法效果不佳。

8.4.2 纵肋间距

原桥纵肋间距为 667 mm,保持纵肋高度和底板高度不变将纵肋间距分别取 500 mm、400 mm、333 mm、286 mm、250 mm 进行计算,得到底板正则化应力如图 8.12 所示。

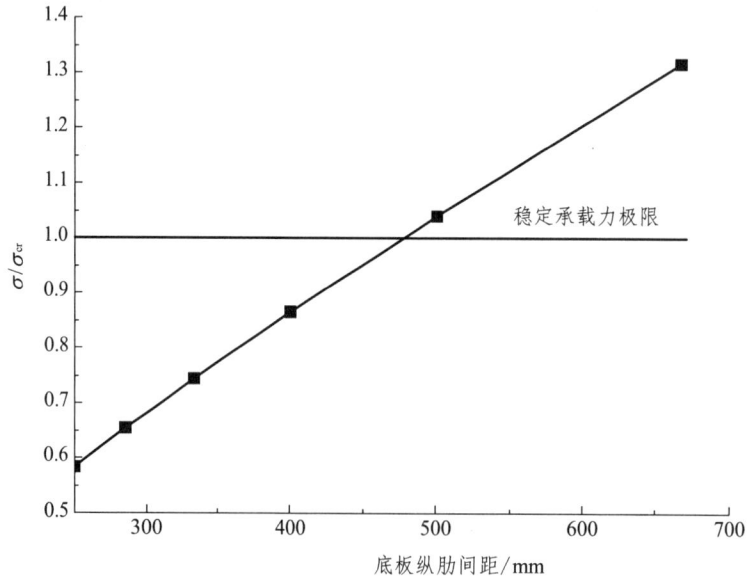

图 8.12 不同纵肋间距下底板的正则化应力变化

随着纵肋间距减小，失稳临界应力大幅度提高，图 8.12 显示减小纵肋间距对底板的稳定性问题改善明显，当纵肋间距小于 500 mm 时，底板不会失稳。

8.4.3 板肋高度

原桥底板纵肋高度为 125 mm，保持底板厚度和纵肋间距不变将纵肋高度分别取 140 mm、160 m、180 mm、200 mm、220 mm 进行计算，得到底板正则化应力如图 8.13 所示。

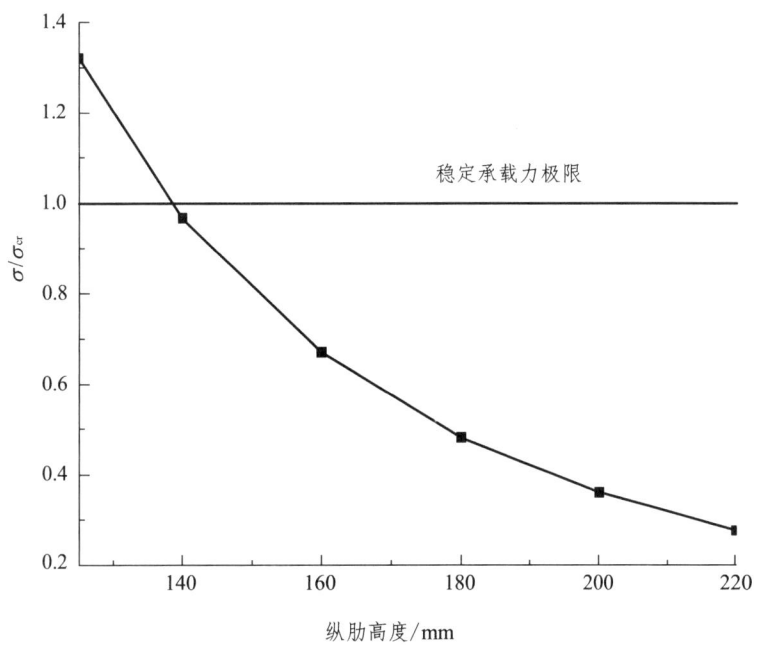

图 8.13 不同纵肋高度下底板的正则化应力

随着纵肋高度的增加，底板压应力值逐渐减小，失稳临界应力不断增大，如图 8.13 所示。增加纵肋高度显著提高底板的稳定性，当纵肋高度大于 140 mm 时，底板不会失稳。

8.5 结 论

采用有限元模拟与理论方法对施工中的措伊伦罗达桥箱梁进行应力和稳定性分析，结论如下：

（1）模态分析结果显示在施工阶段 6 时箱梁弹性屈曲稳定系数小于 2，加劲板弹性屈曲理论分析也表明此时底板压应力小于弹性屈曲临界应力，发生失稳。底板稳定性不足是桥梁垮塌的主要原因。

（2）对底板厚度、纵肋间距、板肋高度等进行参数分析表明：增加纵肋高度和减小纵肋间距是提高底板稳定性的有效措施。

参考文献

[1] 刘美铭. 桥梁事故分析[D]. 成都：西南交通大学，2013.

[2] BJORN AKESSON. Understanding Bridge Collapses[M]. London: Taylor&Francis, 2008.

[3] BJORN AKESSON. Plate Buckling in Bridges and other Structures[M]. London: Taylor&Francis,2007.

[4] EKARDT H P. Die Stauseebrucke Zeulenroda.Ein Schadensfall und seine Lehren fur die Idee der Ingenieurverantwortung[J]. Stahlbau, 1998, 67: 735-749.

[5] 王新敏. ANSYS 工程结构数值分析[M]. 北京：人民交通出版社，2007.

9 维也纳多瑙河第四桥（Fourth Danube Bridge）

9.1 引 言

奥地利维也纳多瑙河第四桥（Fourth Danube Bridge）是第一座发生事故的钢箱梁桥，该桥采用弹性压屈理论为设计思想，在悬臂拼装施工过程中发生箱梁底板失稳，梁未曾全垮，经重修后建成。本章阐述该桥结构设计、垮塌过程及原因和重建情况[1-2]。

9.2 桥梁概况

9.2.1 工程背景

维也纳多瑙河第四桥，是当地东北公路中一座总长 3 km 的大桥的一个主要部分。桥面总宽 32 m，布置有 6 车道及两条人行道。造价最低的方案是用 2×165 m 预应力混凝土梁作主跨。但在考虑到通航需要、右岸火车站集散方便、河道整治工作、基础工程、经济和美观等因素之后，决定采用的是用 210 m 箱梁跨越多瑙河、使通航完全不受干扰的设计。这里的航道靠着右岸，左桥墩设在浅滩。左侧跨度取 120 m；右岸则用 82 m 跨度跨过铁路、公路及河堤，不再在岸上旱地设墩。因此，桥全长 412 m，跨度布置是（120 + 210 + 82）m，很不对称，结构则是上承式连续箱形钢梁，如图 9.1 所示。

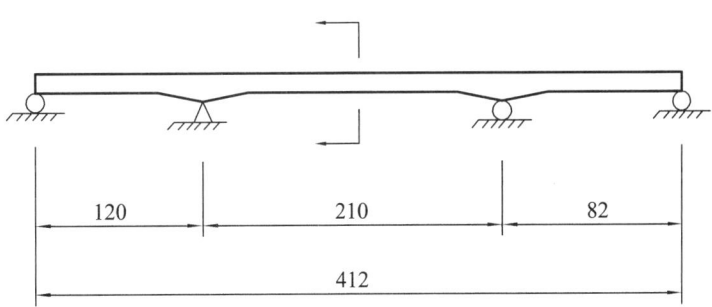

图 9.1 桥跨布置（单位：m）

桥上线路竖曲线半径为 40 000 m，非常平缓。按航道断面布置，留给桥梁的建筑高度很低。最后采用的箱梁腹板高度，在左桥台是 5.0 m，左桥墩是 7.28 m，右桥墩是 4.6 m，右桥台是 3.75 m。就高跨比讲，这在世界上也是少见的。由于梁的宽度大而可以采用的高度小，其横截面采用并列的两箱，箱室的宽度各 7.6m。两箱室之间的距离是 8.0m。在两箱之间不设横隔板或横联，只靠正交异性桥面板保持两箱共同作用（即使只是一箱满载也能将活载部分地传给另一箱），在这样的大跨桥中使用还是第一次。桥面是 5 cm 沥青铺装。桥面钢板厚 10～25 mm，其纵肋截面是 200 mm×10 mm 至 300 mm×20 mm 的扁钢，纵肋中距取 0.36 m；横梁中距取 2.0 m。箱的底板厚度 10～30 mm，腹板厚度 12～16 mm。钢种是 St52、St44 以及 St37，并以 St44 为主，总用钢量 5730 t，按桥面面积折合为 430 kg/m²。跨中箱梁截面如图 9.2 所示。

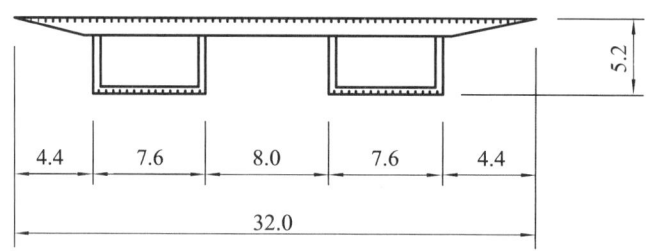

图 9.2　跨中箱梁截面（单位：m）

9.2.2　桥梁施工

在通航主跨 210m 范围内不设临时墩架，完全采用悬臂法拼装施工。由于邻跨不对称，将主跨的合龙点布置在偏于较短邻跨的一侧。安装从两岸开始，如图 9.3。在左跨内设临时墩架两个，先将从左桥台算起的 64 m 梁拼好，再用伸臂法向右拼，越过左桥墩之后，伸臂进入中跨（主跨）121 m。在右跨内设一个临时墩架，先从右桥墩拼到该墩架，并用伸臂拼装法跨过右岸铁路，到达右桥台，再回转来从右桥墩向中跨伸臂拼装 87 m。在梁有效高度只有 5 m 的情况下伸臂达 121 m，这也可算是一个记录。相应地，这只能采用一种很轻巧的安装方法；而近来时常采用的预拼全梁并整体吊装的安装方法也就不予考虑了。

图 9.3　两悬臂合龙前

在伸臂端，箱梁在横截面上是分成若干单元进入拼装的。所用起吊设备的起吊能力是 25 t，自重是 30 t。受起吊设备臂杆长度限制，在拼装中是将两箱梁的内侧腹板以及两箱之间的桥面板先拼好，使起吊设备能向前移动，而后吊装两箱梁的外侧腹板，并完成梁的全截面安装。在安装中使用了三种连接方式。铆接是用于在岸上预拼场所进行的腹板水平缝的连接，底板纵向缝的连接，这是因为其价格最低廉。高强螺栓（摩擦型）用于就位后的腹板及横梁连接。焊接是用于桥面板的所有连接、底板及其加劲肋的横向连接。

因为在伸臂端要出现很大的挠度,特在桥墩上设置钢排柱,将安装中的梁身抬高;左桥墩上的排柱高度大约是 4 m,右桥墩上的排柱大约是 3 m。由于这一抬高,箱梁在中间合龙时就有可能不需要强制施加外力。此外,为了减轻自重影响,左伸臂端在将其最后一段(长 12 m)的腹板板件(连同小块上下翼缘)拼好之后,起吊设备就撤了下来。然后再用汽车吊,将 4 块各长 2 m 的供合龙用的腹板板件从右岸运到右伸臂端,吊装就位,从而完成了合龙工作。按原计划,最后一段(长 14 m)的底板及面板应该及时插入,然后降落全梁,使线路纵坡及结构弯矩分布均符合设计,如图 9.4 和图 9.5。

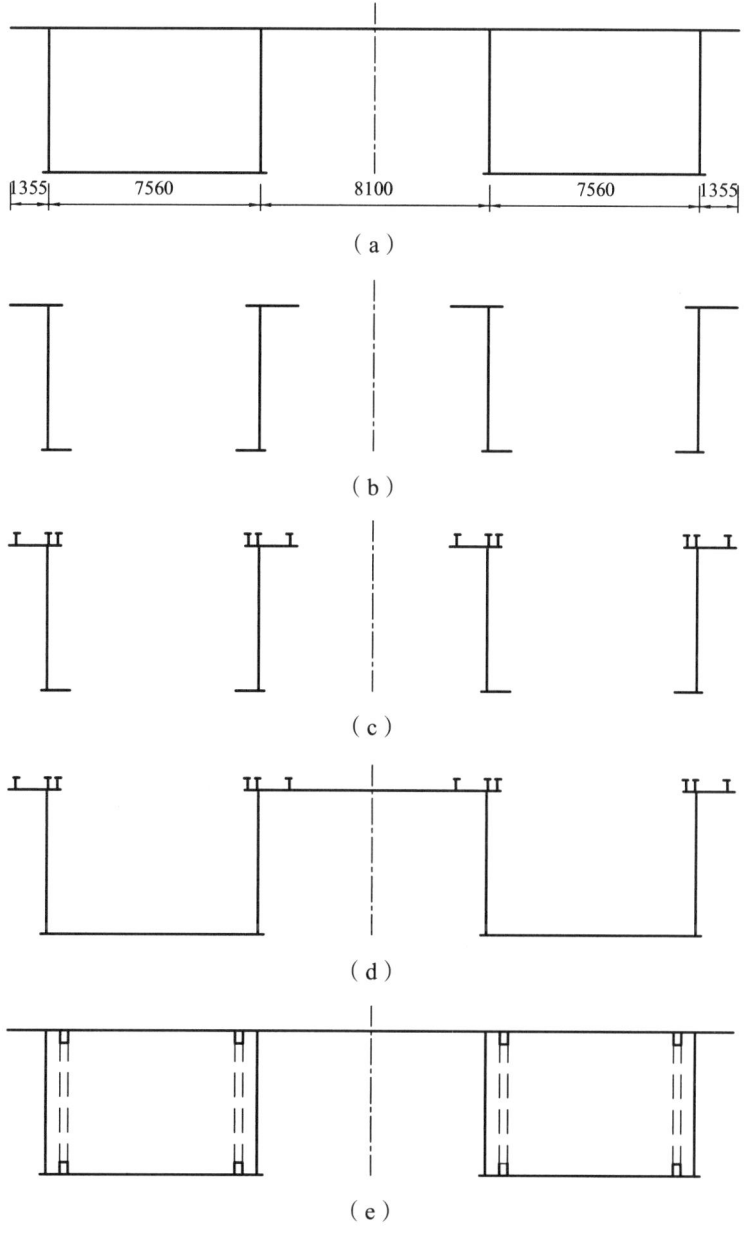

图 9.4　主跨(210 m)合龙阶段截面示意(单位:mm)

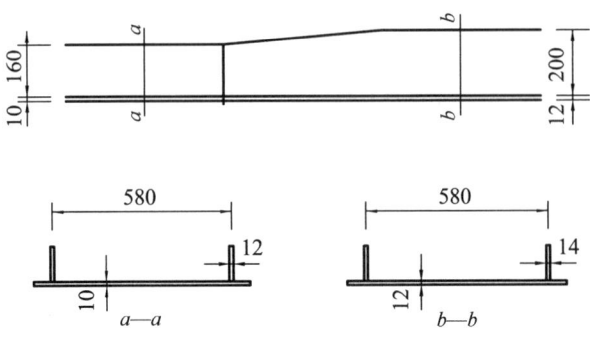

图 9.5 底板和纵肋工地接头示意图(单位:mm)

9.3 垮塌原因分析

1969年11月6日下午,很快就把合龙处的4块合龙腹板安装完成。当晚8点半,接连3次爆炸似的声响从桥上发出。河上的航运、桥下的铁路公路运输,立即停驶。电视台广播了这一新闻。当晚10点半,几乎所有的有关工程师和现场工作人员都在闻讯后回到出事故的工地。几小时之后,经过调查和分析,断定这桥所发生的损坏是:

因底板压溃而使梁的下缘缩短,致使桥台上的支承及左墩上4 m高的钢排柱移位。压溃使梁在上述两处失去抗弯承载力,于是,几秒钟之内,就使在安装过程中所形成的沿梁弯矩分布图完全改变,如图9.6。在两处(一是靠近左跨120 m的中点,一是在中跨、离合龙点约60m处),两箱梁的底部均已压溃,如图9.7。尽管在白天合龙的位于中跨当中的那一段还没有将底板和桥面板安装上去,它却不得不从不受力状态立刻变为承受全部自重(钢梁自重)弯矩。而它在14 m长度范围内,只是4块腹板连同小的翼缘[图9.4(b)],它们立刻受到超过弹性极限的应力。在这样巨大的应力之下,上翼缘扭转失稳,腹板的上部发生塑性压溃现象,梁屈曲的三个位置如图9.8所示。因箱梁压溃所释放的能量,大约与桥梁坠落3m相当,产生了小的地震波,被距桥大约8 km之处的地震仪记录下来。冲击波的形成是由箱梁压溃及随之而来的桥梁水平移动(由于下缘缩短)导致。

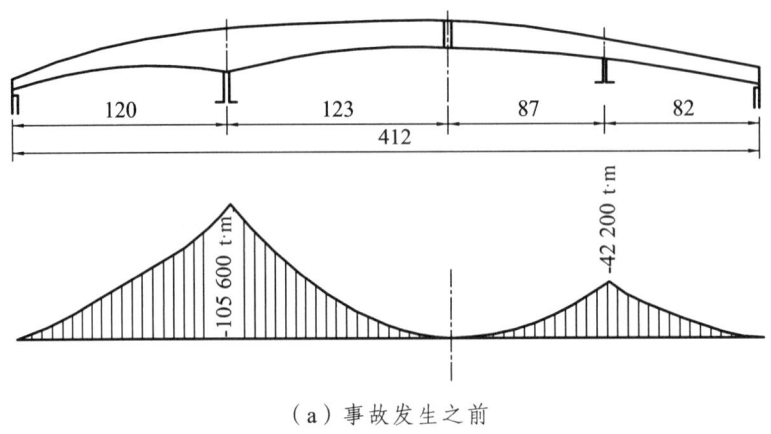

(a)事故发生之前

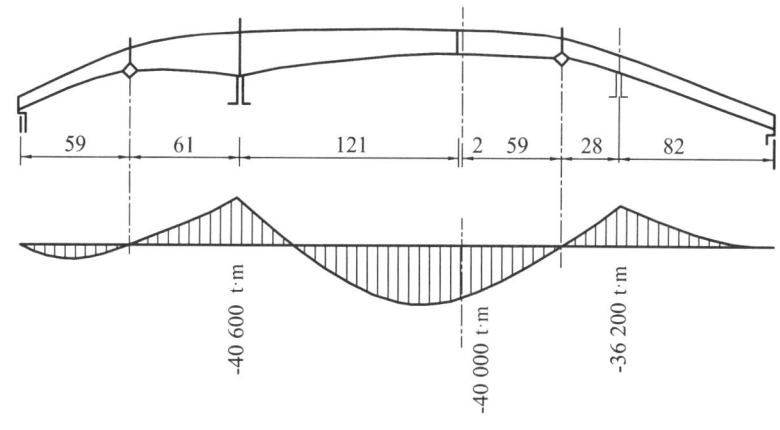

(b) 事故发生之后

图 9.6 事故发生前后的结构体系及弯矩图（单位：m）

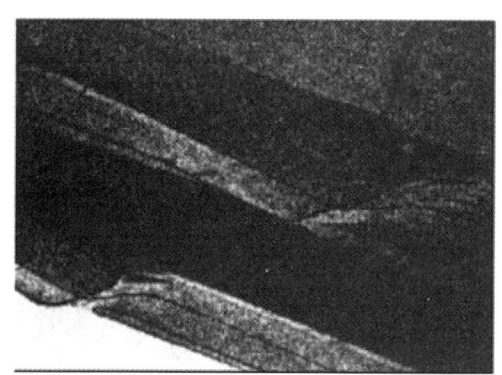 

图 9.7 主要屈曲处——主跨内支承处和左边跨中间处

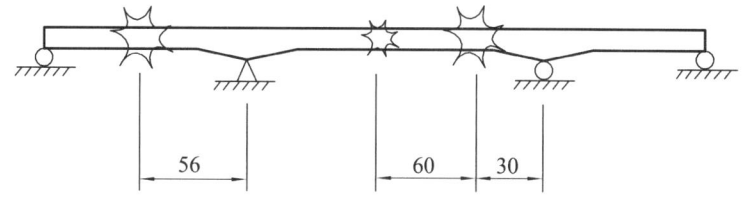

图 9.8 发生屈曲的三个位置（单位：m）

事故的起因不能归咎于单项错误。与工程界不少失败事例相似，若干原因——它们中的每一个都是在安全所允许的界限之内的——在对事物不利的一边叠加，这就使安全储备耗尽。安全系数，在悬臂拼装验算中所采用的总是比在运营阶段所采用的小。在该桥中，安全系数取 1.25，而所使用的伸臂长度就是在将这一系数用到头的情况下决定的。然而，桥梁截面尺寸的最后决定却又使钢材重量沿梁分布与原来在计算中所假定的匀布情况不同。在挠度线的精确计算中（这是安装工序所必需的），对钢材重量实际分布曾经计及，但对于由此引起的最大弯矩提高 4% 却被认为是可以容许的。随后，又出现了下列各因素：

（1）用作压屈安全性验算依据的理论（弹性）压屈应力，在板由弹性工作过渡到塑性工作的范围内，会比实际的弹塑性压屈应力高，甚至高出达 7%。而这桥的箱梁底板压溃处的情况，正好就在这个差距最大之处。

（2）底板及纵肋的横向对接焊引起变形，底板及纵肋截面尺寸在接头处的变化使板件截面重心线也不连续（图9.5）。虽然这桥的制造和安装执行得很准确，其尺寸偏差远低于常用的限值，箱梁具体压溃形状却明显地表现出这些微小偏差所造成的实际而鲜明的影响：底板是在对接焊缝处压溃，它向下形成一尖锐的突角，根本不是（像压屈理论所设想的）在板段中点处压屈。从这一次事件所获得的认识之一就是：甚至在最严格的公差范围内的施工误差和截面不连续，也有可能使理论压屈安全系数降低5%~7%。

（3）毫无疑问，事件直接的导火线是晚间温度下降。桥梁在跨中的合龙，是在下午刚开始不久就完成的，在强烈阳光直射情况下梁截面产生梯度温度变形，导致向下弯曲变形超限，使得合龙段上部不得不缩短15 mm才完成合龙，如图9.9。在正常情况，一天之内的温差在11月份并不悬殊；几天之前为制造合龙板件所进行的量测并不曾显示这一钢结构截面上的温度分布有多大的不匀。然而，11月6日却是一异常晴朗、日照很强的日子。主要是接受了辐射热，当桥合龙时桥面板的温度就比气温高。太阳落下后，在箱梁冷却到平均温度的情况下，其底板当承受额外的压应力。这一额外的压应力就将最后剩下的安全度用光了。

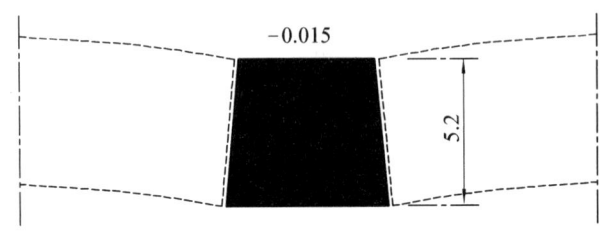

图9.9 合龙段调整（单位：m）

上述各因素在耗用安全度方面所占的比重各是若干，在对事件作独立分析的各专家之间并不是只有一种意见。然而，有一些界限性数值是能够讲出来的。例如，当伸臂处于静定状态时，由起吊设备重量所生的弯矩就能准确地算出来。在合龙前，起吊设备就撤掉了。因此，上述（2）的缺陷影响必然较起吊设备的影响小，否则，事件在前一阶段就发生了。由于是温度变化直接导致压溃，它的影响必然较大；但是，温度不匀是和结构几何形状有联系的，若不匀的程度果真太大，合龙处空隙的角变位将相当大，合龙板将难于插入，而事实又不是这样。在对所有这些情况进行充分讨论之后，设计单位的工程师的结论是：很有可能是上述（1）至（3）各因素各耗用安全系数7%。

9.4 重建的第四桥

在当天晚上就能够对严重损坏的结构状态作出可靠的分析，这应该说是这一不幸事件中的大幸。这一分析使人们能在第二天就在适当地点采用最恰当的方法作了安全布置。对于在随后几天中所拟订的修整方案及所修订的全桥安装计划，在其后几个月当中也并没有感到需要作什么重大的变更。

首先，对压溃的具体点不需要采取什么重大行动。箱梁在其发生压溃的两点业已丧失抗弯承载力（残余的抗弯承载力可以不计）。为了防止桥梁下坠，保持该两点传递剪力的能力是必要的。为此，需要对压溃点日夜监视。从压溃的板和肋发展开来的裂纹，要立刻用钻孔法将它们消除（即用钻孔代替开裂）。经过几天监测后，一切归于安宁。在温度有相当升降的情况下，没发现新裂纹。

明显地，桥的薄弱环节是在合龙处，那里还未完成的截面（只包括连带小片翼缘的 4 块腹板）已经发生严重塑性变形。为了结构安全，迅速采取措施是至关重要的。为了克服这一危险局势，若干 45 号工字钢被运到损坏了的上翼缘之上［图 9.4（c）］。借助千斤顶，将这些工字钢先用来调直扭曲失稳的上翼缘；而在翼缘调直后，立即用焊接将工字钢与翼缘连接起来。也就是说，将用于调直的工具梁同时也用于加固，这样，就能在增添很少重量的情况下，在安全方面得到很好的效果。

在 4 片上翼缘各焊 3 根工字钢之后，紧急的危险消除了，就能将该处 14 m 地段内的两箱梁的底板，还有两箱之间的桥面板拼装上去，如图 9.4（d）所示。这就使这一段的截面加强到能经受随后的安装工序。将两箱的上翼板（面板）暂时不装上去，让两箱敞着口，却是为了其后要用新的翼缘来替换那损坏了的。

为了能进行随后的工序，梁的各个支承点需要调整好。在桥台设置临时支承，并设置能控制桥梁纵向移动的液压千斤顶，这没有什么困难。但是，因下翼板（底板）压溃、下缘缩短，左桥墩上的 4 m 高的钢排柱（支承反力是 26 000 kN）已向河心方向移动了一段距离。具有摆柱作用的钢排柱因为偏心受压而在其一侧已经出现明显的屈服。随着冷天的到来，这情况很难自然改善。作为第一步，将液压千斤顶的压力作了调整，使钢排柱所受到的重力尽可能均匀分布。但这一措施就堵塞了最后落低桥梁所需的活动途径。在这种情况下，采用结构措施将钢排挂变为可靠的摆柱，既不是好主意，也难于实现。因此，决定在不锈钢钢板当中夹聚四氟乙烯板，并将它塞在钢排柱之下，再将钢排柱与大梁连到一起，借使在桥墩之上能获得一有效的滑动支承。经过两夜工作，克服不少困难，夹聚四氟乙烯的板终于塞进去了。

于是，这就进入了降落箱梁和整修梁身压溃部分的阶段。梁的压溃是发生在其最薄弱截面——靠近恒载弯矩是零的截面。为使该两处的板的置换能在不加外力的条件下进行，先要将箱梁落低到其设计位置，使压溃点所受弯矩为零。因为已压溃的底板不可能恢复原状，在将箱梁落低之前就得先将它们切除。压溃处的巨大剪力——在左侧压溃处是 4 000 kN，右侧压溃处是 11 800 kN——必须用一辅助结构承受，且该结构应能在梁的放落之中使各"铰"的转动受到控制。

为此，在每一压溃处的上翼之上设置了四根辅助大梁，将它们分别与其下的箱梁腹板对齐。用这些辅助大梁跨越所要切除的压溃地段。各辅助大梁均是用一拉杆将它牢固地锚于箱体，另在其一端通过液压千斤顶支承在箱梁之上，如图 9.10。这样，剪力分配就得到双重控制，一是辅助大梁的挠度，一是千斤顶的液压。于是压溃处可以切除。在这过程中，剪力将转为由辅助大梁承受。千斤顶的加载曾经正确计算。因此，在剪力的转移中没有发生多大晃动。但因切除的后果是将理想中的铰的位置移到靠近千斤顶处，小的影响是不可避免的。为了使梁在降落中不致在腹板发生新裂纹，同时也是为了使（只是经历了弹性变形的）桥面板及（只是轻度弯曲的）上半部分腹板在梁降落中匀顺地展直，经在压溃处的腹板下半部分（紧靠中性轴处）先切开一个半圆槽［其位置如图 9.10（b）所示意］，成功实现了这一目的。

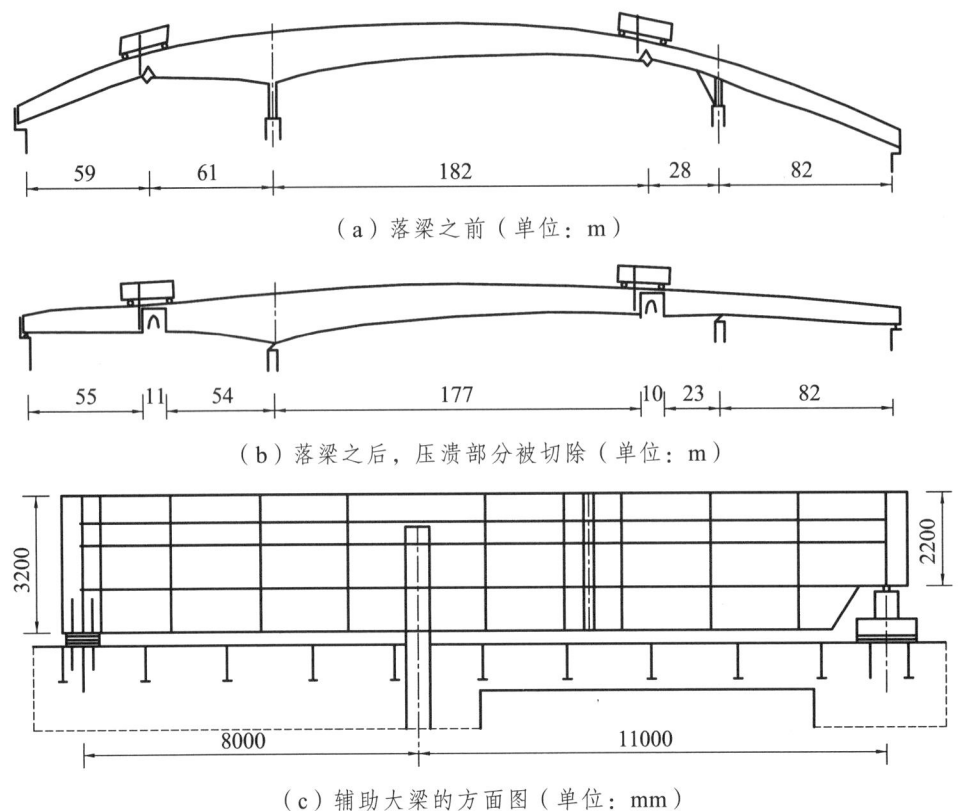

(a)落梁之前（单位：m）

(b)落梁之后，压溃部分被切除（单位：m）

(c)辅助大梁的方面图（单位：mm）

图 9.10 落梁过程示意

这一降落过程必须很仔细地控制。在钢排柱处的每一次下降，都要在压溃处产生角变位。由于压溃处并没有真正的铰，由千斤顶所调整的角变位就得根据辅助大梁的挠度和桥面板展直的变形来决定。

此外，在阳光照晒下的箱梁和辅助大梁曾经对于整个结构系统产生了相当大的温度影响。但降落工序还是按计划顺利完成了。在其最终位置之上，经将箱梁压溃处按图9.10(b)所示的矩形切口将损坏部分完全切除。在替换部件插入之前，为了精确调整的需要，桥的两端还需作少量的抬高。左侧的所以要抬高，是由于压溃处并不恰好是恒载弯矩的零点。右侧的所以要抬高，则是因为中点已发生的塑性变形需要全梁挠度曲线来作一个调整。将替换部件焊连于箱梁，这仍是一个涉及温度的问题。但在这一阶段，箱梁不再是处在承受大应力的状态，工作的困难不大。而在这一工作完成之后，两箱梁曾经压溃处的原有性能就完全恢复了。

剩下来的是桥的中部的修整。桥梁中部的上翼缘曾经承受过超出弹性极限的应力，腹板紧邻上缘的部分严重变形，在修整中需要热矫，也有可能进行局部切除。若要在消除荷载应力的情况下进行置换，那就要将梁抬高到曾经发生压溃的那一位置，这是不可能的。为使修整工作能自由进行，将能够全部代替受损翼缘受力的杆件置于桥面板及底板处，并用腹杆将这些杆件组成桁架，使能代替腹板受剪［桁架置于各腹板旁，如图9.4(e)所示］。翼缘和腹板的修整工作就在这一情况下进行，对箱梁在当时的应力状态也就不再注意。

这样，大梁就竣工了。但桥梁中部上翼缘的塑性压缩变形（因事故而造成者）终究使线路纵坡与设计有少许偏离。要校正这个偏差，或者要在河中设置临时墩架（有碍通航），或者要将大梁抬高（左墩抬高 4 m，右墩抬高 3 m，回到安装过程中一个最紧张的阶段），或者要设置提升力是几万千牛的液压系统。只是为纠正一个小的几何偏差而要作这样大的努力，看来是毫无说服力的。因此，决定用其他方法来改善这一视觉上的缺陷；将人行道托架、边纵梁、栏杆、灯柱用来遮挡桥面纵坡上的缺陷，使纵坡与设计值的偏差只能从桥下观察到，而且，也只是了解事件真相的人从某些特殊位置才能观察到所说的偏差。

多瑙河第四桥钢结构就这样完成了。没有设临时墩架，遭遇严重破坏的钢结构已经修整并建成。由于桥头引线尚未完成，这一事故没有使通车计划受延误。修整费是由保险业支付，它占钢结构费用的 12%；对多瑙河桥总造价讲，占 3.5%。

9.5 结　论

通过对多瑙河第四桥设计、施工、垮塌过程和重建的分析，可得到如下结论：

（1）垮塌事故实际上是由于采用弹性压屈理论为设计思想，用一个安全系数来简单概括箱梁缺陷、温差及应力分析上的不精确，没有进行具体分析，作出比较可靠的判断。

（2）悬臂拼装施工中结构安全系数 1.25 太小，无法考虑承载能力因缺陷、温度差等的降低效应。

（3）发生失稳的箱梁通过合理修整，重建后继续使用，说明钢箱梁具有很强的适应性。

参考文献

[1]　BJORN AKESSON. Understanding Bridge Collapses[M]. London: Taylor&Francis, 2008.
[2]　铁道部科技情报研究所. 箱形钢梁桥和板件问题[Z]. 1975.

10 米尔福港大桥（Milford Haven Bridge）

10.1 引 言

奥地利维也纳多瑙河第四桥发生失稳垮塌后不到 7 个月，英国米尔福港大桥（Milford Haven Bridge）悬臂拼装施工过程中发生箱梁支点处横隔板失稳而垮塌，英国因此专门成立调查委员会，对钢箱梁稳定问题进行研究。本章阐述该桥结构设计、垮塌过程及原因[1-2]。

10.2 桥梁概况

米尔福港大桥（Milford Haven Bridge）位于威尔士米尔福德港，是跨越科雷道河（Cleddau River）的全长 820 m 的 7 跨连续箱梁桥，桥跨布置是（77 + 149 + 214 + 149 + 3 × 77）m，如图 10.1 所示，是欧洲当时跨度最长的桥梁之一。正交异性板桥面用闭口槽状纵肋加劲，并支承于梯形单箱之上。等高箱梁高 6.1 m，上口宽 12.5 m，下口宽 6.7 m，如图 10.2；腹板及底板用开口扁钢纵肋加劲。但每隔 8~12 m 设置的横向构造（指隔板及横肋）不能认为充分——在墩台支承截面使用横隔板，其余中间截面只是一般横肋。桥墩处支承截面承受很大集中力，因此此处横隔板厚 13 mm（其他位置横隔板厚 10 mm），采用 250 mm × 13 mm 球扁钢加劲肋，如图 10.3。桥面总宽 20.1 m。栏杆内侧净距是 17.7 m，完全用作行车及行人道。而过河的管道全是放在栏杆外侧。桥面伸在箱体外的部分，其总宽度是 3.9 m（其位于栏杆内者只有 2.6 m）。用钢量是 5100 t，按桥面（以栏杆内侧的有用面积计）折合是 352 kg/m²，该桥的经济指标是好的。

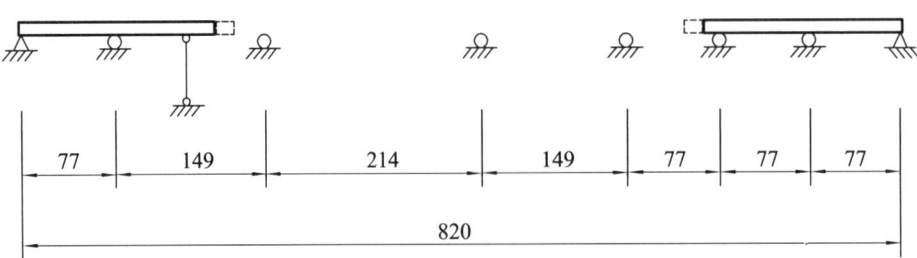

图 10.1 米尔福港大桥拼装阶段立面（单位：m）

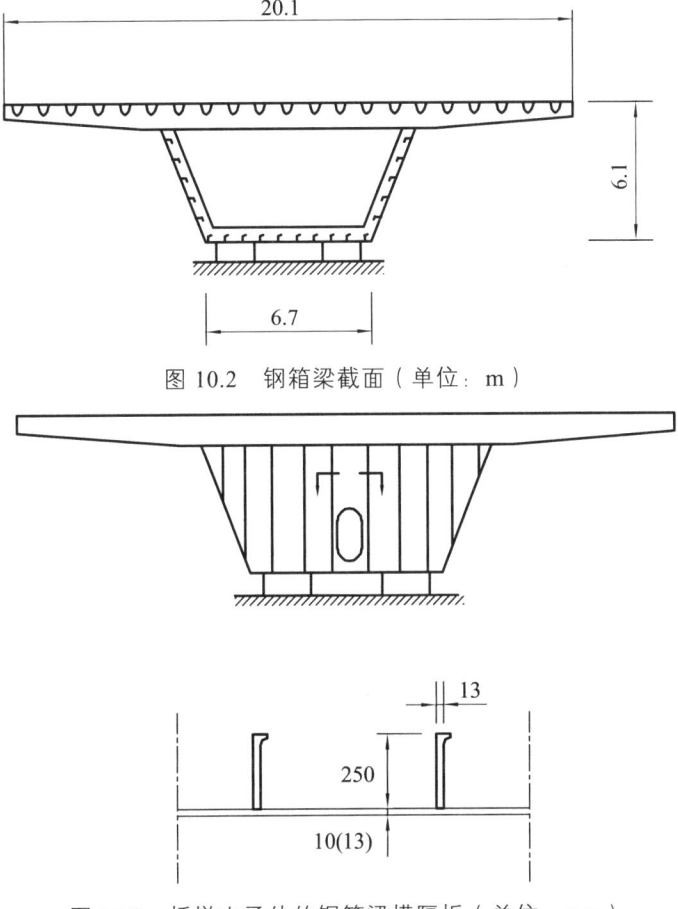

图 10.2 钢箱梁截面（单位：m）

图 10.3 桥墩支承处的钢箱梁横隔板（单位：mm）

10.3 垮塌过程

该桥的整个钢结构部分分成 48 个梁段（安装单元），梁段长度为 15.25~18.3 m，质量在 100 t 左右。安装方法如下：将安装单元逐个放在小车上，使其沿已拼装好了的钢结构向前滚动，直至移放于悬挂在钢结构伸臂端的托架梁之上，（降低托架梁）在将它与已拼好的梁段装对妥善后，就可进行焊接，如图 10.4（a）。

1970 年 6 月 2 日，当南端第二跨度正在安装时，梁段 48 至 41 已拼装焊接就位，梁段 40 正沿已拼好的钢结构向前滚动，如图 10.4。根据报告，当天下午 2 时 16 分，天气晴朗，没有风，气温 24 ℃。失事时，从 6 号墩向 5 号墩方向伸出的钢结构伸臂长度是 59.6 m，它是由梁段 44 的一半（该梁段位于 6 号墩正上方），及梁段 43 至 41 所组成。梁段 40 装在小车上，用绞车将它向伸臂前端牵引。当它离 6 号墩净距 15.25 m 时，有响声发生，钢结构伸臂开始缓慢地下落。由图 10.4（b）可见，钢结构在 6 号墩处折溃，伸臂的大部分并未变形。而伸臂端部撞击地面时曾发出轰鸣。下落后的钢结构位于桥梁中轴线上，没有向上下游发生显著偏移。

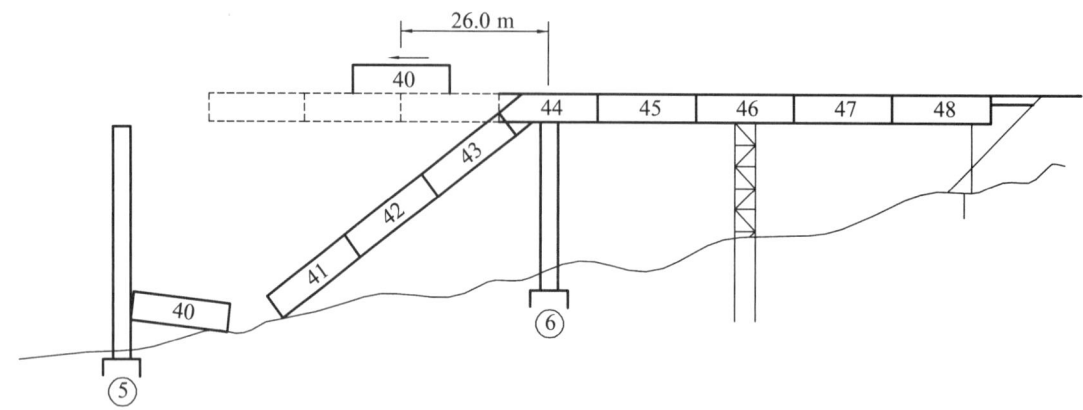

（a）示意图

（b）6号墩处梁段破坏情况

图10.4 桥梁南侧第二跨垮塌情况

由于与地面相撞，伸臂端头的压溃部分是在箱的上翼。下落后的钢结构伸臂大约以45°斜靠在6号墩上。据目击者说，从开始到终了，伸臂的下落历时8 s。在伸臂下落过程中，梁段40从小车上滑下，落到地面，撞坏了。小车及架梁用的托架梁均皆落地，破坏严重，4人死亡。质量为600 t的钢结构，对6号墩有下压力，对南桥台则有向上翘的力。当伸臂端与地面发生凶猛的撞击时，其远端会暂时从6号墩跃起来，并使南桥台上的48个锚固螺栓受到很大拉力，其中有一个已被拉断，还有几个被拉裂。梁段48位于南桥台的隔板，其西侧向北移动6 mm。后来可这样推测：当跃起的钢结构回落时，它与6号墩墩帽相撞——梁体撞瘪了，使箱的下翼板的标高比其原位置下降0.61 m以上；梁段46也与临时钢墩架的顶部相撞，该处的下翼板局部被顶高0.23 m。

6号墩顶部向南偏移0.35 m。这是由于失事后的钢结构对它有水平反力，也可能再加上由于钢结构回落时的撞击。在6号墩北侧，墩身下部有4条1.6 mm宽的裂缝，这当然是墩顶南移的后果。由于钢结构在6号墩处的压瘪，该处的桥面标高较原先下降3.05 m。

10.4 垮塌原因分析

桥梁失事后成立调查委员会，主席是梅里逊（布里斯托尔大学副校长，物理学者），因此通常被称作梅里逊委员会（The Merrison Committee），下设两个工作委员会：一个搞设计准则，一个搞安装方法。这个委员会的任务是：① 对英国当时还在兴修的箱形钢梁桥设计和安装方法提出建议；② 为箱形钢梁桥设计和安装制定一个规范；③ 对有关箱梁的研究工作提出建议。委员会在调查分析后所发表的意见是：米尔福大桥失事的主因，无疑是其位于6号墩上方的横隔板的破坏，且隔板破坏的主因肯定不是由于桥梁或其部件制造有问题。该隔板的原设计在强度方面根本承受不了安装时应由它承受的巨大的压应力。

墩台处横隔板的主要作用在于承担墩台竖向反力，6号墩处的横隔板受力行为可简化为一个宽6.7 m、高6.1 m的四边简支的受压加劲板，6道板型加劲肋间距取1.2 m，如图10.5所示。不考虑横隔板因焊接引起的初始变形和应力，以及横向应力的影响，采用第7章中的加劲板弹性失稳临界应力计算公式［式（7.1）和式（7.2）］，可得到其弹性失稳临界应力值为42 MPa。通过结构分析，可得到图10.4(a)中6号墩处的垮塌时的竖向支反力约为5886 kN，在安装40号阶段梁前的竖向支反力约为4809 kN，如果保守地认为竖向支反力完全由横隔板来承担的话，所得横隔板压应力分别为55 MPa和45.1 MPa，都大于其弹性失稳临界应力值42 MPa，处于失稳的临界状态，可见悬臂施工阶段横隔板受力的安全储备很少。

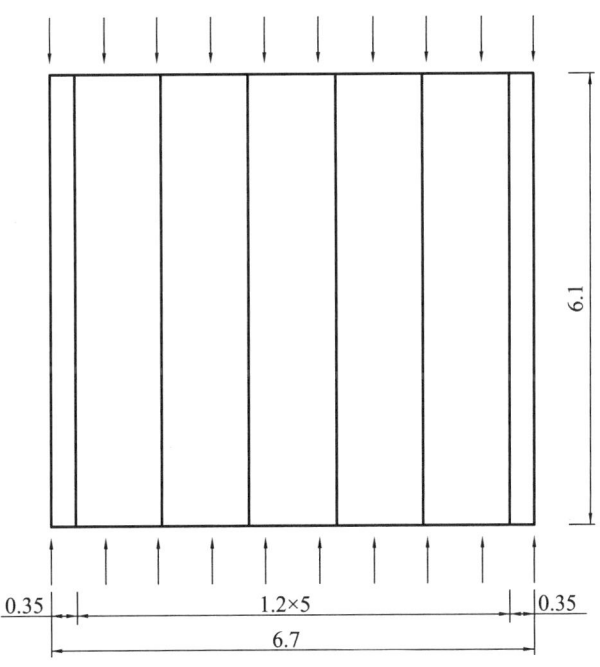

图10.5 矩形横隔板荷载分布简化模型（单位：m）

还有许多其他因素会增加支承处横隔板压应力,如因悬臂施工时导致的梁弯曲变形引起的横隔板附加压力和支座偏心。调查还发现在拼装阶段(第三跨的悬臂)的锚固螺栓本来应在最后施工阶段才扭紧以阻止支座上升,但是提前被紧固了,可能使得简支变为固定支承,竖向支反力增大,如图10.6所示。

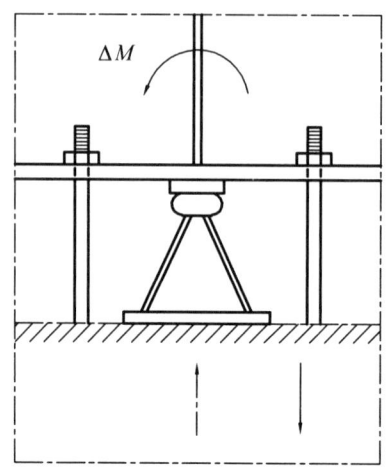

图10.6 提前紧固的螺栓产生了附加反力

所有这些因素共同导致了支座处横隔板承受过高应力作用发生屈曲,接着钢箱梁腹板也发生屈曲,最终整个梁段破坏。很明显横隔板加劲肋个数不足,当时横隔板的设计规范是不完善的,设计者也没有充分意识到受力的复杂性。在现代钢箱梁设计中,为提高横隔板稳定性,其板厚和加劲肋都比米尔福港大桥提高很多,且在高压应力区(如支座正上方)还要增加加劲肋,如图10.7。

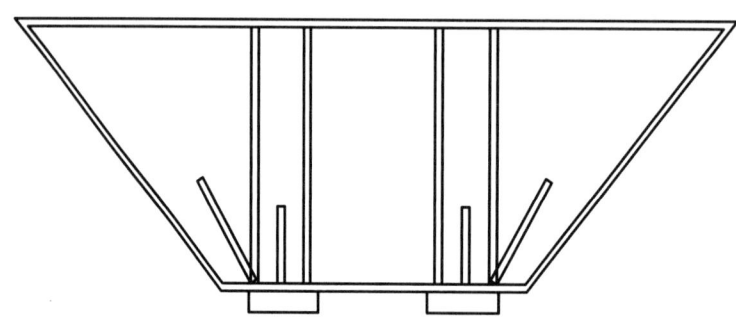

图10.7 现代箱梁横隔板加劲构造设计

10.5 结 论

通过对米尔福港大桥设计、施工和垮塌过程的分析,可得到如下结论:

(1)垮塌事故实际上是钢箱梁在6号墩处的横隔板加劲肋刚度不足,导致横隔板稳定承载能力不够,在巨大的支反力作用下发生屈曲而导致全桥垮塌。

（2）当时对于受压加劲板的稳定问题认识不足，也缺乏技术手段对横隔板受力进行精确的分析，悬臂拼装施工中结构安全系数偏小。

参考文献

[1] BJORN AKESSON. Understanding Bridge Collapses[M]. London: Taylor&Francis, 2008.
[2] 铁道部科技情报研究所. 箱形钢梁桥和板件问题[Z]. 1975.

11 科布伦茨莱茵河桥（Koblenz Rhine Bridge）

11.1 引 言

澳大利亚西门桥垮塌一年多后，科布伦茨莱茵河桥（Koblenz Rhine Bridge）悬臂拼装施工过程中发生箱梁底板失稳而垮塌，本章阐述该桥结构设计、垮塌过程及原因[1-2]。

11.2 桥梁概况

科布伦茨莱茵河桥（Koblenz Rhine Bridge，又称南桥）为一座科布伦茨附近莱茵河上的全长 442 m 的三跨连续箱梁桥，桥跨布置是（103 + 236 + 103）m，是西德第一座全焊桥，如图 11.1 所示，箱梁用 St52 号钢（屈服强度 360 MPa）制造。中跨截面底板宽 11 m，顶板宽 29.5 m，梁高 5.88 m，如图 11.2。顶板和斜腹板在纵向上用球扁钢加劲（与科雷道桥和西门桥一样），底板用 T 型加劲肋，如图 11.3。

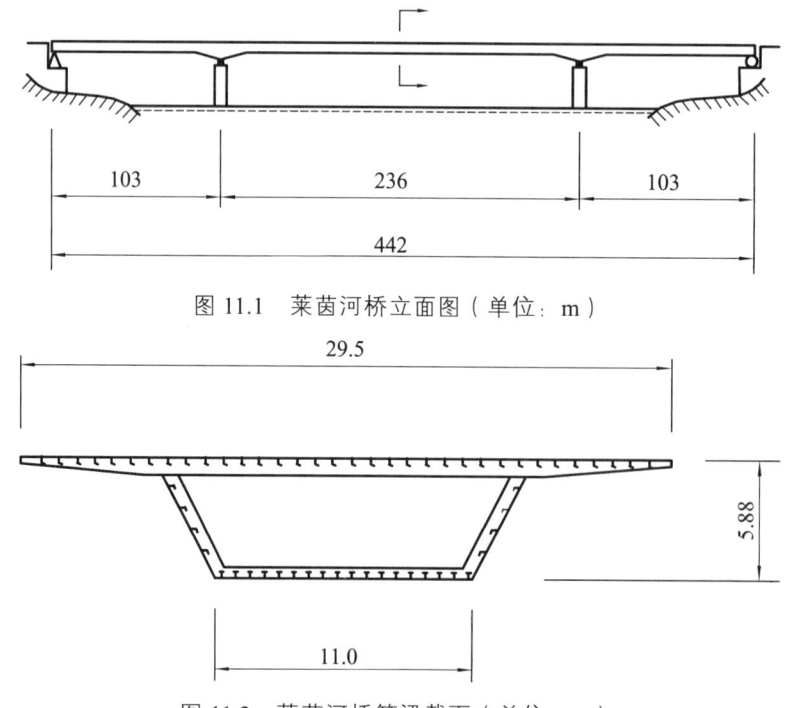

图 11.1 莱茵河桥立面图（单位：m）

图 11.2 莱茵河桥箱梁截面（单位：m）

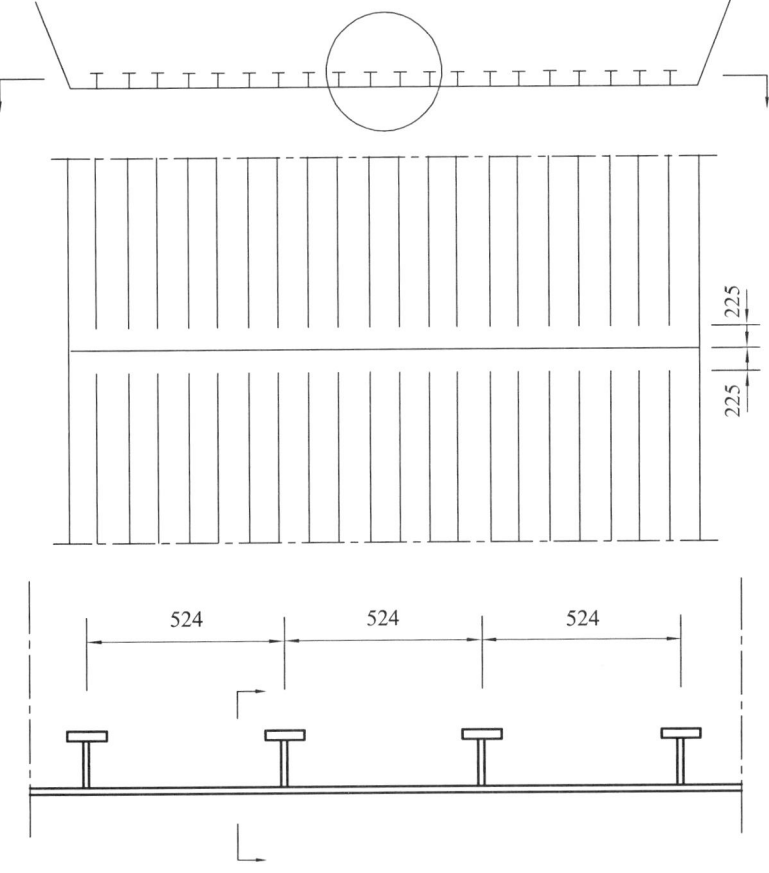

图 11.3 箱梁底板 T 形纵肋构造（单位：mm）

该地的通航要求不容许施工中在河中设临时墩，所以，箱梁安装采用悬臂拼装法，如图 11.4 所示。安装单元用船运到伸臂端之下。位于伸臂端桥面之上的桅式吊机（自重 102 t）将安装单元从船上吊起来，使它就位。安装单元长度是 17～18 m；桥面板另外吊运，不包括桥

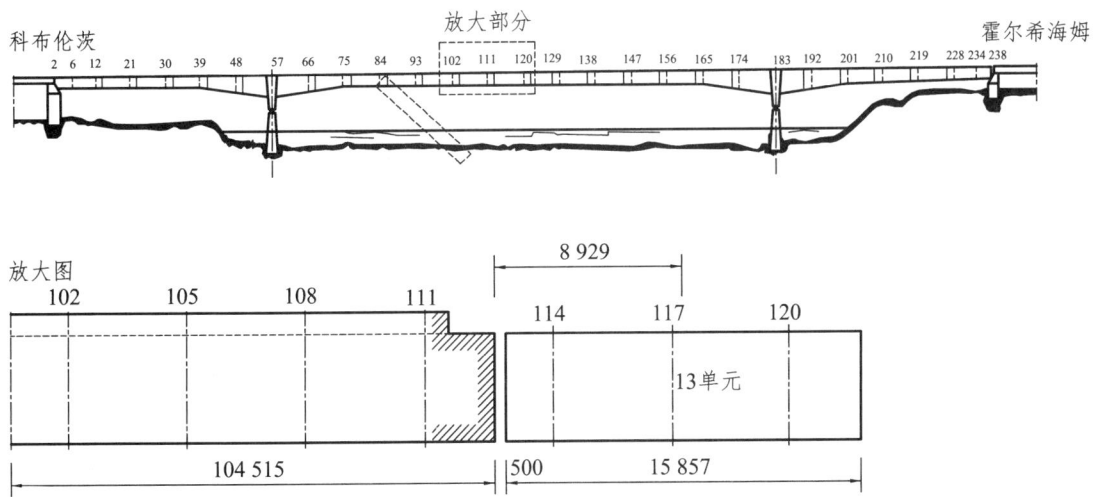

图 11.4 莱茵河桥主跨立面、伸臂端放大图（单位：mm）

面板的箱梁单元的质量最大是 90.2 t。工地连接是全焊。在两安装梁段的工地接头处，T形纵肋设置长 450 mm 的插节。这样，当安装单元就位时，在插节装上去之前，就可用自动焊机完成箱梁底板的对接焊缝。随后再安装插节。插节也是 T 形截面，其翼板与纵肋翼板搭焊，其腹板与纵肋腹板对焊，但插节的腹板不与箱梁底板焊连，其间保持 25 mm 左右的空隙，如图 11.5。

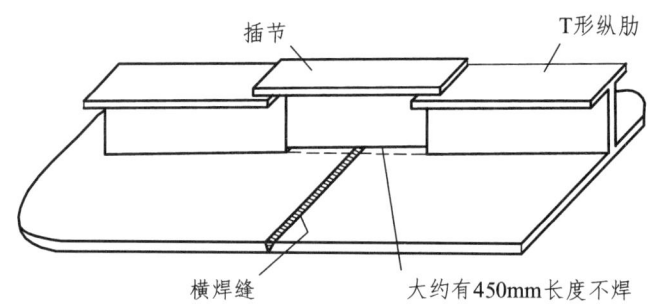

图 11.5　箱梁底板及纵肋的接头构造

11.3　垮塌过程

当主跨已从科布伦茨侧的桥台安装好 12 个梁段之后，伸臂伸出于桥墩的长度是 104.5 m。1971 年 11 月 10 日下午 2 点 15 分，当吊机起吊第 13 安装单元（16 m 长，85 t 重）时，伸臂突然在离桥墩 55 m 处折溃，如图 11.6。折溃处，正是第 9 和第 10 单元的接头。就桥梁结构设计讲，这里正是活载弯矩最小处，桥的截面最弱。整个坠梁事故历时短暂，据估计只是 5~10 s，声响则很惊人。桅式吊机随着伸臂降落，它的杆件落在运载安装单元的船上（图 11.7）。至少 13 名工人死亡。

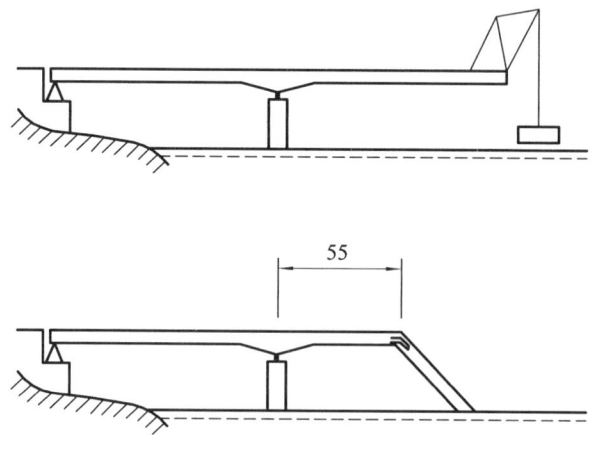

图 11.6　悬臂屈曲示意（单位：m）

图 11.7 桥梁垮塌现场

11.4 垮塌原因分析

经过细致的调查与复核，并且在卡尔斯鲁厄大学研究所进行了一些试验，终于肯定该桥发生事故的主因不是别的，就是其 T 形纵肋接头处有 450 mm 不与底板焊连。曾用 2.0 m 见方的、厚 11mm 的 St52 号钢钢板，在其一面设置 T 形纵肋 5 根，制成试件。纵肋间距取 450mm。每根纵肋与板的焊接（角焊缝），两端是连续的，但在中间空出 480 mm 不焊。若按纵肋与板是全长连续焊接推算，试件的破坏荷载当为 13 000 kN，但在中间有 480 mm 空着不焊的情况下，试件的实测破坏荷载只是 7630 kN，为前值的 59%。

在自重和架桥设备作用下，悬臂承受负弯矩使得底板产生很大的压应力，容易发生屈曲，但该桥屈曲并没有发生在弯矩最大的支承处，而是中跨，原因在于：

（1）在支承处梁截面很高，且存在横隔板和较多加劲肋，尽管弯矩最大，但底板压应力并不是最大。

（2）屈曲位置离支承处 55 m，被认为可能是连续梁桥的零弯矩点，这些位置加劲肋尺寸可能最小。

（3）因焊接工艺需要，底板纵肋连接处（即两个梁段连接处）刚度被极大削弱。

不考虑其他因素影响，没焊接加劲肋的底板纵肋连接区域（纵肋连接处中间有 450 mm 空着不焊）可简化为四边简支的均匀受压薄板，如图 11.8 所示，由式（11.1）可得其弹性失稳临界应力：

$$\sigma_{cr} = K \frac{\pi^2 E}{12(1-\mu^2)} \left(\frac{t}{b}\right)^2 = K \cdot 190\,000 \left(\frac{t}{b}\right)^2$$
$$K = \left(\frac{a}{b} + \frac{b}{a}\right)^2$$

（11.1）

式中：E 和 μ 为钢板弹性模量和泊松比；t、a 和 b 为板件厚度（10 mm）、长度（450 mm）和受压宽度（11 m）；K 为弹性屈曲系数（$m=1$）。计算得到的弹性屈曲临界应力值为 94 MPa。

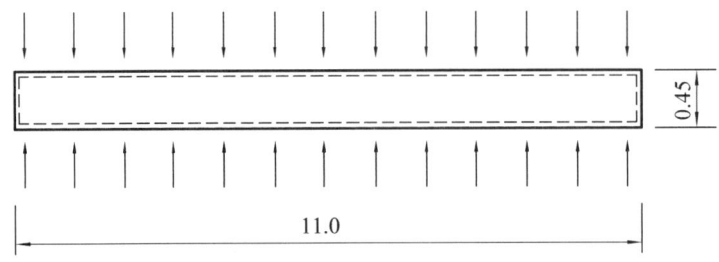

图 11.8 纵肋间底板未加劲部分分析模型（单位：m）

分别按照两种不同施工工况进行比较：（1）吊装 13 号梁段前；（2）吊装 13 号梁段后。按最不利状况，10~12 号梁段质量共 270 t，力中心离屈曲位置 50 m/2 = 25 m；13 号梁段 85 t，离屈曲位置为 50 m + 16 m/2 = 58 m；起吊设备 102 t，离屈曲位置 50 m。按箱梁顶底板全部承担弯矩，腹板全部承担剪力来计算底板压应力，得到吊装前、后底板平均应力分别为 126 MPa 和 178.4 MPa，均超过失稳临界应力值 94 MPa。因此，吊装前结构已经处于临界失稳状态，吊装后应力急剧增加，使得底板该区域发生了屈曲并引发整个箱梁截面的破坏。垮塌后重建的莱茵河桥还是采用悬拼法，但连接间隙减小且加劲肋与底板密合，最大悬臂长度减小为 60 m。

11.5 结 论

通过对科布伦茨莱茵河桥设计、施工、垮塌原因的分析，可得到如下结论：
（1）垮塌事故是箱梁底板连接段部分因没有加劲肋导致的屈曲失稳造成的。
（2）悬臂拼装施工中结构安全系数太小，没考虑拼装过程中构件的结构体系变化及对承载能力的降低作用。

参考文献

[1] BJORN AKESSON. Understanding Bridge Collapses[M]. London: Taylor&Francis, 2008.
[2] 铁道部科技情报研究所. 箱形钢梁桥和板件问题[Z]. 1975.

12 塞文桥（Severn Bridge）

12.1 引　言

英国在 1964 年和 1966 年先后在苏格兰和布里斯托尔建成主跨为 1 066 m 和 988 m 的福斯公路桥（Forth Road Bridge）和塞文桥（Severn Bridge），在加劲梁、吊索和桥塔等主要构件上采用了很多创新的技术和结构形式，具有许多与美国传统悬索桥不同的特点，形成了英式悬索桥[1]。特别是塞文桥，它首次采用全焊流线型扁平钢箱加劲梁和闭口肋正交异性桥面结构，并设计倾斜吊索增加结构阻尼，是一座具有里程碑意义的悬索桥[2]。

因对钢结构疲劳认识和交通量预测的不足，导致塞文桥通车 10 年后即在桥面和吊索处出现疲劳开裂问题而不得不进行加固[2-8]，2006 年还对其主缆进行了防腐处理[9]。自 1963 年起，英国运输和道路研究所（TRRL）就开始对塞文桥进行研究[3]。其工作分成两阶段：1963—1971 年，结构计算分析阶段，涉及材料性能、交通荷载、结构应力分析等，结果显示钢桥面板的焊接连接处可能出现疲劳裂纹，但限于当时对疲劳问题的认识，该结论没有受到重视；1971—1987 年，修复和加固阶段，针对塞文桥在结构设计、施工工艺和维修加固上的问题，通过计算分析、试验和现场实测，为主要构件，如加劲梁、吊索和桥塔等的加固和维修决策提供支撑，全面总结了扁平钢箱梁悬索桥的技术特点，特别是对焊接结构疲劳的研究，推动了全焊接结构的发展，为中国大跨悬索桥的建设提供了宝贵的参考资料。本章基于上述资料，对塞文桥的设计、病害及维修加固进行阐述。

12.2　桥梁概况

塞文桥渡位于 M48（原编号 M4）公路，跨越塞文河，总长约 3 km，包括：瓦埃（Wye）斜拉桥（主跨 234.7 m）、引桥（跨度为 61.7～64.0 m 的连续钢箱梁）和正桥（主跨 988m，总长 1 598 m 的双塔三跨式悬索桥）。桥面布置双向 4 车道，车道两侧布置人行道和自行车道，如图 12.1 所示。塞文悬索桥首次使用流线型扁平钢箱加劲梁（闭口肋正交异性钢桥面板的单室单箱截面），经过风洞试验证实其抗风性能后运用（阻力系数小、对风致振动的反应较优）。加劲钢梁顶板厚 11.5 mm，纵肋形状为闭口梯形，肋厚 6.4 mm，肋高 228 mm，纵肋中心距 610 mm，纵肋跨度（横肋中距）为 4.57 m。横肋板厚 6.4 mm，高 3 m（桥面板到箱底板的距离，即横隔板高度）。塞文桥的加劲梁是桥梁建造史上第一次使用全焊的钢结构，考虑发生振动时的阻尼系数比铆接结构小（当时对桥面铺装的阻尼作用还缺乏认识），不利于抑制振动，吊索从竖直吊索改为 V 字形斜吊索。（桥梁振动时斜吊索所受的拉力存在脉动,将使其钢绞线时松时紧,由此而对振动产生阻尼。)桥塔第一次采用了矩形单箱式截面,柱的工地水平接头,不用拼接板及高强栓连接,而靠承压传力,并用 20 根 $\phi 50$ mm 高强栓在竖向将上下拉紧以抵抗施工荷载;这使每座桥塔用钢量仅 1 200 t。塔顶主鞍也是第一次采用全焊结构。

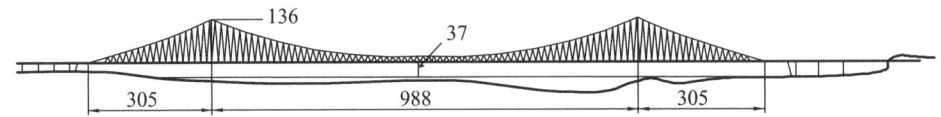

（a）整体布置（单位：m）

（b）全桥鸟瞰

图 12.1　塞文桥整体布置

塞文桥施工建造非常俭省。加劲梁制造分为 88 个节段,每个节段再分为若干板件;将板件在工厂预制完成后,运到造船厂的滑道附近,在滑道上进行节段的拼装;滑道长度需其能保留 3 个节段,每当向上拼装一个新节段时,就先将最下一个节段滑到水中。为使节段能够浮运,在其开口端加一 5 mm 厚的封头钢板,将封头钢板上缘与纵肋焊接。浮在水上的节段用拖船拖到工地附近,在水面停留储存从而省去储存场地。待到架梁时,将各节段拖到桥位。节段因浸水太久,表面积有污垢,用吊缆起重装置吊出水面后,射水冲洗再进行装配。一般节段质量为 130 t。从 1964 年 10 月到 1966 年 3 月,由于潮位变化及天气原因工期略有延误,最终历时 4 年将 88 个节段架设完成,总造价约 800 万英镑。因第二次世界大战遭受破坏的英国财力处于拮据状态,在当时的技术水平下,建造出塞文桥确是工程界一重大成就。塞文桥加劲梁截面见图 12.2。

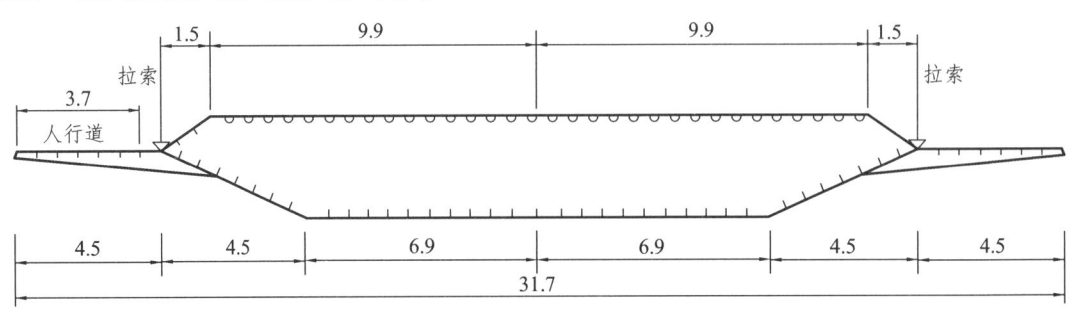

（a）钢箱梁主梁截面图（单位：m）

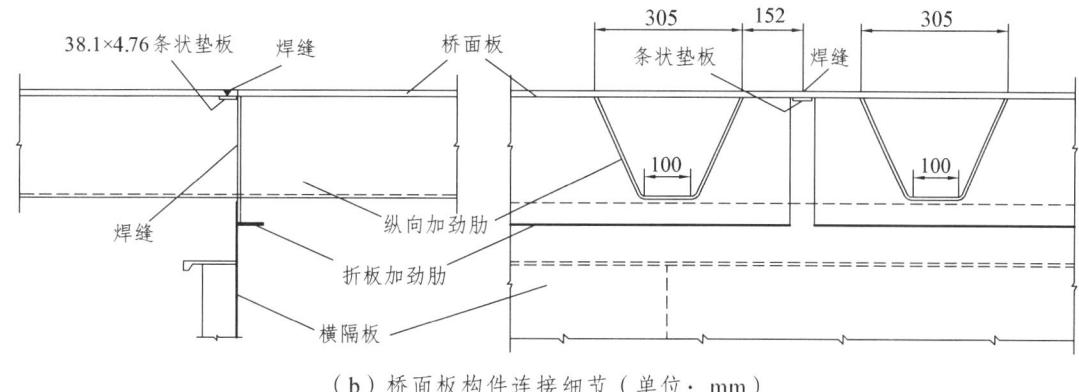

(b)桥面板构件连接细节(单位:mm)

图 12.2 悬索桥加劲梁截面

12.3 桥梁病害

塞文桥所存在的问题一是疲劳,二是设计荷载取值过低,三是对箱形梁细节设计不够重视。关于正交异性板的疲劳问题,当时的疲劳试验成果不足以制定设计规范。为使塞文桥加劲梁节段能浮于水面,在其开口端加了封头板,与纵肋焊接,使得纵肋与封头板连接处发生应力集中,而塞文桥开通5年后,即1971年,发现此处疲劳开裂。

自1970年起,货运汽车质量不断发展且通常成车队运行,设计活荷载因此需要重新制定。塞文桥的活荷载,原是照 BS 153 取值。1978年,BS 5400 第2篇荷载规范颁行,活荷载设计值有所提高。1988年,英国运输部发布标准《公路桥荷载规范》BD37/88,规定的取值更符合工程实际情况。塞文桥的全面整修开始于1985年,取用的检算汽车荷载只能在 BS 5400 的基础上进行调研制定。双向4车道布置在加载长度很大时,均布活载值达到原设计取值的2.8倍,使得大缆、塔、锚碇、加劲梁四者都应检算。大缆和锚碇因难于加固降低了安全系数,加劲梁的强度检算不作严格控制。单箱矩形截面桥塔由纵向加劲的4块板件组合而成,4块板件承受了巨大的恒载内力。若用增强材料增大板件截面,在活载作用下增强材料的纵向摇摆导致其很难协助承担恒载应力。故而在箱内四角各增加一根ϕ406 mm钢管,长6 m的钢管节段在箱内接成全高,且每6 m设置一支撑以缩短其自由长度;最后用千斤顶调整钢管使其承受轴向压力。钢管上端顶紧主鞍座(在鞍座内部通过构件将鞍槽所受的压力传到4根钢管)、下端顶紧混凝土桥墩。在施工过程中,用应变计检测各部件所受应力,以确保整修质量。桥塔加固使用的钢材量达起初建造桥塔用钢量的32%。

塞文桥是三跨两铰式悬索桥,主跨及边跨加劲梁均为两端简支。为防止邻跨间的挤压碰撞,应在各跨两端设置水平的纵向防撞柱,利用防撞柱的支承功能使桥面伸缩缝及箱梁端部得到保护。但原设计省略了防撞柱,整修时便在各跨梁端箱梁内,各增加一段纵向腹板,再沿腹板设置防撞柱,并在梁端外侧安装设备传递冲击力。此外,部分梁段中横肋(横隔板)间距过大(4.57 m),整修时便在其间增添横肋。对于桥上有车时的风荷载情况,因车重增加,检算荷载组合的效应时,应对各种风力的频率进行调研计算。整修后的塞文桥制订了下列行车管理规则:当风速为20 m/s时,4线车道通行限制为2线通行;当风速为28 m/s时,禁止车辆通行。

1982年，塞文桥全面加固的费用估算为3 300万英镑，需耗时5年。因此新建一座塞文桥更经济合理的观点被提出，但最后因旧塞文桥的再利用率问题而被否定。加固后的塞文桥最高日车流量为5万辆，在邻近的第二座塞文桥于1996年建成后降至1.5万辆。

12.3.1 正交异性钢桥面[5]

正交异性钢板桥面在第二次世界大战之后于20世纪50年代初期开始出现。起初纵肋采用开口截面，到60年代逐渐改为闭口截面。由于制造工艺闭口纵肋长度受到限制，其设计长度由相邻两横梁的间距决定。在塞文悬索桥部分该长度为4.572 m，其余部分则为4.267 m。纵梁两端抵住横梁，用角焊缝作连接。（横梁实质上由横肋及横隔板组成，将箱梁的部分顶板和底板当作横梁的翼缘使用；横梁高度与箱梁高度相同。）

按照悬索桥的设计说明，强度和刚度都不控制加劲梁。因此，钢材厚度主要按制造和安装要求决定。面板厚度为11.5 mm，纵肋厚度为6.4 mm，角焊缝焊脚为6 mm。图12.3为英国运输和道路研究试验所所用试件的截面，其中：（a）完全按塞文桥渡各钢梁的尺寸制造；（b）表示改进方案，将纵肋截面从梯形改为V形，在纵肋同横梁相遇处，在横梁开孔，让纵肋穿过。

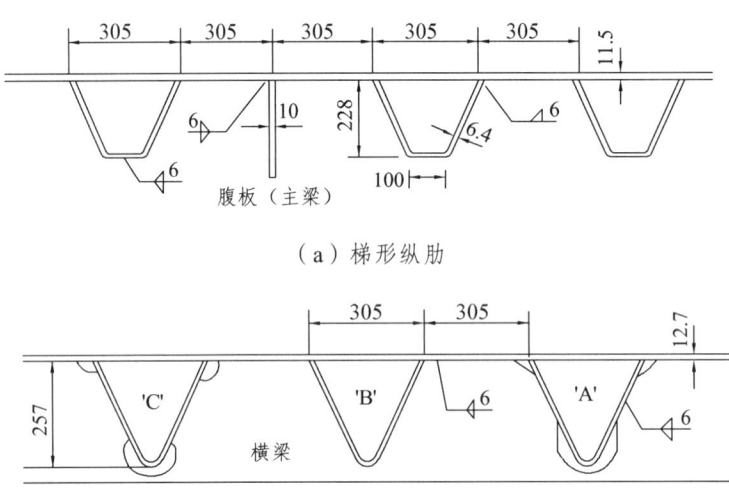

（a）梯形纵肋

（b）V形纵肋穿过梯形横肋

图12.3 TRRL试件截面（单位：mm）

文献[8]明确指出：塞文桥渡的钢梁只是在下列三种构造发现开裂，经试验研究，拟订了修复、加固措施，并成功地实现。

1．封头板同纵肋下缘焊连处

此处开裂在桥梁开通5年时就已发现。这是因为纵肋在汽车荷载下要下挠，而封头板顶住纵肋，不让它下挠，使纵肋在局部产生很高的应力。开裂从焊缝端头开始，接着向焊缝之内，以及纵肋基材的纵向及横向发展。将封头板切开，对裂缝进行补焊。按单件制成试件，并用静力试验来量测汽车荷载使开裂点所致的最大应力幅,知其为 77 MPa。通过疲劳试验及推算,这种补焊构造的使用寿命只是 3~5 年。将纵肋下缘开裂处切除,使用高强螺栓及拼接板来传力(以越过切口);先用单件为疲劳试件,继而按板段制为试件,经证明这种构造在应力幅为 77 MPa 之下的寿命超过 120 年。于是,按这种构造在桥上修补了 3 处,并装配量测仪表,以便 TRRL 进行应力测读。在使用达 7 年之后,将这种构造拆下来检查,没有发现异常。全桥共进行了这种修补 160 处。到文献[8]发表时,一般已使用了 10 年,其行为堪称满意。进行每一个这种修补,需 20 个工时。

2．纵肋端头用角焊缝连在横梁处

纵肋的壁厚、横梁(横肋)的腹板厚,都是 6.4 mm。在纵肋端头和横梁之间,用 6 mm 角焊缝作连接。桥梁开通 11 年时,发现角焊缝开裂。起初用静力试验来量测该处因荷载所生应力,发现其差异能达 3 倍,猜想这是和制造尺寸及装配误差有关。按原设计制成若干单件和一个板段进行疲劳试验,其结果是离散性颇大,只能将其抗力分级按 BS5400 第 10 篇的 G 级(最差的一级)考虑。再按规范的典型运营车荷载谱进行推算,发现原构造的疲劳寿命只是 6 年。为使疲劳寿命达 120 年,需将此值放大 20 倍。但在对此桥的这一开裂出现频率进行认真考察,并将桥上实际通过的车辆重量同设计中的采用值对比后,认为:只需将寿命放大 9 倍,也就是将抗力分级从 G 提高到 D 就行。曾经提出过好几种修补方案,先是进行单件疲劳试验进行筛选,再对其疲劳抗力较高者按板件进行疲劳试验来验证。筛选时落选的主要是:① 加大角焊缝的脚长,或加大熔深,原因是其对抗力的提高很有限。② 高强栓构造,原因是纵肋及横梁间的构造尺寸变异性大,使拼接板的预制有困难;纵肋是闭口截面,安置螺栓不方便;工作地点狭窄,非有专用工具不行。③ 用黏合剂将小连接板黏在这里进行补强,工艺质量不稳定,疲劳抗力也提高不多。④ 将小连接板改为用焊接作连接,其效果比用黏合剂更优,但它还不如将小连接板改为"兜底板"。

最终采用的兜底板截面尺寸是 8 mm×40 mm,长度大约 400 mm,每纵肋的每一端用一块。将它加热,借能置在纵肋下面,照纵肋形状来弯曲、密贴于纵肋下缘,并靠着横梁;然后用角焊缝将它的一边焊于纵肋,另一边焊于横梁上。为提高其疲劳抗力,还用小锤敲击其焊缝趾部。经用板件作疲劳试件,证实其疲劳抗力远远高出 D 级。这样的每个修补,需耗 30 工时。

3．纵肋边缘用角焊缝连于面板处

此桥原用的角焊缝焊脚尺寸是 6 mm,通车 11 年后发现这里有裂纹。经按原构造制成疲劳试件,试验结果表明其抗力是 F 级。若将现有角焊缝铣去,在纵肋壁开坡口,用多趟仰焊,让角焊缝焊脚达 9 mm,有效厚度(喉深)达 7.5 mm,则所得构造的疲劳抗力能越过 D 级,能满足要求。当时所遇的困难是工艺问题。用于铣削的设备,需要满足 4 个条件:① 因为桥面板不很平,纵肋不太直,而钢材又较薄,如铣削过度就不易补正,故对机具的走行轨道和切削深度需要精确控制。② 铣削是在不中断行车条件下进行的,机具应能适应面板因通行活载所发生的总体及局部挠度。③ 机具装置在桥面板之下,其工作需仰着向上进行,对意外情况(例如停电)下的安全需有保证;对于纵肋,不容许钻孔。④ 箱梁进入孔的尺寸是 600 mm×300 mm,机具必须能通过此孔;箱内空间有限,机具的装拆及操纵至多只容许两人同时工作。TRRL 将机具的研制发包给制造工程研究所（Production Engineering Research Association）进行。条件是：机具不能用人工手持（因总修补长度达 50 km，历时很长；而在焊接完成之后，对于坡口尺寸又无法检查，这就不能依靠手持工具）；每次铣削长度为 1 m（在不中断行车条件下，为了安全，每次所能铣去的焊缝长度至多只能是 1 m）。最后采用的设备，是用立在箱梁底板的门架（其柱的长度可用气缸及压缩空气调节），在门架上面装设轨道，在轨道上设置装有机具的跑车，让机具通过可调节的球面支承抵紧桥面板和纵肋，而铣削深度都以相对于桥面板和纵肋来决定。在将这套设备在实验室和实桥反复调试并修改之后，乃决定采用。其铣削速度是 20 mm/min；对每一长 4.57 m 的纵肋，需耗 40 个工时。

12.3.2 斜吊杆

吊索从竖置改为呈 V 字形的斜置，因为，斜置吊索当桥振动时所受的拉力有脉动，这一脉动将使其钢绞线时松时紧，由此而对振动产生阻尼，如图 12.4 所示。

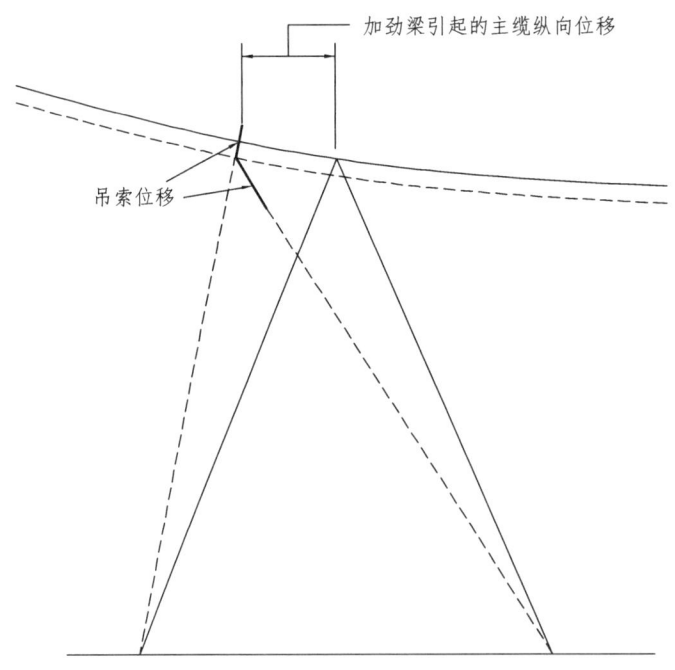

图 12.4 桥梁振动时吊索变形

塞文悬索桥一共有 340 根长度在 2~83 m 的钢绞线吊索，在 1977 年就发现其在长度较短者的锚头处有钢丝开裂。这一则是由于当初对设计活荷载取值过小，再则由于对锚头构造细节未曾精心设计。在整修中，将钢绞线直径一律从 53 mm 增至 65 mm，更换后的吊索与箱梁连接件采用双向转向的销接，如图 12.5 所示。在锚头的钢绞线钢丝散开处，一律用氯丁二烯制造的缓冲构造控制其处钢丝的曲率变化。还在锚头中心设一注油管，让润滑油通到钢丝散开处。对于较长的吊索，为抑制其振动波的幅度，还装置了减振器。

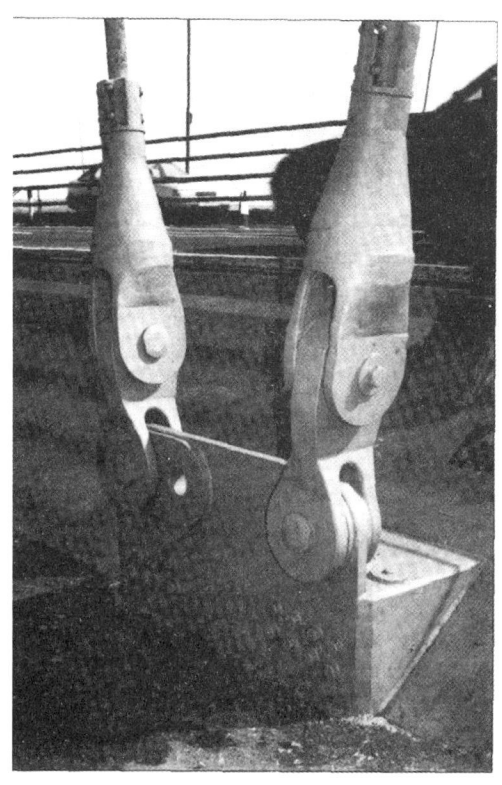

图 12.5　更换后的吊索与箱梁连接部

12.3.3　主　缆

塞文悬索桥共有 2 根主缆，每根主缆由 8322 根直径 5 mm 的高强镀锌钢丝组成，采用空中编缆法架设，紧缆后采用传统的防护方法（涂抹红丹腻子、缠绑紧缆钢丝及刷防护油漆）进行保护。主缆水平对接的索夹上开有小槽，用于主缆排水。在运营 40 年后主缆病害严重。美国在悬索桥主缆维护方面的研究和英国福斯公路（Forth Road）大桥主缆检查与修复的经验促使 M48 塞文桥业主决定对塞文桥主缆进行内部检查。由于英国在悬索桥主缆修复方面没有相关规范，悬索桥主缆的检查与评估参照美国国家公路合作研究计划（NCHRP）534 指南进行。

NCHRP 建议对于运营中的桥梁，在第一次检查时检查 6 个主缆节间。为扩大检查的覆盖面，M48 塞文桥的检查节间增至 7 个。检查主缆每一个节间时，首先拆除紧缆钢丝，仔细清理已经处于干燥脆性状态的红丹腻子，清理完毕之后检查钢丝并将断丝两端对接，拼接新钢丝；然后环绕主缆等间距打入 8 个楔子，检查楔口处主缆钢丝的腐蚀状况，取出 1 根钢丝样品（用于做试验），并在原钢丝处拼接 1 根新钢丝。所有楔口处的主缆钢丝检查完毕后，在主缆上涂抹锌粉密封膏，涂刷主缆，然后用新定制的紧缆机和缠丝机缠绑紧缆钢丝。根据 NCHRP534 指南评估每根钢丝的腐蚀状况，钢丝腐蚀共分 4 个阶段：第 1 阶段为少量锌腐蚀，第 2 阶段为广泛的锌腐蚀，第 3 阶段为 < 25% 的内部钢丝锈蚀，第 4 阶段为 > 25% 的内部钢丝锈蚀，如图 12.6 所示。

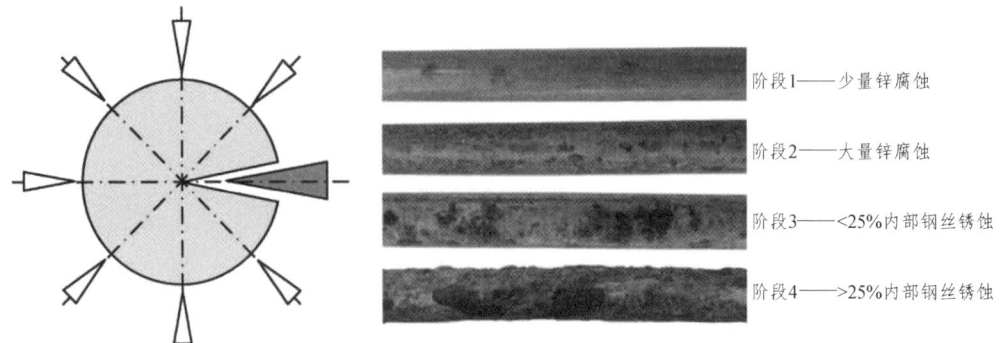

图 12.6 观察位置与腐蚀程度

检查的第 1 个主缆节间位于东侧上行主缆边跨的下端,结果(图 12.6)表明:明显锈蚀钢丝出现在缆索外围,并有少量钢丝断丝,且主缆深处的 1 组钢丝处于第 4 阶段。检查的第 2 个节间位于上行主缆主跨的跨中,此处约有占钢丝总数量 2% 的钢丝断丝。检查的第 3 个主缆节间位于西侧下行主缆边跨的下端,此处与第 1 个节间主缆的状况相同,仅发现 2 根钢丝断丝,有一小段处于第 1 阶段。检查的第 4 个节间位于下行主缆主跨的中部,与主跨处的其他主缆节间相同,此处多根钢丝断丝,几乎 50% 的钢丝都处于第 4 阶段,所有剩余的钢丝都处于第 3 阶段,说明该处主缆病害严重。检查的 3 个高处主缆节间状况良好。鉴于主跨主缆病害严重,在主缆主跨已经检查过的节间的任意侧新增 2 处需要检查的节间。主缆钢丝腐蚀及断丝情况见图 12.7 ~ 图 12.9。9 个检查节间的结果见表 12.1。

(a)外部　　　　　　　　　　(b)内部

图 12.7 主缆腐蚀情况

 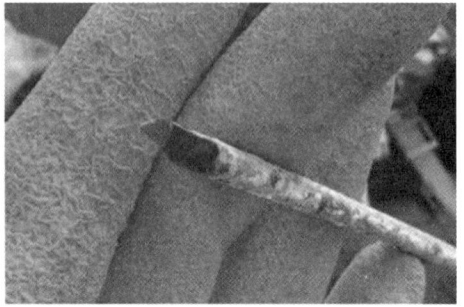

图 12.8 主缆断丝

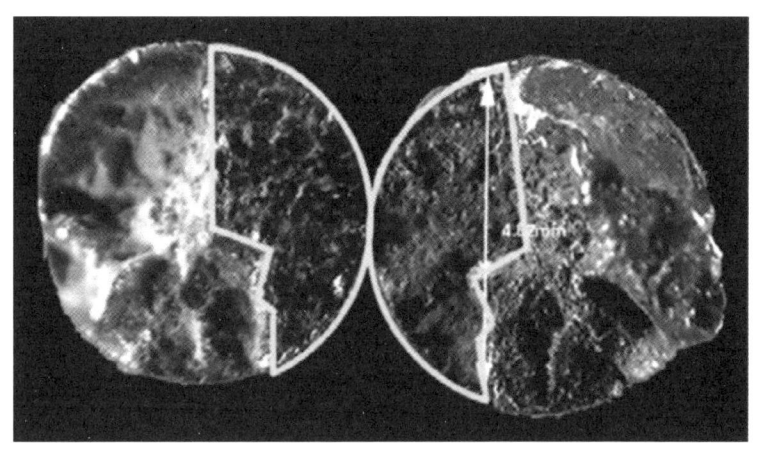

图 12.9 钢丝断口

表 12.1 9 个检查节点的钢丝腐蚀程度和断丝情况

检查节点	腐蚀程度/%				断丝/根
	第 1 阶段	第 2 阶段	第 3 阶段	第 4 阶段	
1. UpAS16	0	42	36	22	5
2. UpCA27-26	0	10	51	39	163
3. DnBS16	2	51	27	20	2
4. DnCB26-27	0	3	43	54	102
5. UpCA16-15	2	20	46	32	49
6. UpCA25-26	0	12	48	40	129
7. UpCB27-26	0	7	60	33	89
8. DnAS8-7	2	39	37	22	21
9. DnCB2-1	36	34	17	13	7

　　根据主缆检查结果、监测数据及主缆强度评估计算结果，该桥的剩余寿命比预期剩余寿命短，必须采取应对措施。有效的解决途径有 2 种：① 减少钢丝锈蚀进展，从而限制锈蚀引起的强度损失；② 通过其他途径提高主缆强度。显而易见，提高强度的方案在设计和施工方面存在潜在的时间问题，且成本也比较高。最后，焦点集中在终止钢丝锈蚀进展上。

　　在美国，常用的减慢主缆钢丝锈蚀的方法是涂刷防护。但是涂刷防护成本高、程序烦琐，且不能保证所有的钢丝都能得到适当的保护。主缆除湿或干燥空气注入法始于日本，即创造一个充分干燥的局部环境终止钢丝锈蚀。这在相对湿度 60% 以下的情况下能部分实现，在相对湿度 40% 以下的情况下能完全实现。尽管主缆钢丝被密实地挤压在一起，塞文桥主缆横截面仍有超过 20% 的部分为空隙，除湿的关键是采用相对湿度较低的空气填充这些空隙。M48 塞文桥的主缆除湿系统设计中考虑建立一个从锚碇到鞍座的全主缆系统，包括所有的缆跨、交接点和桥塔塔顶鞍座。基本方案是通过绑扎主缆，沿主缆以 150～200 m 的间距注入干燥空气，干燥空气将钢丝表面的湿气带走，湿空气从排气口排入大气中。在桥塔塔顶既有鞍座周围实现空气密封的可能性较低。最后,方案中将湿空气排出位置设在桥塔两侧,在桥塔顶安装能够直接将干燥空气注入鞍座内的局部除湿设备。东、西两侧的锚固室内的除湿部件均在 20 世纪 80 年代早期安装,能够供应干燥空气,故没有必要采取进一步措施。

图 12.10 为完整除湿工程系统示意,包括在主缆的剩余长度上缠包密封主缆缠包带。在完整工程系统中,每根主缆上布置 5 个进气口和 8 个排气口,与之前安装的前期工程进、排气口位置相反,见图 12.11。干燥空气由箱梁中的 3 个附加设备间和前期工程设备间供给。附加设备间与前期设备间之间通过管道连接。监测系统的数据显示 M48 塞文桥除湿系统运作有效,钢丝断丝的频率降低。

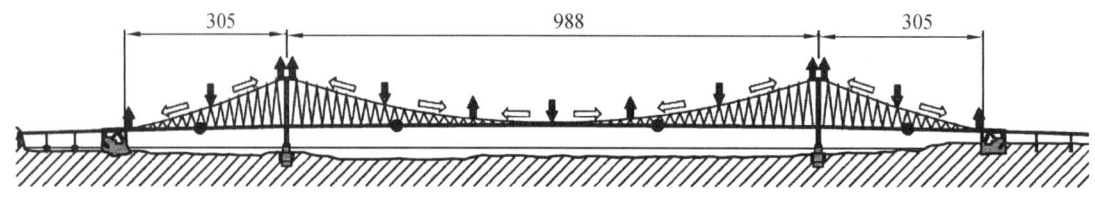

↓ 进气口
↑ 排气口
● 除湿设备间(兼做静压箱)

图 12.10　除湿工程系统布置示意(单位:m)

(a)进气口

(b)出气口及监测设备

图 12.11　除湿装置

12.4　结　论

塞文悬索桥的结构设计具有开创性,通过其病害和修复工作,可得到以下结论:

(1)塞文悬索桥首次采用了抗风性能优异、整体性强、防腐性能优良、线条美观的全焊接封闭式扁平薄壁箱形加劲梁及其大节段焊接拼装施工工艺,并针对闭口肋正交异性桥面结构的疲劳开裂问题进行了大量试验研究,提出了疲劳细节设计和相应的疲劳强度等级,奠定了流线型扁平钢箱梁在大跨斜拉桥、悬索桥中广泛应用的基础。

(2)塞文悬索桥通过斜吊索将加劲梁和主缆联成整体,共同承受荷载,提高阻尼并减小振动。由于缺乏对吊索锚固区疲劳的充分认识和细节的精细设计，吊索出现腐蚀疲劳问题，后期更换和维修工作推动了斜吊索的应用。

（3）尽管定期进行外部检查和涂刷防护漆，但在运营 40 年后 M48 塞文桥主缆病害仍然严重。主缆内部检查发现了超出预期水平的锈蚀和钢丝断丝情况。在主缆内部湿气的影响下，病害逐步加深。传统的防护体系（如涂抹红丹腻子、钢丝缠包和涂防护层）没有为主缆提供必要的防锈保护。虽然主缆除湿技术最先在新桥或较新的桥梁上应用，但是其对较老的悬索桥及病害严重的悬索桥也是最好的技术解决方案。为防止该桥主缆钢丝进一步锈蚀，在主缆上安装了除湿系统。通过减小主缆内的相对湿度，锈蚀过程得到了有效的控制，进而降低了锈蚀引发桥梁病害的概率。监测系统的数据显示塞文桥除湿系统运作有效，钢丝断丝的频率降低。

参考文献

[1] COCKSEDGE C P E, BULMER M J. Extending the life of the main cables of two major UK suspension bridges through dehumidification[J]. Bridge Structures, 2009, 5(4):159-172.

[2] SIOBHAN GORDON. Critical analysis of the first Severn bridge[C]//Proceedings of Bridge Engineering 2 Conference 2010. Bath, UK: April 2010.

[3] CUNINGHAME T R. Fatigue classification of welded joints in orthotropic steel bridge decks[R]. TRRL Research Report 259, 1990.

[4] GURNEY T. Fatigue of steel bridge decks[J]. 1992.

[5] 钱冬生. 关于正交异性钢桥面板的疲劳——对英国在加固其塞文桥渡时所作研究的评介[J]. 桥梁建设，1996（2）：8-13.

[6] ROBERTS SIR G. Severn Bridge: design and contract arrangements[J]. Proceedings of the Institution of Civil Engineers - Civil Engineering, 1968, 41(9): 1-48.

[7] FLINT R A.Strengthening and refurbishment of the first Severn crossing[J]. Proceedings of the Institution of Civil Engineers - Civil Engineeringm, 1992, 92(2): 57-65.

[8] CUNINGHAME, T R. Strengthening fatigue prone details in a steel bridge deck[C]. Proceeding of International Conference on Fatigue of Welded Structures, 1987.

[9] 沈平. 英国 M48 塞文桥主缆检查与修复[J]. 世界桥梁，2011（5）：70-73.

13 阿摩尔桥（Almö Bridge）

13.1 引　言

随着跨越港区、海湾及通航江河的大跨桥梁大幅度增加，航行船舶吨位和体积越来越大，船舶撞击桥梁事故也随之增加，桥塌船毁的重大事故时有发生，如 1980 年 5 月 9 日垮塌的美国阳光大桥（Sunshine Skyway Bridge）[1]。根据 Schmidt[2] 对 1847—2005 年世界各地发生的 64 例船撞桥梁垮塌事故的总结，他发现因船撞导致各类大型桥梁垮塌事故发生的概率呈现上升趋势。工程界自 20 世纪 60 年代末开始从水利水文学、桥梁工程、碰撞力学（冲击动力学）、船舶结构与材料等多个方面对船桥碰撞问题进行研究[3-5]。我国对船桥碰撞问题的研究始于 20 世纪 80 年代末，一般都结合具体实桥设计，从桥梁设防船撞力、船撞设施的试验研究和实践[6]等方面进行专题研究。

我国现有桥梁规范对船撞桥的设计思想和设计策略不明确，对船撞问题重视不够[7]，已有研究成果大多基于船碰撞桥梁下部结构（桥墩）的情况，对于大吨位船舶撞击大跨桥梁上部结构的研究很少。而大型船只上部结构撞击大跨拱桥与船墩撞击行为不同，也很难设置防撞装置阻止船舶上层结构对拱肋的撞击，因此结构本身抗撞击设计很重要。钢圆管因优异的力学性能，在大跨拱桥中得到广泛应用，但受到侧向撞击时，局部变形较大，会导致结构失效或破坏，因此其临界屈曲应变（应力）是关键设计参数，已有一些相关研究成果[8-11]可供参考，其中最常用并已被欧洲规范采用的是 Gresnigt[10] 理论。

采用大型有限元软件，如 ANSYS/LS-DYNA，直接模拟船舶撞击拱桥的全过程，可以得到较好的连续垮塌分过程分析结果。但关键参数往往都是未知的，如船舶尺寸、船吨位、流速和主拱的具体构造细节，而且有限元动力分析迭代复杂，费时费力，分析起来难度很大，因此本章采用一种简化算法，不对撞击动力过程进行分析，而是采用准静态方式，对关键参数均取保守值，仍然可得到很好的结果。以瑞典阿摩尔桥的船撞垮塌事故[12]为背景，基于理论公式，采用大型有限元软件 ANSYS，建立整体结构和钢管局部空间弹塑性有限元模型，从结构参数和船撞力两方面，分析船撞作用下桥梁连续垮塌过程及关键影响因素，为防撞设计提供参考。

13.2 桥梁概况

瑞典阿摩尔桥跨越阿斯卡松（Askero）海峡，连接斯泰农松德市与雪恩岛，是当时世界上最大跨度空心钢管拱桥，钢材等级相当于中国的 Q345，1960 年建成通车。主跨为 278 m，主拱肋由两根直径为 3.8 m 的钢管组成，钢管厚度为 14 mm（拱顶）~22 mm（拱脚），桥面系为多跨简支混凝土梁，桥下通航净高 41 m、宽 50 m。1980 年 1 月 18 日凌晨 1 时 30 分，货轮"Star Clipper"（满载 27 000 t，但此时没有满载）上的船桅撞击阿摩尔桥，撞击位置离岸约 35 m，如图 13.1 所示。钢管主拱垮塌后砸在货轮上，而过桥车辆随即坠落，8 人遇难，如图 13.2 所示。

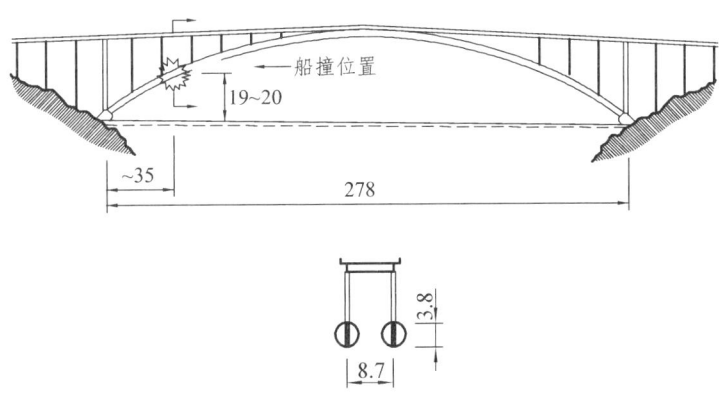

图 13.1 桥梁结构和船撞位置（单位：m）

图 13.2 桥梁垮塌现场

13.3 垮塌原因分析

13.3.1 船撞力计算

根据 AASHTO 规范[13, 14]，船桅对桥梁上部结构的横向撞击力 P_{MT} 计算如下式：

$$P_{MT} = 0.1 R_{DH} P_S = 0.1 \times R_{DH} \times 1.2 \times 10^5 v \sqrt{DWT} \tag{13.1}$$

式中：P_s 为船对桥墩撞击力（N）；v 为船速（m/s）；DWT 为船载重（t）；R_{DH} 为折减系数，船舶超过 100 000 t 时，取为 0.1；小于 100 000 t 时，$R_{DH} = 0.2 - 0.1DWT/100\,000$。船舶载重量偏保守取满载 27 000 t，船速一般为 2～6 m/s，取为 5 m/s。根据式（13.1），船舶对拱桥的撞击力 P_{MT} 为 1 690 kN，考虑冲击效应，保守取冲击系数为 2.0，得到横向撞击力为 3 380 kN。由于船速较小，可采用准静态荷载模拟横向撞击力的作用效应。

13.3.2 全桥结构理论分析模型

拱桥运营阶段的稳定一般都由横向稳定性控制，因此钢拱桥极限承载能力可用侧倾临界轴力分析。钢拱桥侧倾临界轴力 N_{cr} 一般采用当量压杆法求解[15]，即

$$N_{cr} = \alpha_0 \frac{\pi^2 EI}{l_a^2} \tag{13.2}$$

式中：E 为弹性模量；I 是两根弦杆对其公共轴（与桥的轴线重合）的惯性矩；l_a 是拱轴线长度。

$$\alpha_0 = \frac{1}{1 + \frac{\pi^2 EI}{l_a^2}\left(\frac{ah}{12EI_p} + \frac{a}{26EI_n} \cdot \frac{1}{1-\beta}\right)} \tag{13.3}$$

式中：a、h 分别为节间长度和弦杆轴线间距离；I_p 和 I_n 分别为横撑和弦杆对竖轴的惯性矩。

$$\beta = \frac{N_{cr} a^2}{2\pi^2 EI_n} \tag{13.4}$$

由式（13.2）～（13.4）可见，影响横向稳定的因素主要是横向连接系（α_0）和拱肋面外刚度（I）。根据原桥几何尺寸计算得到弹性屈曲荷载 N_{cr} 为 95 000 kN。

13.3.3 全桥结构有限元模型

根据阿摩尔桥结构尺寸，采用大型通用有限元软件程序 ANSYS，建立主拱空间有限元非线性分析模型，拱上恒载及活载采用等效均布荷载方式（取为 140 kN/m）施加到两拱肋上。拱肋和横撑都采用 beam189 单元模拟，截面采用圆管截面，拱肋截面半径为 1.9 m，横撑截面半径为 0.4 m，厚度为 5 mm。拱肋间距为 8.7 m，边界采用无铰拱。钢材采用 Q345，应力应变关系采用理想弹塑性模型，$\sigma_y = 345$ MPa，如图 13.3。

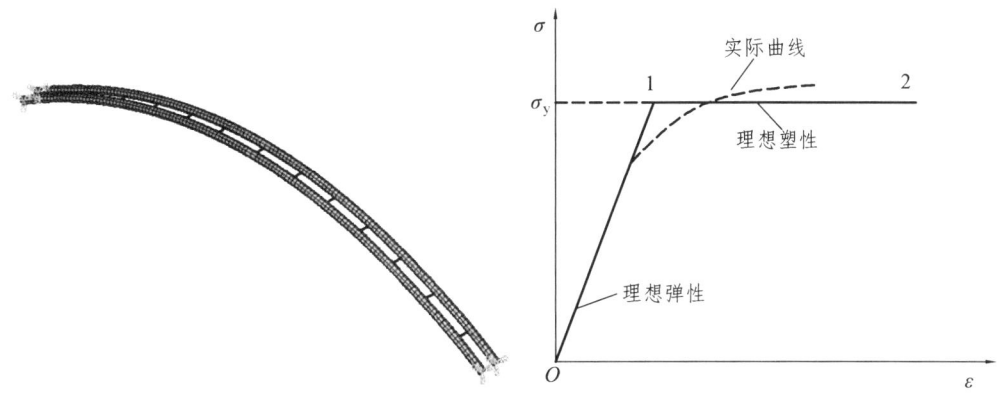

图 13.3 全桥有限元模型

13.3.4 整体稳定性分析

1. 受力及稳定性分析

根据整体有限元模型,不施加横向撞击力进行受力分析。结果表明:主拱最大轴力为 23 400 kN,撞击处钢管轴向名义应力为 109.5 MPa,一阶横向屈曲系数为 1.95,屈曲荷载为 45 630 kN,是相应理论值(95 000 kN)的一半,如图 13.4 和 13.5 所示。在实际撞击位置施加横向力,进行材料非线性分析,横向位移与横向力关系曲线如图 13.6 所示。

由图 13.6 可见,横向船撞力为 3 380 kN 时,整体横向位移不大,为 0.25 m。船撞力增加时,横向位移急剧增大,说明实桥结构整体横向刚度不足,对侧向撞击很敏感。船撞力增加到 8 000 kN 时,横向位移开始急剧增大,而承载力不增加,此时主拱撞击位置处产生塑性铰,桥梁结构丧失承载能力,发生强度破坏,因此,船撞力对整体结构受力影响很大。而且双主拱桥如果其中之一主拱失效,全桥即发生倾覆,整体结构缺乏冗余度,造成结构完全垮塌。

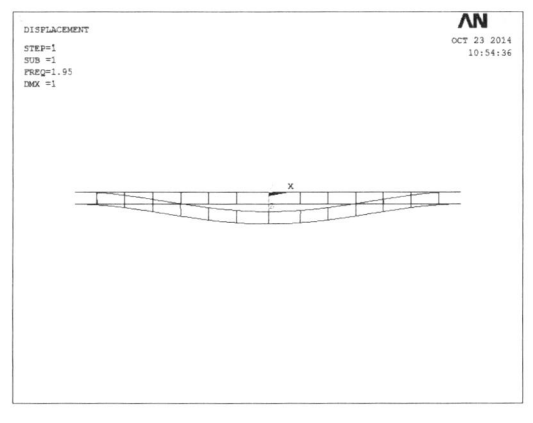

图 13.4 一阶横向失稳模态

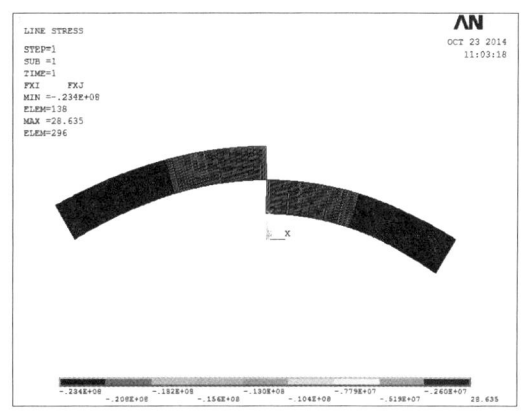

图 13.5 主拱轴力(单位:kN)

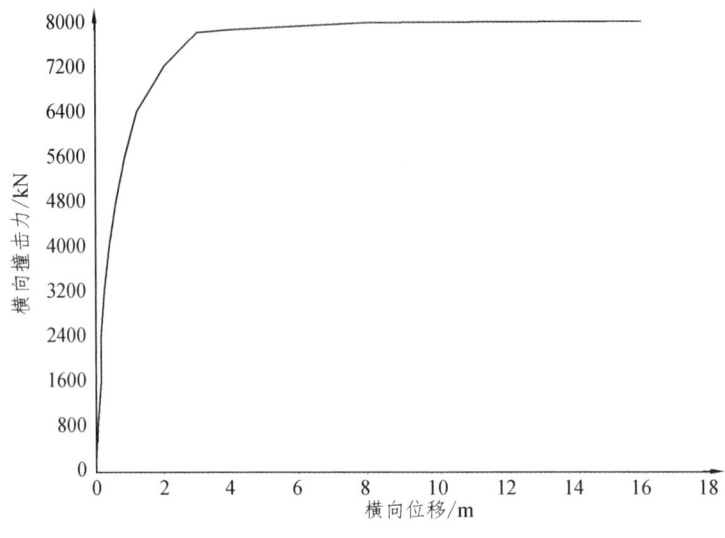

图 13.6 横向位移与船撞力关系曲线

2．关键影响参数分析

主要影响拱桥稳定的是结构本身抗力和外加作用力，因此需要从结构参数和船撞力两方面进行参数研究。

（1）关键结构参数。

基于原桥主拱截面，对拱桥结构参数的影响进行分析，如宽跨比、横撑数量及刚度、矢跨比和拱上建筑等。结果表明：影响拱桥整体横向稳定性的关键结构因素为宽跨比和拱上建筑，如图 13.7 所示。

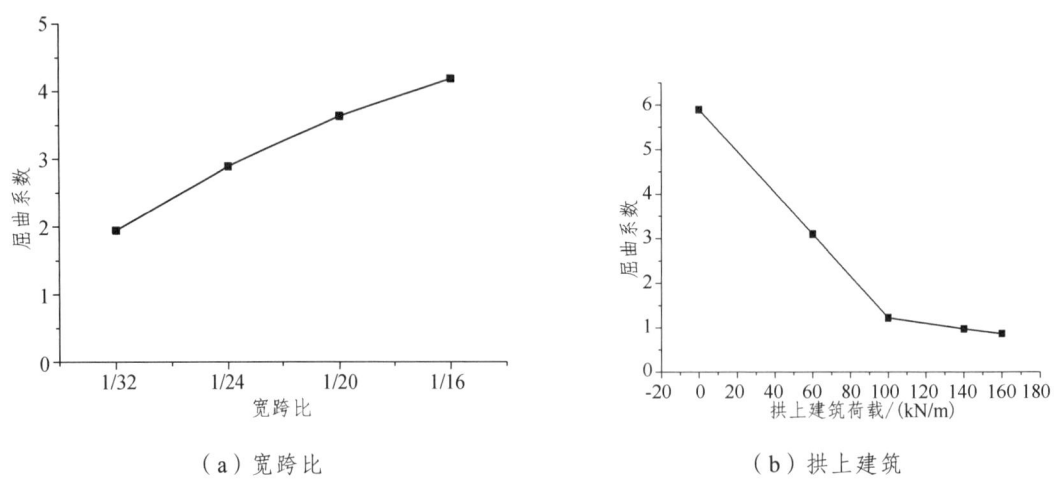

（a）宽跨比　　　　　　　　　　　　　　（b）拱上建筑

图 13.7 关键结构参数对整体稳定性的影响

根据式（13.2），宽跨比（桥梁宽度与计算跨度之比）对横向刚度影响很大，图 13.7 表明：如果原桥宽跨比增加一倍，稳定性也将增加一倍，大幅度降低了船舶撞击下因横向失稳而垮塌的风险。我国铁路桥梁规范[15]规定拱桥肋拱两外肋中心线之间的最小距离不宜小于计算跨度的 1/20。当宽跨比大于 1/20 时，主拱横向稳定性就能得到保证，而阿摩尔桥宽跨比（1/32）远小于 1/20，横向稳定性不足，容易横向失稳。由于拱上建筑为立柱和简支梁，对主拱的影响以荷载为主，故以均布线荷载考虑是偏于保守的，表明拱上建筑对主拱的横向稳定影响较大。

（2）船撞力。

船撞击力作用主拱产生横向位移，导致 P-Δ 效应，影响拱桥稳定性能。参数分析表明：船撞击位置影响较小，船撞击力大小是关键因素。冲击力越大，横向位移越大，稳定性越低，如图 13.8 所示。在拱桥结构本身整体稳定性不足情况下，船撞击力使拱桥稳定性急剧降低，很容易失稳。

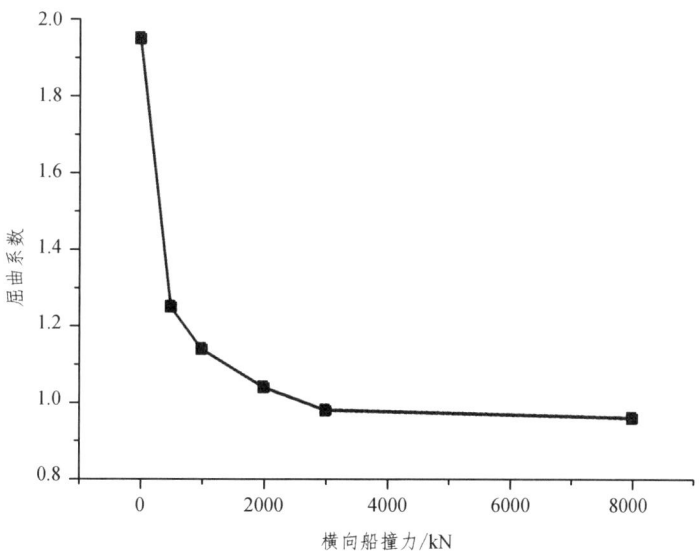

图 13.8　船撞力对整体稳定性的影响

13.3.5　钢管拱肋局部稳定性分析

主拱钢圆管截面名义半径为 r，厚度为 t，钢管内外流体压力为 p（以背向圆心为正），侧向荷载作用下变形的圆管截面的等效半径为 $r_0 = r/(1-3a/r)$，变形量为 $a = (D_{max} - D_{min})/4$，但 $a \leqslant 0.1r$，如图 13.9 所示，Gresnigt[10] 公式的临界屈曲应变 ε_{cr} 为：

$$\frac{r_0}{t} \leqslant 60 : \varepsilon_{cr} = 0.25\frac{t}{r_0} - 0.0025 + 3\,000\left(\frac{pr_0}{Et}\right)^2 \frac{|p|}{p}$$

$$\frac{r_0}{t} > 60 : \varepsilon_{cr} = 0.10\frac{t}{r_0} + 3\,000\left(\frac{pr_0}{Et}\right)^2 \frac{|p|}{p} \quad\quad (13.5)$$

$$r_0 = r\Big/\left(1 - \frac{3a}{r}\right)$$

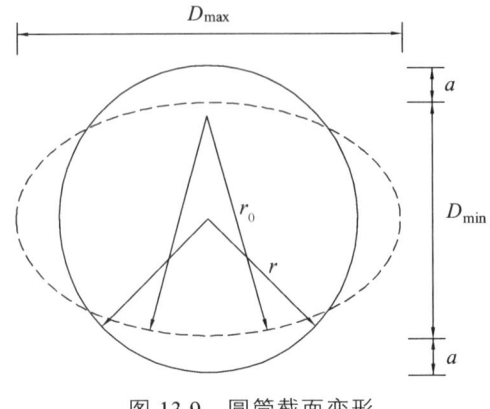

图 13.9 圆管截面变形

根据式（13.5）可见，阿摩尔桥主拱空心钢管（$p=0$，$r/t>60$）的临界屈曲应变可简化为：

$$\varepsilon_{cr} = 0.10\frac{t}{r}\left(1-\frac{3a}{r}\right) \tag{13.6}$$

由此可见，钢管径厚比（r/t）及截面变形量（撞深）a 对局部屈曲临界应变影响很大。径厚比基本上与临界屈曲应变（应力）成反比；当钢管径厚比不变时，截面变形量（撞深）a 由撞击力和撞击接触面积确定，极大影响临界屈曲应变（应力）。

采用 ANSYS 建立主拱钢管节段（长度为 L，原桥结构取相邻立柱间距离 $L=30$ m，钢管厚度保守取为 18 mm）空间有限元非线性模型，不考虑横撑和加劲肋，节段两端限制横向位移，轴向施加 23 400 kN 轴力。根据船桅一般尺寸和撞击后船桥密贴接触原则，节段中间横向施加船撞力，加载面积（轴向×径向）为矩形（2 m×2 m），钢管采用 Shell43 单元，如图 13.10。Q345 钢材应力应变关系仍为理想弹塑性模型，$E=210\ 000$ MPa。

图 13.10 主拱节段有限元模型

1．受力及稳定性分析

根据主拱节段有限元模型，得到截面的最大变形和 Von Mises 等效应力，如图 13.11。结果表明：局部结构变形主要是钢管截面形状变形，弯曲变形很小，可忽略不计。撞击区域钢管附近约 3.6 m×6 m 区域钢材达到屈服，a = 0.15 m。根据式（13.6），可得到临界应力为 $\sigma_{cr} = E \varepsilon_{cr} = 151.8$ MPa，小于屈服强度 345 MPa。

分别对厚度为 15 mm、18 mm 和 20 mm 的钢管分析截面最大横向位移和荷载之间的关系，如图 13.12 所示。当荷载达到一定值，如 2 000 kN 时，钢管开始出现非线性行为，且厚度越小，钢材屈服越早出现，截面刚度减小了。通过图 13.11 和 13.12 可见，船撞力对钢管结构的受力影响很大，主要体现在两个方面：①撞击造成的截面变形降低了临界屈曲应力（抗力）；②形成的钢管局部屈服区削弱了截面承载面积，增加了拱轴向应力（作用效应）。

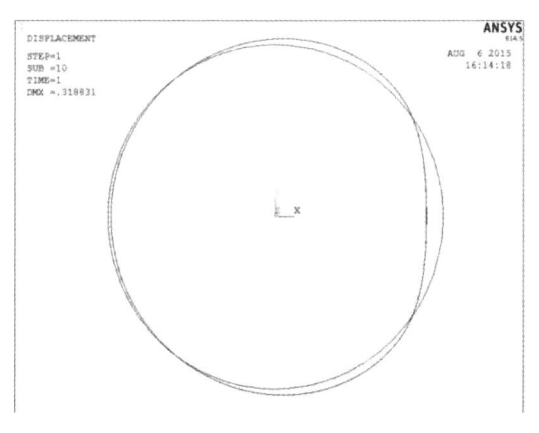
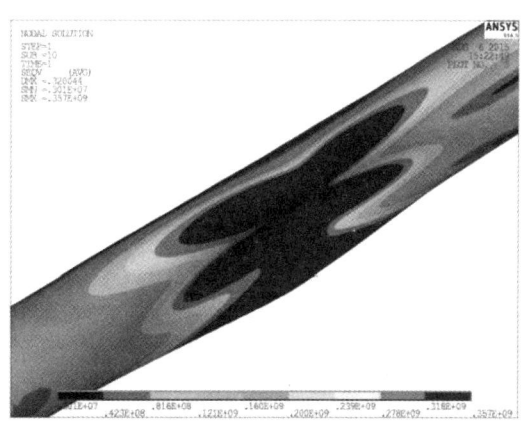

（a）变形　　　　　　　　　　　（b）Von Mises 等效应力（单位：MPa）

图 13.11　截面变形及 Von Mises 等效应力

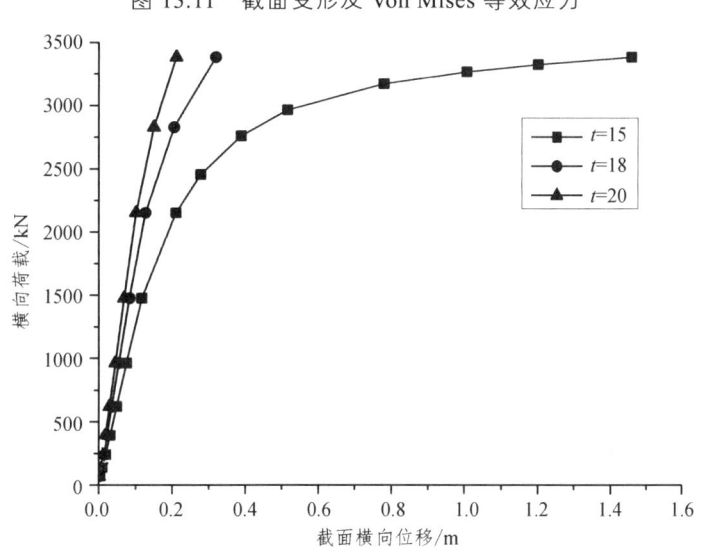

图 13.12　管截面横向位移-荷载曲线

2．关键影响参数分析

（1）关键结构参数。

基于原桥主拱截面，研究关键结构参数，如钢管长径比 L/r 和径厚比 r/t 对钢管截面横向变形的影响，结果如图 13.13 所示。

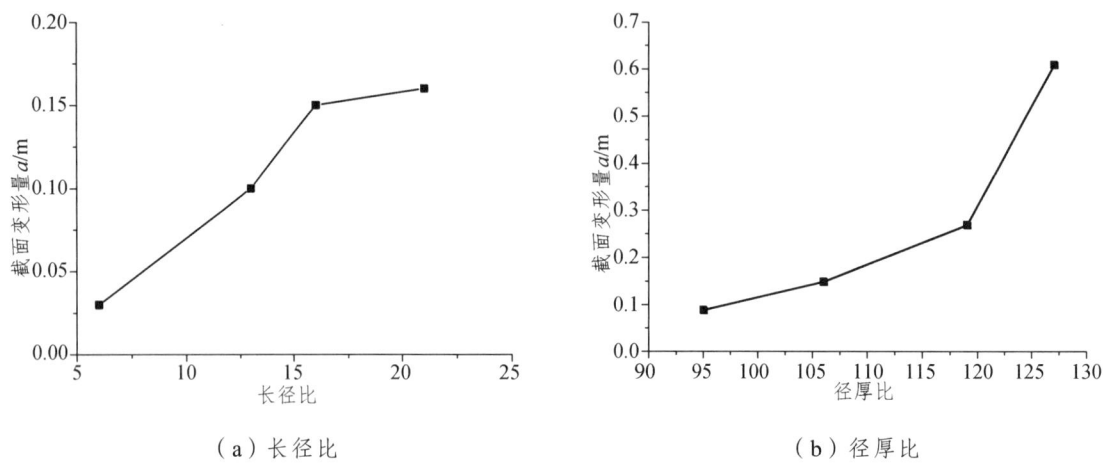

(a)长径比　　　　　　　　　　　　　（b)径厚比

图 13.13　关键结构参数对截面变形量的影响

钢管长径比 L/r 越大,船撞作用下钢管屈服范围越大,截面变形量 a 随之增加,根据式（13.6），局部临界屈曲应变减小。长径比 L/r 还可看作钢管环向加劲肋布置间距的量度，增加环向加劲肋可以有效提高钢管稳定承载能力。同理，径厚比与临界屈曲应变成反比，是关键的截面设计控制因素。

（2）船撞力。

船撞力包括荷载值和撞击接触面积，对钢管截面变形（撞深）及临界屈曲应力影响很大。由式（13.6）和有限元模型，得到实桥钢管节段（$L = 30\text{ m}$）不同撞击接触面积（轴向×径向）分别为 2 m×2 m、1 m×2 m、1 m×1 m 时对应的截面变形和临界屈曲应力关系曲线，如图 13.14。

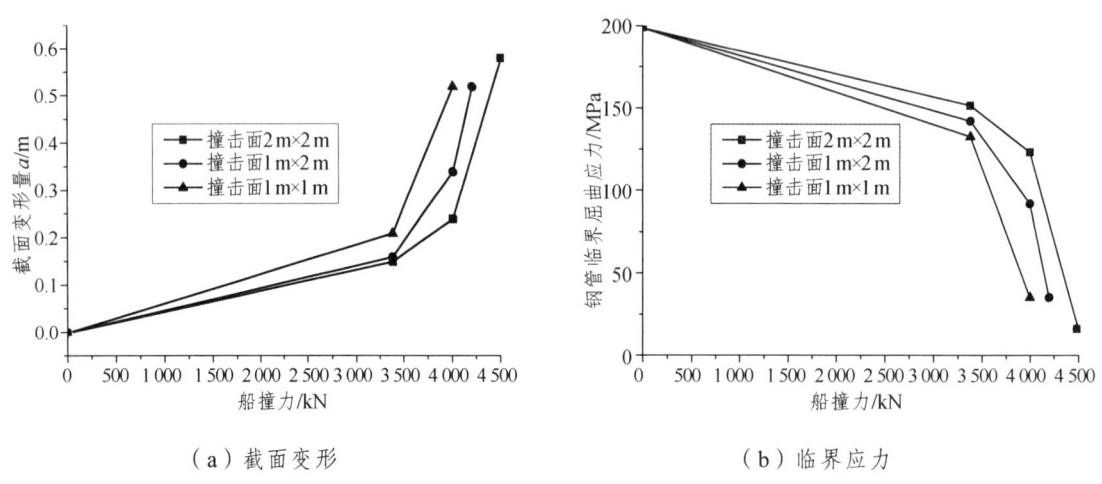

(a)截面变形　　　　　　　　　　　　（b)临界应力

图 13.14　船撞力对钢管截面变形记临界应力的影响

结果表明：船撞力大小和撞击面积对于截面变形量 a 和临界屈曲应力影响很大。撞击接触面积越小，截面局部变形（撞深）越大，撞击荷载越大，临界屈曲应力下降也越快。

13.4 连续垮塌过程分析

由图 13.4 和 13.5 可得钢管名义轴向应力为 109.5 MPa，整体结构临界屈曲应力为 218.9 MPa，结构不可能发生材料的强度破坏。撞击处局部失稳根据式（13.6），分别取 $a=0$ 和 0.15 m，求得撞击前后的局部屈曲应力值，如表 13.1 所示。因此钢管承载能力由船撞击处的局部临界屈曲应力决定，安全系数只有 1.38。

表 13.1 承载能力分析

极限状态	失效模式	名义轴向应力/MPa	临界屈曲应力/MPa	安全系数
整体失稳	横向屈曲		218.9	1.95
撞击处局部失稳	撞击前屈曲	109.5	198.9	1.82
	撞击后屈曲		151.8	1.38

根据局部分析结果，可得到钢管在船撞以后实际轴压应力（作用）与临界屈曲应力（抗力）的变化过程，如图 13.15 所示。名义轴向应力不变，但实际轴压应力不断增加，而临界屈曲应力（抗力）不断衰减，最后到达失稳临界点。

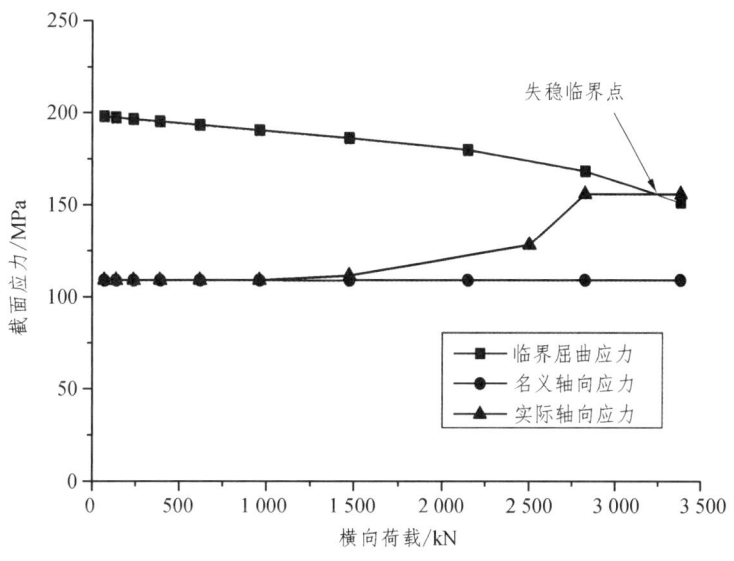

图 13.15 钢管局部失效过程

综上所述，阿摩尔桥的连续垮塌过程为：船侧向撞击主拱后，造成空心钢管截面变形和局部材料屈服，使临界屈曲应力大幅度降低，拱轴压应力增加，发生局部失稳，所撞主拱失去承载能力。由于桥梁整体结构由两钢管主拱组成，缺乏结构冗余度，其中一根主拱失效后，荷载随之转移至另一主拱，而整体结构安全储备不足，单拱无法承载全部荷载而失稳垮塌。

13.5 结　论

通过理论公式与空间有限元模型分析，对阿摩尔大跨钢管拱桥船桅撞击垮塌的原因和关键影响因素进行研究，结果表明：

（1）阿摩尔桥整体结构宽跨小于 1/20，横向稳定性不足，且缺乏结构冗余度；船撞击力使拱桥稳定性急剧降低，容易失稳。

（2）主拱钢管径厚比与临界屈曲应变成反比，钢管局部稳定性严重不足；船撞力大小和撞击面积对于主拱钢管撞深和临界屈曲应力影响很大。撞击接触面积越小，撞击荷载越大，导致的局部变形（撞深）越大，临界屈曲应力下降也越快。

（3）主拱钢管在船撞力作用下截面发生变形和局部屈服，临界屈曲应力降低，安全系数只有 1.38，实际轴压应力增加，达到临界屈曲应力 151.8 MPa 后所撞钢管局部失稳，全桥进而因冗余度不足而完全垮塌。

参考文献

[1] 戴彤宇. 船撞桥及其风险分析[D]. 哈尔滨：哈尔滨工程大学，2003.

[2] SCHMIDT H. Failed bridges: case studies, causes and consequences[M]. Berlin: John Wiley & Sons, 2011.

[3] VAN MANEN S E, FRANDSEN A G. Ship collision with bridges, review of accidents[C]//Ship Collision Analysis. Proceedings of the International Symposium on Advances in Ship Collision Analysis, Copenhagen/Denmark, H Gluver & D Olsen (eds), AA Balkema, Rotterdam. 1998: 3-12.

[4] YAN B, DAI G L. Investigation and counter measures of ship-bridge collision accidents in China in recent years[J]. Advanced Materials Research, 2011, 168: 167-174.

[5] 孙莉，刘钊. 2000～2008 年美国桥梁倒塌案例分析与启示[J]. 世界桥梁，2009（3）：46-49.

[6] 陈国虞，王礼立，等. 船撞桥及其防御[M]. 北京：中国铁道出版社，2006.

[7] 项海帆，范立础. 船撞桥设计理论的现状与需进一步研究的问题[J]. 同济大学学报（自然科学版），2002，30（4）：386-392.

[8] GRESNIGT, A M. Plastic Design of buried steel Pipelines in Settlement Areas[R]. DELFT, 1987.

[9] SOREIDE T H, AMDAHL J. Deformation characteristics of tubular members with reference to impact loads from collision and dropped objects[J]. Norwegian Maritime Research, 1982, 10(2): 3-12.

[10] ELLINAS C P. Ultimate strength of damaged tubular bracing members[J]. Journal of Structural Engineering, 1984, 110(2): 245-259.

[11] 李晓辉，陈宝春. 大跨径拱桥的发展[J]. 世界桥梁，2007，1（9）：9-12.

[12] AKESSON B. Understanding bridge collapses[M]. London: CRC Press, 2008.

[13] American Association of State Highway and Transportation Officials. LRFD Bridge Design Specifications [S]. 2012.

[14] 姜华，王君杰. 美国公路桥梁风险法确定设防船撞力评述[J]. 世界桥梁，2008（4）：64-67.

[15] 中国铁路设计集团有限公司. 铁路桥涵设计规范：TB 10002—2017[S]. 北京：中国铁道出版社，2017.

14　I-35W 连续钢桁梁桥

14.1　引　言

连续钢桁梁桥以其承载能力强、预制程度高、施工速度快等优点广泛应用于城市桥、公路和铁路桥梁[1]。从桥梁的发展史来看，桥梁事故的经验和教训推动了工程技术的不断进步[2-5]。据相关资料统计，仅美国 19 世纪 70 年代到 20 世纪 70 年代，以桁架为主的铁路桥梁就以每年 25 座的数量在消失。其破坏原因主要有杆件承载力不足、杆件失稳、钢材脆断、节点板破坏等[6]。美国 I-35W 大桥垮塌事故是典型的节点板破坏造成钢桁梁整体垮塌的事故[7]。S. Hao[8]通过有限元分析认为，由于原桥设计是基于一维梁单元，节点板设计尺寸偏小且不合理，导致局部破坏，但并未涉及全桥连续垮塌过程。明尼苏达州大学研究人员[9]用 SAP2000（CSI2007）对该桥垮塌进行计算研究，认为原桥设计的节点板抗剪强度不足，加之事故当天维修的施工荷载，导致节点板破坏，并对连续垮塌过程作了研究，但对节点板分析不全面。

本章在上述研究基础上，基于我国钢结构设计规范[10, 11]，分析节点板抗拉、抗剪强度及局部稳定性，并采用大型通用有限元软件 ANSYS，建立全桥模型和节点板 U10 局部分析模型，研究了节点板破坏过程和全桥连续垮塌过程。

14.2　桥梁概况

美国 I-35W 大桥为（80 + 139 + 80）m 三跨连续上承式钢桁架桥，跨越明尼苏达州明尼阿波利斯市密西西比河，1964 年开工，1967 年竣工通车，如图 14.1 所示。其主桁腹杆和弦杆截面为工字形和箱形，如图 14.2 所示。美国中部标准时间 2007 年 8 月 1 日下午 6:01, I-35W 大桥在短短几秒钟内突然垮塌，139 m 中跨上承桁架部分落入密西西比河中，如图 14.3 所示，共造成 13 人死亡和 145 人受伤。

明尼苏达州交通运输部（Mn/DOT）和国家运输安全委员会（NTSB）进行了事故调查，资料显示在 1977 年和 1998 年均对桥梁进行了修缮，垮塌当天 U10 节点附近正在进行桥面铺装作业。事故分析结果表明破坏始于节点 U10，如图 14.4（a）所示，涉及 5 个桁架构件：上弦 U9/U10 和 U10/U11，斜杆 L9/U10 和 U10/L11 和竖杆 U10/L10，尺寸如表 14.1 所示。U10 节点板为 12.7 mm 厚的 ASTM A-441 50 级钢（相当于 Q345 钢），螺栓连接于桁架构件。图 14.4（b）为主要破坏裂缝：①斜裂缝沿受压斜杆 L9/U10 截面下边缘；②水平裂缝在上弦 U9/U10 下边缘；③竖向裂缝在上弦 U9/U10 和 U10/U11 分离处。

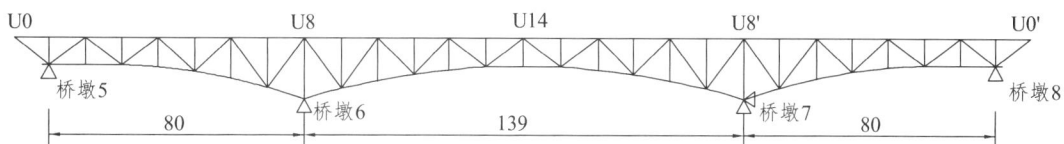

图 14.1　I-35W 大桥立面图（单位：m）

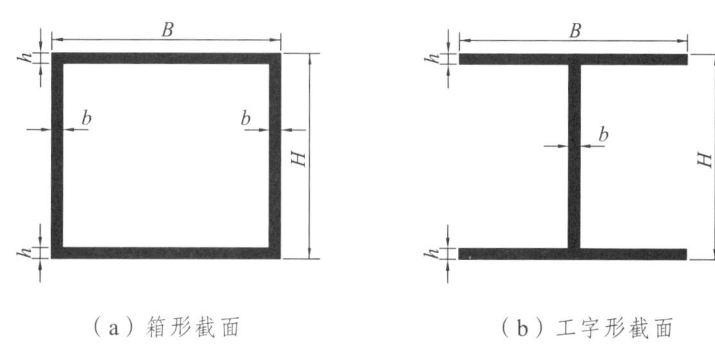

（a）箱形截面　　　　　　　（b）工字形截面

图 14.2　杆件截面形式

图 14.3　I-35W 大桥垮塌现场

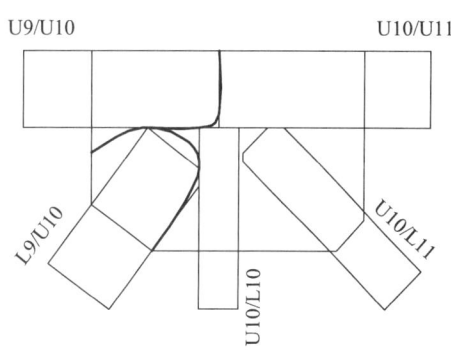

（a）节点板 U10 残骸　　　　　　（b）裂缝的位置

图 14.4　节点板 U10 破坏情况

表 14.1 节点 U10 连接构件尺寸

构 件	截面形式	B/mm	H/mm	b/mm	h/mm	截面积 A/mm²
U9/U10	箱形	533.4	711.2	36.5	12.7	63 612
U10/U11	箱形	533.4	711.2	25.4	12.7	48 387
L9/U10	箱形	533.4	711.2	50.8	17.5	87 371
U10/L11	工字形	533.4	609.6	14.3	41.3	51 595
U10/L10	工字形	533.4	381.0	9.5	12.7	16 927

14.3 垮塌原因分析

14.3.1 全桥结构整体分析模型

根据 I-35W 大桥的原设计资料及事故发生时的真实受载情况,采用 ANSYS 中 beam188 梁单元建立全桥二维模型,如图 14.5 所示。将图中上弦杆节点从左至中节点依次编号为 U0~U14,从右至中节点依次编号为 U0′~U13′。弹性模量为 210 GPa,泊松比为 0.3,全结构采用 3 跨连续梁的支承方式,4 个支点均对面外以及竖直方向进行约束,桥墩 7 对水平方向也进行约束。垮塌前桥梁荷载有 4 方面:① 原桥恒载 P_1;② 后期由于维修时在混凝土桥面上增加了 2 in(50.8 mm)厚的覆盖层和混凝土护栏所增加的恒载 P_2;③ 活载 P_3,包括交通荷载和冲击荷载,按当天交通荷载总荷载的 130% 均布分配;④ 垮塌时 U10 附近铺装作业的建筑材料和设备荷载 P_4。所有荷载均换算为节点荷载施加在上弦杆节点上,如表 14.2 所示。根据结构不同的受力阶段分为以下 4 种工况:① P_1;② P_1+P_2;③ $P_1+P_2+P_3$;④ $P_1+P_2+P_3+P_4$。最后利用生死单元对失效杆件进行处理,用来模拟全桥连续垮塌过程。

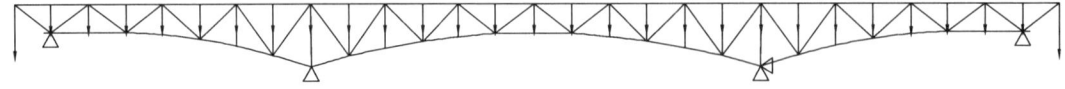

图 14.5 全桥分析模型

表 14.2 大桥模型中节点上施加的荷载(单位:kN)

节点	P_1	P_2	P_3	P_4
U0	1868.6	449.5	65.9	0
U1	1178.4	388.9	65.9	0
U2	1193.5	388.9	65.9	0
U3	1188.2	388.9	65.9	0
U4	1441.8	388.9	65.9	0
U5	1190.4	388.9	65.9	0

续表

节点	P_1	P_2	P_3	P_4
U6	1219.3	388.9	65.9	0
U7	1212.6	388.9	65.9	0
U8	1468.9	388.9	48.5	0
U9	1206.4	388.9	28.5	259.9
U10	1210.4	388.9	28.5	290.1
U11	1196.6	388.9	28.5	334.2
U12	1189.9	388.9	28.5	179.8
U13	1182.8	388.9	28.5	142.8
U14	1433.8	388.9	28.5	16.0
U13′~U9′	对称	对称	对称	0
U8′	1468.9	388.96	27.6	0
U7′~U1′	对称	对称	26.3	0
U0′	2770.1	732.9	81.9	0

14.3.2　U10 节点板局部分析模型

采用 ANSYS 中的 shell43 板壳单元对节点 U10 建立局部有限元模型，如图 14.6 所示。弹性模量为 210 GPa，泊松比为 0.3，屈服强度为 345 MPa。模型采用混合边界条件，上弦杆顶端中间部分固结，将整体模型得出的轴力作为局部模型的荷载。

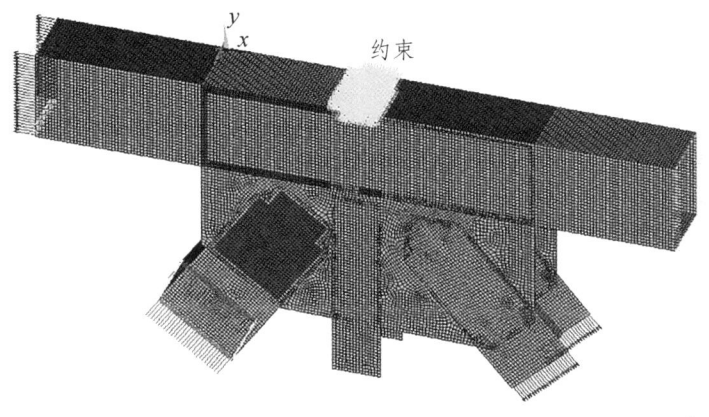

图 14.6　节点板有限元模型

14.3.3　有限元分析

对比各工况荷载作用下的应力值，全桥模型在工况 4 的作用下出现最大拉应力 177 MPa，各杆件的受拉性能良好；由于整体模型有所简化，支座处的局部压应力达到 213 MPa，但杆件的压应力均在失稳临界应力范围之内；全桥跨中挠度为 267 mm，挠跨比为 1/520，满足规范设计要求。综合各种分析结果表明全桥结构受力合理，桥梁垮塌不是因为杆件破坏引起的。在整体模型分析中提取出与节点板 U10 所连杆件的应力值如表 14.3 所示，斜杆 L9/U10、U10/L11 以及上弦杆 U9/U10、U10/U11 内力增加 30%~70%，竖腹杆增加 20%。显然后期修缮施工导致杆件应力大幅度增加，消耗了很大部分安全储备。

表 14.3 U10 连接杆件名义应力   单位：MPa

工 况	U9/U10	U10/U11	U10/L10	L9/U10	U10/L11
工况 1	104.2	-41.0	4.3	-86.0	121.5
工况 2	132.8	-49.8	4.7	-109.6	154.5
工况 3	136.5	-50.8	4.7	-111.5	157.0
工况 4	139.9	-67.2	5.3	-122.0	170.4

对局部模型进行非线性分析，其等效应力云图如图 14.7 所示，图中斜杆 L9/U10 的节点附近、上弦杆 U9/U10、U10/U11 与斜压、斜拉杆交界处等效应力偏大，局部区域甚至屈服。

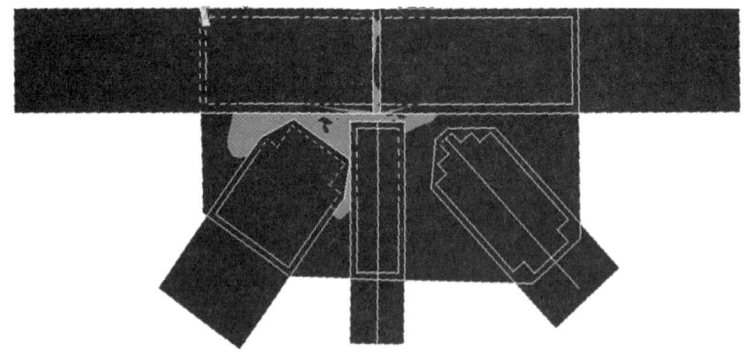

图 14.7 U10 节点板 Von Mises 应力图

14.3.4 节点板强度和稳定性理论分析

为了验证有限元结果的合理性，根据《钢结构设计规范》[10]及《公路钢结构桥梁设计规范》[11]对节点板进行强度和稳定性验算。

1．抗剪强度分析

由于 U10 位于连续桁架反弯点附近区域，在临界剪切面产生了很大的剪力，节点受力如图 14.8（a）所示。根据《公路钢结构桥梁设计规范》[11]，剪切应力按式（14.1）计算：

$$\gamma_0 \tau = \gamma_0 \frac{3}{2} \cdot \frac{T}{2a\delta} \leq 0.75 f_y \tag{14.1}$$

2. 抗拉强度分析

根据《钢结构设计规范》[10]节点板抗拉强度验算可采用有效宽度法，如图 14.8（b）所示，拉应力按式（14.2）计算（$b_e = b - 610$）：

$$\sigma = \frac{N}{2b_e \delta} \leqslant f_y \tag{14.2}$$

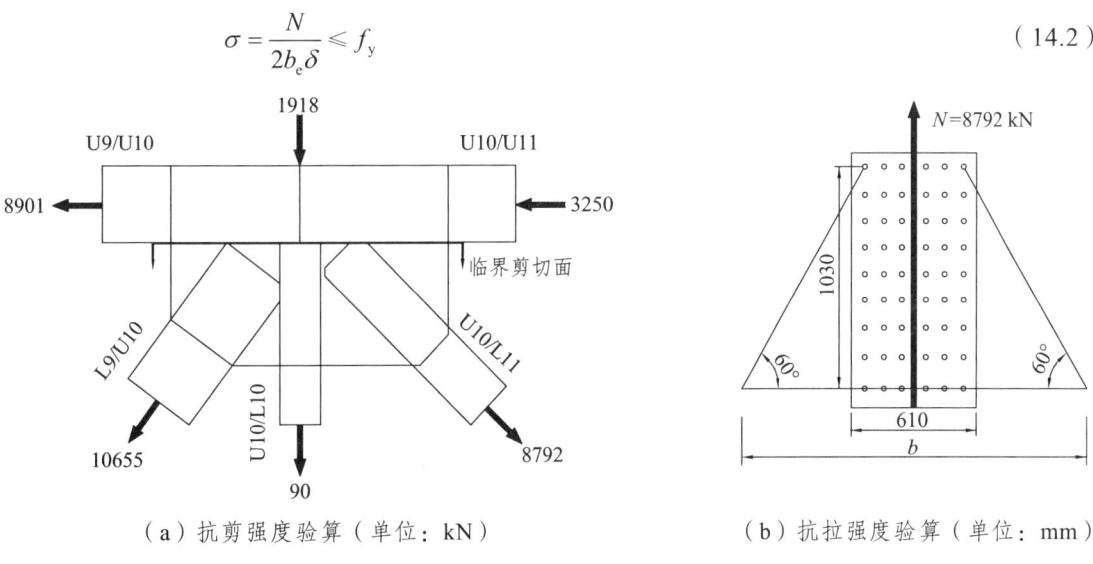

（a）抗剪强度验算（单位：kN）　　　　　（b）抗拉强度验算（单位：mm）

图 14.8　强度验算示意

3. 稳定性分析

根据《钢结构设计规范》[10]的要求，节点板在设计时按附录 F 对受压杆附近的板件进行稳定性验算，验算简图如图 14.9 所示，节点板受压区域分为 ABG、DEF 和 AOC 三个部分，应分别对每个区域按式（14.3）进行验算。当其中某一区域先失稳后，其他区域相继失稳。

$$\frac{b_i}{\sum b_i} N \sin\theta \leqslant 2 l_i \varphi_i \delta f_y \quad (i=1,2,3) \tag{14.3}$$

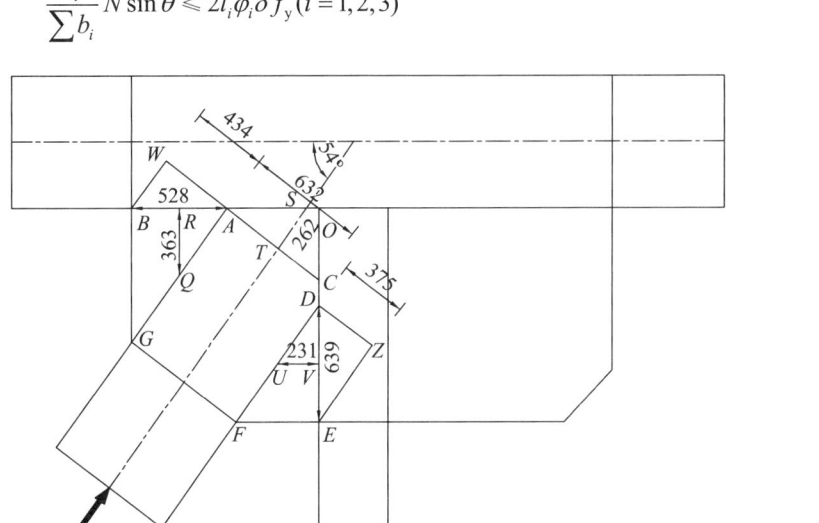

图 14.9　稳定性验算示意（单位：mm）

节点板的屈服强度和失稳临界应力按上述规范计算出的结果如表 14.4 所示。分别计算出各工况下各极限状态的正则化应力（实际应力 σ/抗力 σ_{cr}），如图 14.10 所示。

表 14.4 各极限状态的临界应力（单位：MPa）

部 位	极限状态	屈服强度或失稳临界应力
临界剪切面	剪切屈服	259
U10/L11 连接件	受拉屈服	345
ABG 区域	受压失稳	200
DEF 区域	受压失稳	261
AOC 区域	受压失稳	277

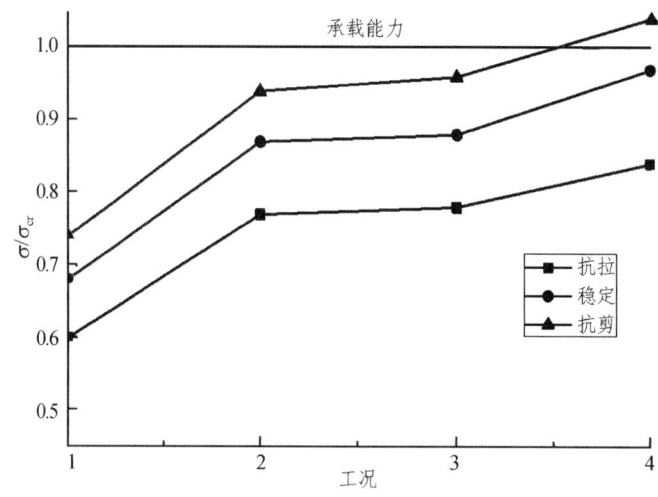

图 14.10 不同工况作用下正则化应力变化情况

图中显示随着荷载增加，各极限状态的实际应力均有所增加，但只有临界剪切面的实际应力达到了相应的承载极限，因此节点板最先在剪切面破坏。理论计算结果和节点板的有限元结果吻合。

14.4 连续垮塌过程分析

基于节点板的有限元和理论结果的合理性，针对节点板深入分析其连续破坏过程，再进行全桥垮塌过程分析。图 14.11（a）~（d）为 4 种工况下节点板的应力发展情况，（e）~（f）是在工况 4 的基础上通过增加活荷载来模拟节点板的后续破坏过程。

图 14.11（a）表明初期施工过程中节点板在上弦杆和斜压杆交界处已经屈服，随着大桥投入使用以及后期的修缮，屈服区域逐渐扩大，直至破坏。节点板的破坏可能沿着图 14.12 中的 2 条路径：O_1A 和 O_2BCDE。

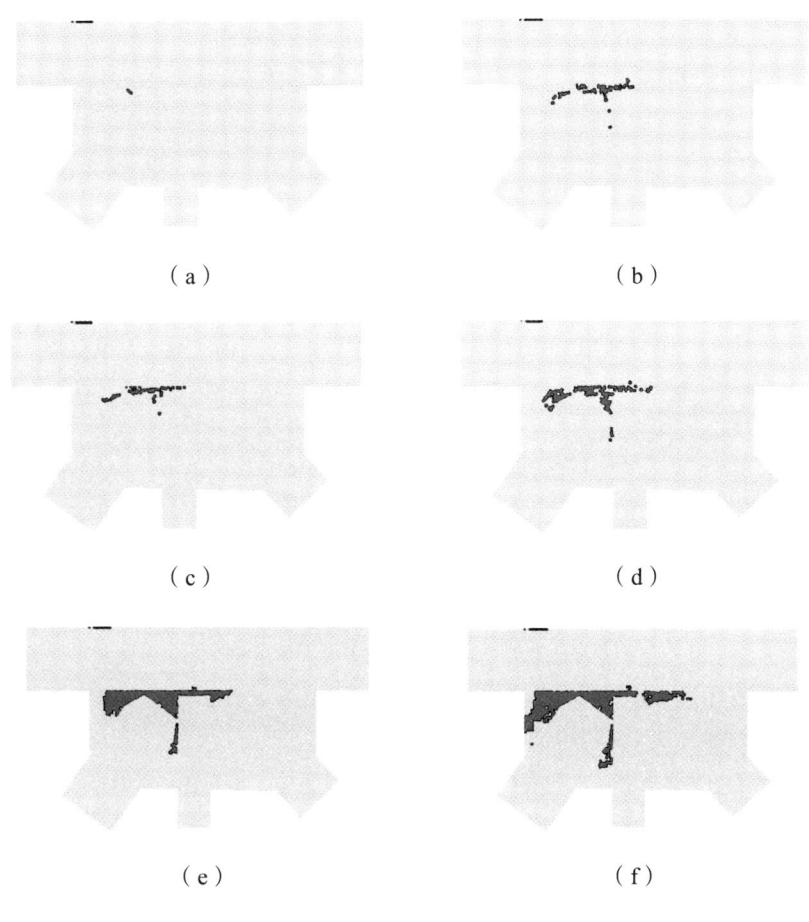

图 14.11 节点板的破坏过程

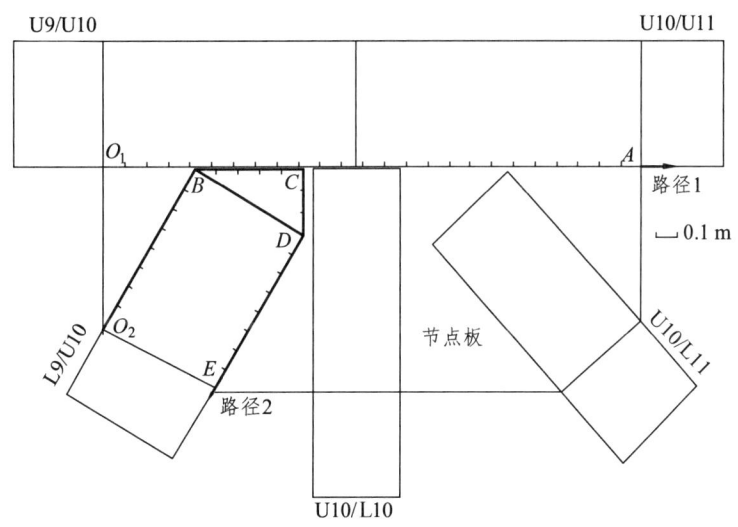

图 14.12 节点 U10 路径示意

图 14.13 为各路径的应力分布和变化情况。路径 1 的应变在 0.5~1.25 m 之间随荷载的增

长有显著变化,之后应变变化趋于平缓;路径 2 的应变在 0.5~1.75 m 显著增加且有向两端扩散的趋势。所以节点板破坏最有可能按路径 2 发展,即斜杆 L9/U10 连接失效。

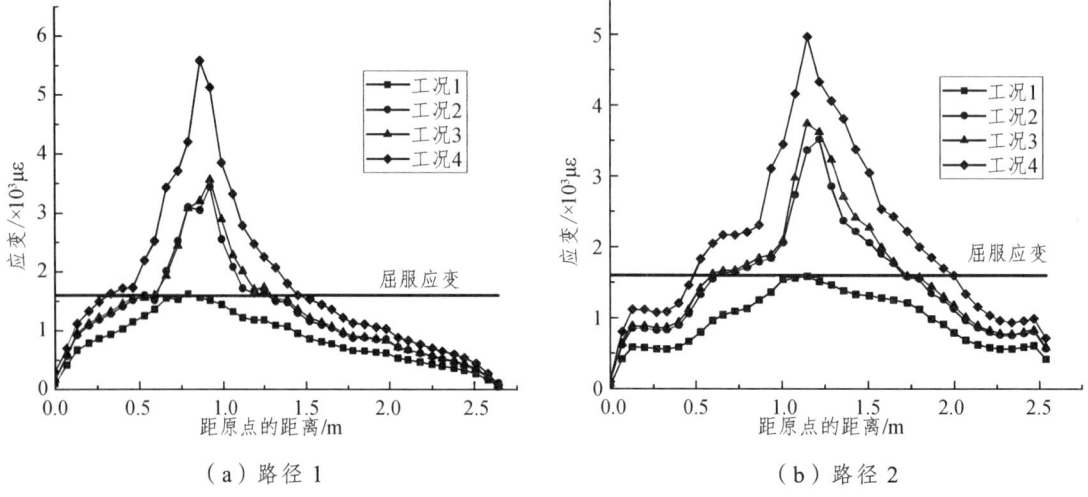

图 14.13 路径应变分析

L9/U10 杆件破坏后 U10 节点各构件进行内力重分布,剪切面剪力削弱,竖腹杆由受拉变为受压,压力为 6 010 kN,超过失稳的临界压力 4 495 kN,杆件失去承载力。节点板由于竖向承载力不足向下严重变形,上弦杆所受弯矩急剧增大,最终在 U9/U10 和 U10/U11 交界处断裂。图 14.14 所示为桁架在 L9/U10 构件和 L10/U10 杆件失效后整体结构的变形图,此时结构体系已经发生变化,桥墩 7 附近产生较大的负弯矩,支座附近的各杆件超过极限承载力而破坏,全桥垮塌。

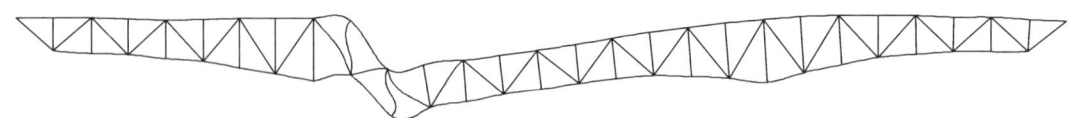

图 14.14 L9/U10 杆件破坏后全桥变形图

14.5 结 论

通过对美国 I-35W 钢桁梁桥的荷载、承载能力及连续垮塌过程进行理论和有限元分析,可得到以下结论:

(1)全桥结构分析结果表明原桥设计各杆件安全储备不足,因维修增加的集中荷载是使 U10 破坏的直接外因。

(2)U10 节点板的受剪、受拉及稳定性分析表明:节点板厚度偏小,抗剪强度不足是其破坏的内因。

(3)全桥连续垮塌过程为:维修荷载使得 U10 节点板剪切破坏,导致节点连接杆件受力急剧变化,原设计受拉竖杆 L10/U10 变为压杆,杆件失稳破坏,整个节点失去刚度,桥梁结构体系改变，无法继续按原设计承载，结构垮塌。

参考文献

[1] 周双文，刘凤奎. 基于 ANSYS 的某铁路桁架桥的力学特性研究[J]. 兰州工业学报，2016，23（6）：22-25.

[2] 叶华文，陈醉，曲浩博. 魁北克大桥连续倒塌过程及结构冗余度分析[J]. 世界桥梁，2017，45（1）：76-81.

[3] AKESSON B. Understanding Bridges Collapses[M]. London: CRC Press, 2008.

[4] SCHMIDT H. Failed Bridges: Case Studies, Causes and Consequences[M]. Berlin: John Wiley & Sons, 2011.

[5] 胡汉舟. 桥梁事故及经验教训[J]. 桥梁建设，2002（3）：71-75.

[6] 刘美铭. 桥梁事故分析[D]. 成都：西南交通大学，2013.

[7] 桂志敬. 美国明尼苏达州钢桁架拱桥坍塌事故回顾[J]. 中外公路，2012，32(2)：138-140.

[8] HAO S, PH D, ASCE M. I-35W Bridge Collapse[J]. Journal of Bridge Engineering, 2010: 607-614.

[9] LIAO Minmao, OKAZAKI Taichiro. A Computational Study of the I-35W Bridge Collapse[R]. America: University of Minnesota, 2009.

[10] 国家标准. 钢结构设计规范：GB 50017—2003[M]. 北京：中国计划出版社，2003.

[11] 行业标准. 公路钢结构桥梁设计规范：JTG D64—2015[M]. 北京：人民交通出版社，2015.

15　I-895 连续焊接钢板梁桥

15.1　引　言

早期设计的钢板梁桥中，横撑通过与主梁腹板焊接的横向加劲肋与主梁连接，为了避免横向加劲肋和主梁受拉翼缘之间的焊接细节发生疲劳失效，通常将横向加劲肋截短，这样横向加劲肋和主梁受拉翼缘之间就有几厘米的腹板间隙。在车辆荷载作用下，主梁之间存在挠度差，横撑对主梁腹板施加一个推力或拉力，使得刚度较小的腹板间隙处发生双弯曲变形，产生较大的二次应力，导致疲劳裂纹在此处萌生和扩展。

本章以美国的一座连续钢板梁桥[1-8]为背景，利用有限元软件对钢板梁桥进行了数值分析，研究了腹板间隙大小、腹板不平整度、横联作用和残余应力等对钢板梁桥腹板间隙面外变形的影响程度，明确了影响两种钢板梁桥腹板间隙面外变形疲劳的主要因素，为开裂钢板梁桥的维修加固、设计以及规范的编制提供理论依据。

15.2　桥梁概况

15.2.1　结构设计与开裂

I-895 桥横跨美国 1 号联邦公路和马里兰州埃尔克里奇的帕塔普斯科河（Patapsco River），在 I-895 南端附近与巴尔的摩南部的 I-95 桥相连。该桥建于 1972 年，为（50.4 + 60 + 75.9）m 的焊接钢板梁连续梁，第 4 跨为 16.8 m 简支梁。上部结构与下部结构斜交角为 35°。2003 年 3 月 14 日，两个主梁腹板发现裂纹，位于连续梁中跨靠近 2 号桥墩处的内侧（G4 号梁）和外侧（G7 号梁），如图 15.1 所示。

上部结构由 7 根焊接钢板梁组成，跨中横联垂直连接于主梁，梁端部横联斜连接于主梁，由 A36（屈服强度 250 MPa）钢梁和 229 mm 厚钢筋混凝土桥面板通过剪力钉连接形成组合梁。连续钢梁腹板高度均为 2 286 mm，厚度除 2 号桥墩处为 11 mm，其他均为 8 mm，翼板厚度在 22～95 mm。

发现裂纹后桥梁立即关闭，并在开裂区域进行检查，然后进行全桥彻底检查，没有发现其他裂纹。在去除裂尖和进行钢材性能试验后，设计和栓接钢板对梁进行修复。然后恢复桥梁运营，根据定期检测显示：运营良好，没有裂纹。

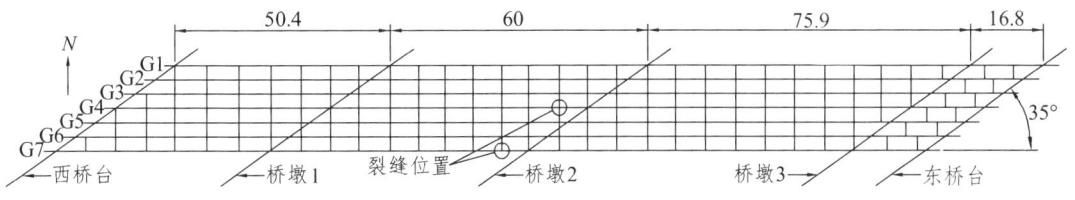

（a）平面图

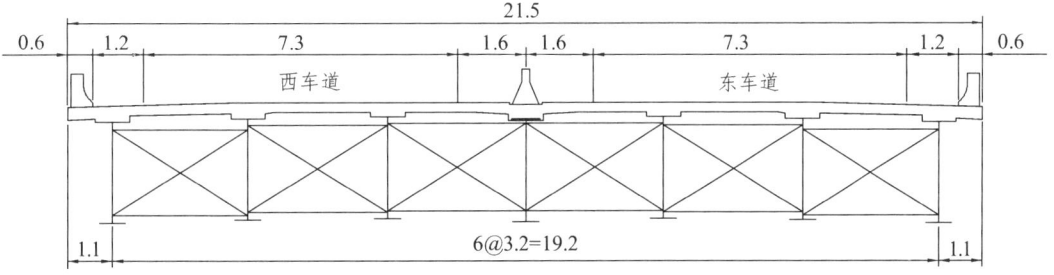

（b）立面图

图 15.1 桥梁平面图和立面图（单位：m）

G4 梁横联处腹板开裂如图 15.2 所示。断口分析表明：开裂始于腹板和加劲肋连接焊缝顶端，如图 15.3 所示。裂纹沿腹板对角线向下发展贯穿整个腹板，止于腹板与底板焊接处，如图 15.4 所示。上部裂纹近似水平扩展并止于腹板与上翼缘的焊缝处，如图 15.5。

所有主梁腹板两侧都焊接横向加劲肋，加劲肋一端焊接在顶板，另一端与底板紧密贴合，如图 15.3 ~ 图 15.5。横向加劲肋为钢板（11 mm × 178 mm 或 13 mm × 203 mm），在横联处还作为连接板使用。在 G4 开裂位置加劲肋为钢板（13 mm × 203 mm），也是第一道横联的连接板，距 2 号桥墩约为 6.9 m。加劲肋间距约为 864 mm，横联为 X 形，由上弦杆、下弦杆和斜杆组成，弦杆为（127 mm × 127 mm × 9.5 mm）角钢，斜杆为（102 mm × 76 mm × 9.5 mm）角钢。在主梁腹板一侧，位于底板上部约 460 mm 处，焊接纵向加劲肋（10 mm × 114 mm）。腹板开裂导致纵向加劲肋局部开裂。

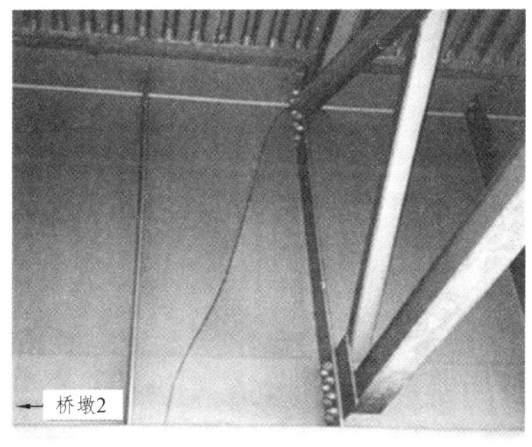

图 15.2 G4 主梁腹板裂纹

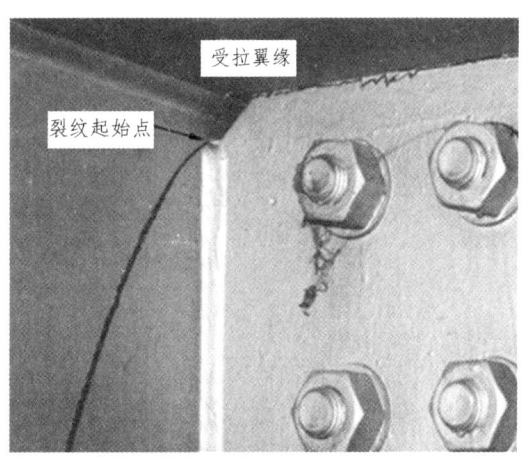

图 15.3 G4 主梁腹板裂纹顶端

 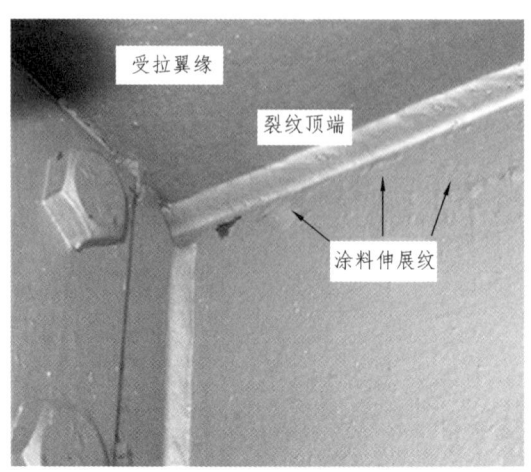

图 15.4　G4 主梁腹板裂纹底端　　　　图 15.5　G4 主梁腹板裂纹顶端

G7 梁腹板裂纹如图 15.6，止于腹板中部，而裂纹顶部近似水平扩展至腹板与顶板焊缝，与 G4 相似。断口分析表明：裂纹也始于腹板与加劲肋焊缝顶部。与 G4 梁不同，G7 腹板开裂始于中间横向加劲肋，离第一道横联（距 2 号桥墩约 6.5 m）有一定距离。

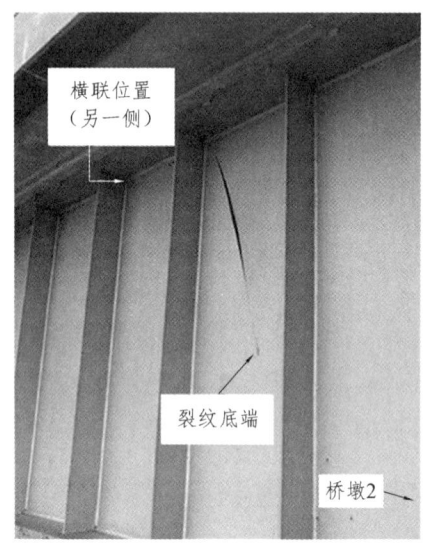

图 15.6　G7 腹板裂纹

15.2.2　分析方法及步骤

为研究该桥开裂原因和需采取的加固措施，采用以下步骤和方式进行分析：
（1）从开裂腹板取钢材进行性能试验。
（2）断口分析研究裂纹萌生及扩展情况。
（3）断裂力学分析，确定可能的组合应力和与材料韧性有关的缺陷特征。
（4）对桥梁结构进行有限元分析研究开裂原因，整体模型分析横向连接力，局部模型分析疲劳裂纹萌生区应力场。

在 8 mm 厚开裂腹板上取两种类型的材料试品：一种是完全去除裂尖；另一种作为测试钢材的化学和力学特性。2 个直径为 51 mm 的圆形试件，分别取自不同主梁，测试其化学性能。结果表明：两个腹板试件完全符合 A3 钢标准，确定屈服强度为 317 MPa，抗拉强度为 483 MPa。所有试样的力学性能，包括伸长率和断面收缩率，均符合 A36 钢要求。

按照规范进行夏比 V 型缺口（CVN）冲击韧性试验，由于腹板厚度小（7.9 mm），用缩尺（3/4）试件（7.5 mm × 10 mm）代替标准足尺试件（10 mm × 10 mm），因此需要取 0.75 的转换系数来获得等效冲击能量。分别在 21 ℃、4 ℃、-12 ℃ 和 -29 ℃ 四个不同温度试验取自 G4 的 12 个试件，每个温度 3 个试件。CVN 冲击试验结果拟合曲线如图 15.7 所示，标准 CVN 值可乘以 1.33 修正系数得到。

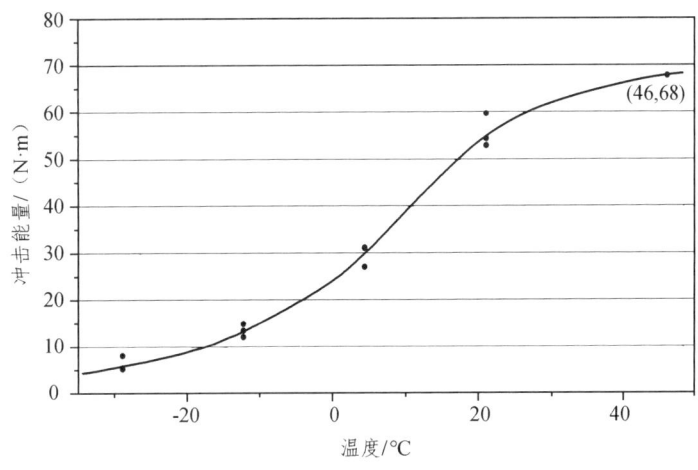

图 15.7　缩尺试件 CVN 冲击试验

AASHTO 桥梁设计规范将马里兰州巴尔的摩市地区归于温度 2 区，最低工作温度在 -18 ~ -34 ℃。与当前 AASHTO 对主要受力构件受拉情况下材料韧性要求相比[1-3]，CVN 冲击试验结果表明，腹板钢材满足对断裂临界构件工作温度 1 区和 2 区的韧性要求。直到 1975 年，即这座桥运营几年后，AASHTO 规范才出现韧性要求，而该桥根据 1969 年 AASHTO 公路桥标准规范设计。

15.3　开裂分析

15.3.1　疲劳断口分析

（1）目视。目视检查发现断口平直，并带有少量剪切面，呈脆性断裂典型特征。锯齿痕在两根主梁断口上清晰可见，其尖端指向裂纹起源处[4]，在两个腹板开裂部位，断口的锯齿痕向上指向腹板和横向加劲肋的纵向焊缝顶部。所有断口都发现一些铁锈，表明裂纹早已产生。

（2）电子扫描显微镜。使用电子扫描显微镜（SEM）检测断口起裂区域，发现有相对严重的铁锈，这可能是活载作用下断裂面间摩擦造成的，证实开裂早已产生。有限的扫描电镜检查显示腹板开裂为脆性，萌生点在腹板和横向加劲肋之间的纵向焊缝顶部，复杂的表面条件限制了 SEM 清晰地观察疲劳裂纹的萌生和扩展。

15.3.2 断裂韧性（K_{Ic}）及应力强度因子（K_I）分析

一般用 CVN 冲击试验结果估算断裂韧性（K_{Ic} 或 K_{Id}，直接测量复杂且昂贵），因为 CVN 值和平面应变断裂韧性 K_{Id} 可在相同的温区换算，存在低温转变区的 CVN 值和 K_{Id} 的换算关系[5]如下：

$$K_{Id}^2 / E = 64 CVN \quad (\text{N} \cdot \text{m}) \tag{15.1}$$

式中：K_{Id} 为动力或冲击平面应变断裂韧性（$\text{Pa} \cdot \text{m}^{0.5}$）；$CVN$ 为夏比冲击试验结果（$\text{N} \cdot \text{m}$）；E 为弹性模量（Pa）。

韧脆转变温度是材料韧性的一个指标，较高加载速率会提高转变温度。随着加载速率增加，钢材转变温度会随着屈服强度的提高而降低，可按下式估算[5]：

$$T_{\text{shift}} = 120 - 120\sigma_{\text{ys}} \quad 0.25 \text{ GPa} < \sigma_{\text{ys}} < 1.0 \text{ GPa} \tag{15.2}$$

式中：T_{shift} 为为从慢加载到冲击荷载的转变温度（°C）；σ_{ys} 为室温下屈服强度（GPa）。

一般认为桥梁结构处于中等加载速率，应用公式（15.2）时建议采用 0.75 的系数修正 K_{Ic} 到 K_{Id} 的转变温度值[5]。试验测得腹板钢材屈服强度为 317 MPa，并采用适合桥梁的加载速率，转变温度计算如下：

$$T_{\text{shift.Interm.}} = 0.75 \times (120 - 120\sigma_{\text{ys}}) \approx 61 \text{ °C}$$

式中：$T_{\text{shift.Interm.}}$ 为中等加载速率的转变温度（°C）；σ_{ys} 为室温下屈服强度（GPa）。

该地区历史温度记录表明，2003 年 1 月，即开裂之前，桥梁在冬季期间最低工作温度为 −15 °C。由于韧脆转变温度为 61 °C，冲击荷载下相应温度为 −15 °C + 61 °C = 46 °C，由于 CVN 冲击试验只在 21 °C、4 °C、−12 °C 和 −29 °C 4 个温度进行（基于 AASHTO 标准中规定的温度断裂韧性的冲击试验要求），根据文献[5]中的 A36 钢 CNV 冲击试验结果曲线，得到 46 °C 吸收的能量约为 68 N·m，46 °C 在 CVN 实测值区域上部，如图 15.7 所示。由于公式（15.1）仅得到 CVN 曲线下半部分，在转换为标准全尺寸试件后，在平均 CNV 能量为 40 N·m 情况下，最接近 CNV 试验温度为 4 °C。因此，在中等加载速度（约 1 s）和工作温度为 −57 °C（= 4 °C − 61 °C）时，根据式（15.1）腹板钢材断裂韧性为：

$$K_{Ic.\text{interm}} = \sqrt{640 \times 200\,000\,000\,000 \times 40} \approx 71 \text{ MPa} \cdot \text{m}^{0.5}$$

式中：$K_{Ic,\text{Interm}}$ 为中等加载速率的平面应变断裂韧性（$\text{Pa} \cdot \text{m}^{0.5}$）。

计算结果在 A36 钢的断裂韧性值范围，是偏保守的工作温度 15 °C 时断裂韧性估算值。

图 15.3 所示为推测的裂纹萌生点，在腹板和横向加劲肋（或连接板）之间的竖向焊缝顶部。连接板上部和梁顶板之间缺乏有效连接，通常会导致钢桥因"腹板间隙"处的面外扭转而产生疲劳裂纹。已有研究[6]表明腹板间隙变形导致的应力可达钢材屈服强度，在循环应力作用下，焊趾处一个微小的几何不连续可能扩展成表面裂纹，甚至扩展成贯穿裂纹。在裂纹尺寸、应力水平和加载速率的组合作用下，应力强度因子（K_I）增大到断裂韧性（K_{Ic}）时，腹板开裂。

采用平面应变断裂韧性为 $K_{Ic,Interm.} = 71\ MPa \cdot m^{0.5}$，估算 3 种不同裂纹形状的应力强度因子，评估应力水平为 317 MPa（屈服强度）时腹板开裂的可能性。

（1）半椭圆形表面裂纹（腹板厚度一半）（$a = 0.003\ 968\ 75\ m$，$2c = 0.016\ m$）。

$$K_I = 1.12\sigma\sqrt{\pi a/Q}M_k \tag{15.3}$$

式中：K_I 为应力强度因子，由应力、裂纹尺寸和局部几何条件决定（$Pa \cdot m^{0.5}$）；σ 为垂直于裂纹的应力（MPa）；a 为裂纹长度（m）；Q 为缺陷形状参数，取 1.25；M_k 为自由表面修正系数 [$= 1.0 + 1.2(a/t - 0.5) = 1.0$；$t$ 为腹板厚度 8 mm]。

$$K_I = 35.5\ MPa \cdot m^{0.5} < 71\ MPa \cdot m^{0.5}$$

不会导致腹板发生开裂。

（2）半椭圆形表面裂纹（腹板厚度）（$a = 0.007\ 937\ 5\ m$，$2c = 0.031\ 75\ m$）。

$$K_I = 1.12\sigma\sqrt{\pi a/Q}M_k \tag{15.4}$$

$M_k = 1.0 + 1.2(a/t - 0.5) = 1.6$，这样可得到：

$$K_I = 80.3\ MPa \cdot m^{0.5} > 71\ MPa \cdot m^{0.5}$$

虽然工作温度为 15 ℃ 时的断裂韧性值未知，但估计会大于 $71\ MPa \cdot m^{0.5}$。因此，不能确定长度为 32 mm 的腹板贯穿裂纹能否在屈服应力下导致开裂。但是，稍高于屈服强度应力或较长的表面裂纹，可能导致很大的应力强度因子，腹板因而开裂。

（3）贯穿裂纹临界长度。

总长为 $2a$ 的贯穿裂纹的应力强度因子为：

$$K_I = \sigma\sqrt{\pi a} \tag{15.5}$$

当垂直于裂纹的应力达到屈服水平时，通过 $K_I = K_{Ic}$，可得临界裂纹长度 $2a_{cr} = 33\ mm$。因此，贯穿裂纹长度至少为 33 mm 时，腹板才会在屈服应力水平下开裂，由于工作温度 −15 ℃ 下的断裂韧性预计会高于 $71\ MPa \cdot m^{0.5}$，所以贯穿裂纹长度应超过 33 mm 才会导致腹板开裂。

总之，根据断裂韧性估算值，在屈服应力水平（317 MPa）下，全腹板厚度的表面裂纹长度大于 32 mm 或贯穿裂纹长度大于 33 mm，腹板可能开裂。这些初始裂纹可能是次临界疲劳裂纹导致的，始于腹板和加劲肋连接焊缝顶部的焊接缺陷处。

15.4 裂纹扩展驱动力分析

15.4.1 设计与施工要求

1．设计要求

按照 AASHTO 标准规范[1]检查主梁的变形和剪力，满足 HS-20 的活载工作荷载设计和荷载系数设计要求。但腹板的相对厚度较小（$t = 8$ mm），导致主梁高厚比过大（$D/t = 2\ 286/8 \approx 290$），尤其是结合制造和安装过程中不可避免地产生的腹板不平整现象，可假设腹板的长细比是导致裂纹萌生的一个因素。尽管如此，在设置纵、横向加劲肋时，腹板厚度也能够满足 AASHTO 规范设计要求。

2．连接板和主梁翼缘之间的连接

横联连接板和中间横向加劲肋没有焊接到梁受拉翼缘。由于车辆荷载作用下各主梁挠度不同，使横联构件产生内力，导致在无加劲的腹板间隙区产生面外弯矩，腹板面外变形会引起局部高应力，从而成为美国大部分钢梁桥出现疲劳裂纹的主要原因。虽然当前桥梁设计规范[1,3]要求加劲肋和梁翼缘之间有可靠连接，但"顶紧"还是 20 世纪 80 年代中期之前的标准做法。

3．腹板不平整度

由于腹板不平整会产生面外次弯矩，当前 AASHTO 公路桥梁规范和桥梁焊接规范提出了腹板几何尺寸要求，以控制不平整度。AASHTO 规范[1]规定板平整度最大偏差不应该超过 5 mm 或 $D(144\sqrt{T})$，D 为板最小尺寸，T 为最小板厚。AASHTO/AWS 规定内梁平整度最大误差为 $d/92$，而最外侧梁为 $d/105$（当中间加劲肋在腹板两侧且 D/t 大于 150 时），其中 d 为板最小尺寸，D 和 t 分别为腹板高度和厚度。

腹板最小尺寸由横向加劲肋间距决定，在开裂位置附近，肋间距在 768~914 mm，因此平整度最大容许误差为 10~11 mm（AASHTO）和 8~10 mm（AASHTO/AWS）。考虑到这些几何因素，本节分别分析了 5 mm、10 mm 和 19 mm 的不平整度。

15.4.2 数值模拟

建立有限元模型进行腹板裂纹扩展驱动力的参数分析。首先建立桥梁上部结构的三维（3D）整体有限元模型来分析横联构件内力。然后采用局部有限元模型研究不同参数，如横联构件横向力、腹板不平整度和焊接残余应力，对腹板裂纹萌生区应力场的影响。

1．整体有限元模型

采用软件 LUCAS 建立三维整体有限元模型，分析设计活载对横联内力的影响。整体有限元模型反映了斜桥几何特性，由桥面板、七片梁和横联组成。因开裂都发生在第 2 跨靠近 2 号桥墩处，为简化计算和控制模型规模，模型仅包括第 2 跨和第 3 跨，跨度分别为 62 m 和

75.9 m。2 号桥墩设为固定支座，1 号和 3 号桥墩为活动支座。使用厚板单元模拟梁腹板和整个桥面板。翼板、横隔板和所有横联用采用梁单元。所有横向加劲肋及连接板模拟成腹板上的梁单元。桥面板和梁顶板的中心线刚接，使桥面板和主梁形成组合结构。

使用整体模型分析施加到每个梁腹板开裂位置的净横向力。净横向力由所有横联构件局部模型应力分析确定。通过一辆 HS-20 货车在每个车道上移动以在腹板开裂位置处产生最大净横向力。荷载在车道 1~4 时（从桥北到南，如图 15.1），在 G4 开裂位置处上平横联的最大净横向力分别为 10.7 kN、22.7 kN、8.0 kN 和 8.0 kN。在 2 车道加载且车后轴在开裂位置附近时产生最大横向力 22.7 kN。与此类似，货车在车道 1~4 时，G7 附近的横联上平纵联最大净横向力分别为 9.8 kN、3.1 kN、13.3 kN 和 23.6 kN。当荷载在第 4 车道且后轴在 G7 梁裂纹附近时，腹板最大净横向力为 23.6 kN。根据整体模型得到最不利车辆加载位置，然后进行局部有限元分析。

2. 局部有限元模型

采用 LUCAS 软件建立局部有限元模型研究腹板开裂区域的应力，局部模型包括腹板（2286 mm × 8 mm）、顶底板（95 mm × 305 mm）和开裂梁腹板的 5 个横向加劲肋（203 mm × 11 mm）。模型两端都有支撑。采用三维低碳钢连续单元模拟一个实际的腹板间隙区。在腹板间隙区采用最大单元尺寸 6 mm 的精细网格划分，其他位置划分尺寸为 51 mm。根据实测，加劲肋和主梁顶部翼缘之间的垂直间隙为 6 mm。在加劲肋上端腹板处有宽 25 mm 和高 19 mm 的空隙，这样形成了包括腹板与翼板连接角焊缝（8 mm）的 25 mm 高的腹板间隙。

15.4.3 横联横向力的影响

对局部模型施加由整体模型得到的横联构件内力，研究横联构件内力对局部腹板应力的影响。在横联螺栓连接处的连接板上端施加净横向力。

G4 梁开裂位置在横联处，横向力（22.7 kN）作用下腹板裂纹萌生区的最大主拉应力为 257 MPa。图 15.8 为横向荷载和无加劲肋的腹板间隙变形，图 15.9 表示在腹板裂纹区域主拉应力分布，其方向垂直于裂纹扩展方向，如图 15.3 所示。

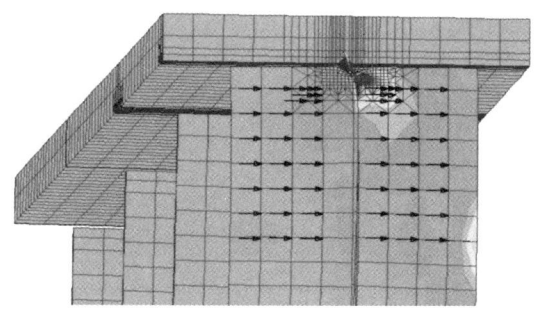
图 15.8 横向力作用下 G4 开裂区变形

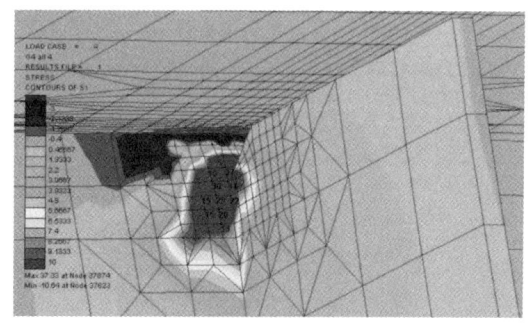
图 15.9 G4 主梁腹板开裂区主拉应力

G7 梁开裂位置在中间加劲肋，分析发现横向力作用下邻近横联的腹板间隙区应力场与

G4 相似，但腹板间隙区由横向力产生的最大主拉应力非常低（低于 7 MPa），表明横联构件产生的横向力对开裂影响不明显。如图 15.6 所示，G7 裂纹长度约为腹板高度一半，而不是如 G4（图 15.2）的全腹板开裂，这表明 G7 裂纹驱动力明显小于 G4。

应该指出，上述计算未考虑 HS-20 荷载的冲击作用。在考虑组合作用和冲击作用影响后，在横联构件位置处腹板间隙区的可能的最大局部拉应力，可达到或超过实际腹板钢的屈服强度（317 MPa），如断裂力学分析结果。

15.4.4 腹板不平整度的影响

同理，用包含 5 个腹板的局部模型研究腹板不平整度对无加劲肋的腹板间隙区局部应力的影响。局部模型为悬臂结构，一端固定，另一自由端作用弯矩或剪力，用约束方程来实现梁自由端截面做整体平移和转动。假设最大不平整度在腹板中心并向腹板边缘逐渐均匀变小。相邻腹板具有大小相等、方向相反的不平整度特性。仅在远离端部的两个中心加劲肋上部的腹板间隙区采用细化网格划分，然后对腹板间隙区局部应力的影响因素进行参数分析。

根据前述 AASHTO 和 AWS 工艺要求，通过改变腹板最大偏移量（分别为 5 mm、10 mm 和 19 mm）对腹板不平整度影响进行研究。调整腹板厚度（分别为 6 mm、8 mm 和 19 mm）研究其对腹板孔隙区局部应力的影响。在自由端分别加 445 kN 的面内剪力和 1130 kN·m 的面内弯矩。在不同腹板厚度和不平整度组合下，研究腹板间隙区最大主拉应力，如表 15.1 所示。

表 15.1 腹板间隙区最大主应力

腹板厚度/mm	腹板不平整度/mm	腹板间隙区最大主拉应力/MPa	
		445 kN 剪力	1130 kN·m 弯矩
6	无	33.7	8.3
	5	45.2	8.4
	10	56.5	8.9
	19	81.2	9.4
8（修复前）	无	26.3	8.1
	5	32.8	8.2
	10	39.2	8.3
	19	54	8.5
13	无	17.7	7.2
19	无	12.7	6.8
	5	13.4	6.8
	10	14.1	7.4
	19	15.6	7.4

对面外变形引起的次弯矩或 $P\text{-}\Delta$ 效应产生几何非线性进行研究，发现在最薄、最不平整的腹板上，非线性影响最大。但几何非线性对腹板间隙的局部应力影响可以忽略不计（只比线性方法求解得到的应力大 2%）。

与完全平直腹板相比，不平整腹板在面内弯矩作用下，腹板间隙区的主拉应力增加不到 15%。而不平整腹板在剪力作用下导致无加劲肋的腹板间隙区的应力明显增大。与实际腹板厚度（$t_w = 8$ mm）的模型相比，在 445 kN 剪力作用下，腹板偏移量分别为 5 mm、10 mm 和 19 mm 时，腹板间隙区的最大主拉应力分别增加了 25%、49% 和 105%，如表 15.1 所示。

总之，腹板不平整度对腹板间隙区的局部应力影响随不平整程度增大和腹板厚度减小而增加，应力增加主要由面内剪力引起。对 8 mm 腹板，存在 10 mm 不平整度时，最大局部应力增加约 50%，满足 AASHTO/AWS 要求。在面内设计荷载作用下，两个腹板开裂处产生 133 MPa 最大主拉应力。因此制造引起的腹板不平整度会明显增加腹板间隙区裂纹萌生处局部应力。

15.4.5 焊接残余应力的影响

假设裂纹萌生于腹板与加劲肋连接焊缝顶部，对腹板与加劲肋焊缝处残余应力的影响进行研究。通常情况下当钢材冷却后，焊缝金属及其临近地区会产生残余拉应力，而周围母材产生压应力以达到自平衡状态。焊接和冷却过程非常复杂，涉及许多因素，如焊接顺序、焊缝数量和焊缝接口温度等。

采用温降法对局部模型分析研究焊接工艺对假定裂纹萌生区局部应力的影响。温度均匀下降 56 °C，沿着加劲肋与腹板接缝两侧以 2.2 °C/mm 的梯度下降。分析表明裂纹萌生区最大主拉应力为 93 MPa，方向几乎垂直于裂纹方向。由于实际温度下降大于 56 °C，焊接残余应力对腹板开裂的影响可能更大。

如果加劲肋和主梁上下翼缘都焊接，有限元模型表明裂纹萌生区的最大主拉应力为 66 MPa，表明加劲肋和上下翼缘都焊接会降低（20%~30%）腹板间隙区主拉应力。

15.4.6 其他影响因素

可能导致腹板间隙区产生较大局部应力的其他三个因素为：

（1）相邻梁间安装横联可能会导致连接处出现初始应力，这取决于制造精度和安装顺序。

（2）由于翼缘与腹板的纵向焊缝和加劲肋与腹板竖向焊缝引起的残余应力，可能使腹板间隙区处于三轴受拉状态。

（3）外梁、内梁和桥面板间的温差可能导致腹板间隙区出现局部应力，尤其是斜交横联和非常高且薄的主梁腹板。本章没有分析这些影响因素。

15.5 修复方案

本节提出 3 个修复方案,采用有限元模型研究在 HS-20 荷载产生的面内和面外荷载作用下,各方案对 G4 裂纹附近的横联内力和腹板应力的影响,结果如表 15.2 所示。

表 15.2 G4 主梁开裂位置修复方案效果比较

加劲肋与顶板连接形式	面内主梁设计应力	面外横联横向力	
	局部模型/MPa	整体模型/kN	局部模/MPa
	腹板间隙最大主拉应力	顶端 X 桁架最大净横向力	腹板间隙最大主拉应力
顶板与加劲肋间距 6 mm	155.8	22.7	257.1
顶板与加劲肋栓接	153.7	39.6	51.7
腹板间隙区高度 152 mm	159.3	1.5	23.4
腹板间隙区高度 305 mm	157.9	0.9	11
止裂孔	242.7	22.7	337.1

1. 梁受拉翼缘设置加劲肋

修改整体和局部模型,在 G4 裂纹附近顶板设置加劲肋。施加面内设计剪力和弯矩,分析发现设置加劲肋后腹板间隙应力没有改善。面外弯曲效应分析表明,修复方案中增加连接刚度导致上平联产生更大内力,但腹板间隙区局部应力降低很多。由于 HS-20 荷载作用,横联构件最大横向力由 22.7 kN 增至 39.6 kN,而腹板间隙区最大主拉应力从 257 MPa 下降到 51.7 MPa,如表 15.2 所示。

2. 改变腹板间隙区高度

选择间隙高度分别为 152 mm 和 305 mm 的两种腹板进行研究,横联连接板和受拉翼板没有连接,AASHTO 设计规范[3]建议此类腹板间隙高度至少为 152 mm,但不超过翼板宽度一半。由于腹板间隙增大,修复方案整体模型中应减小横联构件上弦杆和斜杆。

连接刚度下降导致活载下横联内力明显下降。对于 HS-20 荷载,当高度为 152 mm 和 305 mm 时,G4 开裂位置处上平横联最大横向力分别由 22.7 kN 下降至 1.5 kN 和 0.9 kN。高度减小 152 mm 和 305 mm 时,腹板间隙区最大主拉应力分别下降 2~3.4 MPa 和 11 MPa(表 15.2)。

在 1 361 kN 面内剪力和 15 288 kN·m 面内弯矩作用下,分析 G4 开裂部位的腹板应力,高度减小 152 mm 和 305 mm 时,腹板间隙区的最大主拉应力为 159 MPa(表 15.2),与修复前基本相同。

3. 止裂孔

对裂纹起始点附近的止裂孔效果进行分析,在有限元模型中设定开裂路径为面内荷载产生的主拉应力垂直方向,与实际开裂路径相符。在裂纹起始点附近沿开裂路径方向设置一直径为 51 mm 的止裂孔。在面内设计荷载作用下,G4 开裂位置最大主拉应力从 156 MPa 增至

243 MPa。G4 开裂位置在最大面外横联横向荷载作用下,腹部间隙区最大主拉应力从 338 MPa 下降到 255 MPa,孔周边上的最大应力为 165 MPa。

在横联处将加劲肋与主梁顶板栓接,由横联构件横向力引起的腹板间隙扭转变形基本消除,面外最大弯曲应力减少了 80%,如表 15.2。在横联位置,上翼缘横向加劲肋长度减小 152 mm 和 305 mm,横联构件净横向力明显降低,同时腹板扭曲应力降低 90%。梁在竖向腹板面内荷载作用下,上述修复措施对腹板间隙区最大主拉应力影响不大。在面内荷载和横联的横向力作用下,在裂纹起始点附近沿开裂路径方向设置止裂孔会增加腹板的柔性,产生高应力。

上述修复措施都不能避免腹板开裂。断裂力学分析表明:G4 和 G7 腹板开裂可能与超载或制造误差和安装横联构件产生的初始应力有关。由于在其他相似位置没有发现裂纹,所以没有对这些位置进行修复,但每年要对桥进行检查并特别关注容易疲劳开裂的腹板间隙区。2003 年以后的桥梁检测中,没有发现腹板开裂。

15.6 结 论

本文以文献[7,8]为基础,得到以下结论:

(1)两个腹板开裂的目视检查结果表明断口平直且带有少量剪切面,是脆性断裂的典型特征。断口辉纹表明裂纹萌生于腹板与横向加劲肋的纵向焊缝顶部,电子扫描镜检测结果也证实了这一点。

(2)钢材性能试验表明:腹板钢材满足 AASHTO 对 A36 钢化学成分、屈服强度、拉伸强度和伸长率的要求,也满足目前 AASHTO 规范对温度 1 区和 2 区断裂韧性的要求。

(3)根据 CVN 冲击试验结果得到在中等加载速率下腹板平面应变断裂韧性估计值为 71 $MPa \cdot m^{0.5}$,在 A36 钢温度变化范围内,并提供了冬季工作温度(-15 ℃)下保守断裂韧性值(下限)。

(4)断裂力学分析表明,基于断裂韧性估算值,开裂可能发生在腹板达到屈服强度 (317 MPa)且当表面裂纹长度大于 32 mm 或贯穿裂纹长度大于 33 mm 时。裂纹由亚临界疲劳产生,萌生于加劲肋与腹板连接焊缝缺陷处。

(5)整体和局部有限元分析结果表明,裂纹萌生处最大主拉应力达到屈服应力水平。开裂可能的原因是:① 由于横联构件横向力导致的腹板扭曲;② 在面内荷载作用下,特别是在剪力作用下的腹板不平整;③ 加劲肋和腹板焊接产生的残余应力。其他可能原因包括:安装横联构件所导致的安装应力、纵向和垂直焊缝处于三轴拉应力状态、斜杆和腹板各结构部件的温度差异等。

(6)G4 主梁开裂可能是活载作用下腹板局部面外变形产生的高应力、腹板不平整和焊接残余应力综合作用引起。G7 主梁开裂主要是由于腹板不平整、焊接残余应力和由于制造误差和安装应力综合作用。在这两个开裂位置可能存在比较大的制造初始缺陷。严重超载且高速行驶,也是一个可能原因。

(7)从这次腹板开裂可知柔性腹板的不利影响。当有纵向加劲肋时,虽然宽厚比 $D/t_w =$

290 满足 AASHTO 设计要求，但分析表明横联构件的横向力、腹板不平整和横向加劲肋焊接过程都会在无加劲腹板间隙区产生很高的局部应力（这对较厚腹板影响很小）。

（8）三个修复方案的比较分析表明，腹板间隙区高度为 152 mm 和 305 mm 都会显著减少由横联构件横向力产生的局部应力，然而这两种方法对 G7 梁影响很小。每年对桥梁进行检查，特别是腹板间隙区，没有发现开裂。

参考文献

[1] AASHTO. Standard specifications for highway bridge[S]. Washington D C, 2002.

[2] AASHTO. Standard specifications for transportation materials and methods of sampling and testing [S]. Washington D C, 2004.

[3] AASHTO. LRFD bridge design specifications[S]. Washington D C, 2007.

[4] HERTZBURG R W. Deformation and fracture mechanics of engineering materials[S]. New York: Wiley, 1989.

[5] BARSOM J M, ROLFE S T. Fracture and fatigue control in structures: applications of fracture mechanics[M]. West Conshohocken, PA: ASTM, 1999.

[6] FISHER J W. Distortion-induced fatigue cracking in steel bridges[M]. Washington D C: Transportation Research Board, 1990.

[7] ZHOU Y E, BIEGALSKI A E. Investigation of Large Web Fractures of Welded Steel Plate Girder Bridge[J]. Journal of Bridge Engineering, 2010, 15(4): 373-383.

[8] 叶华文，段熹，陈栋军，等. 连续焊接钢板梁桥腹板疲劳开裂分析[J]. 中外公路，2014，34（5）：86-92.